四川省社科规划青年项目"四川农村家庭居住安排与儿童发展研究"（批准号：SC21C083）研究成果；

四川省统计局—西南财经大学四川省人口与发展数据实验室（Sichuan Provincial Data Laboratory of Population and Development）研究成果

| 光明学术文库 | 法律与社会书系 |

家庭环境对农村儿童发展的影响

——基于四川省金堂县的调查与分析

杨成洲 ┃ 著

光明日报出版社

图书在版编目（CIP）数据

家庭环境对农村儿童发展的影响：基于四川省金堂
县的调查与分析／杨成洲著．--北京：光明日报出版
社，2022.6

ISBN 978-7-5194-6613-8

Ⅰ.①家… Ⅱ.①杨… Ⅲ.①家庭环境—影响—农村
—儿童教育—研究—金堂县 Ⅳ.①G61

中国版本图书馆 CIP 数据核字（2022）第 089714 号

家庭环境对农村儿童发展的影响：基于四川省金堂县的调查与分析
JIATING HUANJING DUI NONGCUN ERTONG FAZHAN DE YINGXIANG：JIYU
SICHUANSHENG JINTANGXIAN DE DIAOCHA YU FENXI

著　　者：杨成洲

责任编辑：杨　茹　　　　　　　　　责任校对：刘　璐
封面设计：中联华文　　　　　　　　责任印制：曹　诤

出版发行：光明日报出版社
地　　址：北京市西城区永安路 106 号，100050
电　　话：010-63169890（咨询），010-63131930（邮购）
传　　真：010-63131930
网　　址：http：//book. gmw. cn
E - mail：gmrbcbs@ gmw. cn
法律顾问：北京市兰台律师事务所龚柳方律师

印　　刷：三河市华东印刷有限公司
装　　订：三河市华东印刷有限公司

本书如有破损、缺页、装订错误，请与本社联系调换，电话：010-63131930

开　　本：170mm×240mm
字　　数：296 千字　　　　　　　　印　　张：16.5
版　　次：2022 年 6 月第 1 版　　　　印　　次：2022 年 6 月第 1 次印刷
书　　号：ISBN 978-7-5194-6613-8
定　　价：95.00 元

序　言

2014 年 5 月 30 日，习近平总书记在北京市海淀区民族小学主持召开座谈会时指出："少年儿童是祖国的未来，是中华民族的希望。这就是《少年中国说》中所说的：少年智则国智，少年富则国富，少年强则国强，少年进步则国进步。新陈代谢是不可抗拒的历史规律，未来总是由今天的少年儿童开创的。"[①] 在实现中华民族伟大复兴中国梦的征程中，习近平总书记也指出："实现我们的梦想，靠我们这一代，更靠下一代。"儿童发展是多方面的，既包含了身体健康的发展、认知能力的发展，也包含心理与情感健康的发展和社会道德与行为的发展。而在少年儿童的成长中，家庭扮演着无可替代的抚育角色。在中国社会结构中，家庭是社会生活的核心，也是儿童最重要的社会化场所。"环境"被视为塑造个人发展的外部性力量，家庭则是儿童接触最早、接触时间最长的成长环境。

因此，就影响的深度和广度而言，任何环境因素都比不上家庭环境在儿童成长中的作用。正所谓"近朱者赤，近墨者黑"，儿童所接触到的人、事、物都会对其产生不同的影响。如果所接触大多是正面的环境，则可能对儿童发展产生正向的积极影响。由于家庭本身就是一个复杂的社会系统，所以家庭环境因素对儿童的影响并不是单一的，而是多维和系统性的。从直接与儿童发生互动的家庭环境来看，最重要的是父母的教养方式。而从不直接与儿童发生互动的家庭环境来看，还包括了家庭的经济状况、家庭成员关系、家庭结构、父母的工作压力等因素。

改革开放以来，伴随着经济发展、社会转型、制度变迁和人口转变等多重因素交织混杂，农村家庭环境出现了历史性的变化。一是家庭经济状况得到了显著的改善，家庭收入来源逐渐多元化，用于儿童发展的经济基

---

① 习近平. 在北京市海淀区民族小学主持召开座谈会时的讲话［N］. 人民日报，2014-05-31（02）.

础得到了根本性的保障。二是由于城乡之间的经济社会发展不均衡，加上户籍制度管理逐渐松动，大量农村剩余劳动力从土地中游离出来，并前往城镇地区务工，出现了规模空前的人口流动现象。从而衍生出儿童与父母之间的亲子分离的人口现象，产生了大量"留守儿童"与"流动儿童"。三是快速的经济发展和剧烈社会变迁引发了大量女性进入劳动力市场，传统"男主外、女主内"的家庭劳动分工模式面临瓦解的风险。四是夫妻离婚的现象越来越普遍，单亲家庭、重组家庭等特殊家庭形式逐渐兴起，婚姻变动与人口流动引起了儿童与父母居住安排形式的变化。五是现代社会的父母越来越重视儿童的个人发展，父母对于儿童的抚养越来越精细化，对子女发展的投入也越来越高，家庭经济压力明显上升。

家庭作为社会变迁和观念变革最灵敏的感应器之一，不仅仅是观察和评判儿童在社会变迁中的一个窗口，同时自身也成变迁过程中的鲜活样本。家庭环境的变化也成为我们反观儿童成长与发展和儿童政策效应的微型镜像。因此，研究农村儿童在新的历史时期的成长和变化中的家庭环境，以及这些家庭环境通过何种途径和机制影响儿童这一命题具有重大的理论和现实意义。

目前，国内大多数调查数据在研究家庭环境对儿童发展的影响时，常常将儿童的父母作为调查访问对象，从而忽略了儿童自身的自我表达机会，很大程度上会造成调查的失真现象。本研究则同时以儿童和父母为中心，从父母的"他者"的角度和儿童"自我"的角度进行双重审视，为研究家庭环境与儿童发展提供了翔实而可靠的背景信息。在研究的切入上，摒弃了已有研究中更加关注家庭背景信息对于儿童发展的直接效应的缺陷，而是更加注重家庭环境对于儿童发展的综合性影响，以及影响的作用机制。在研究的思路上，通过扎实的文献梳理和理论回溯，构建了家庭环境与儿童发展的各类指标。然后，利用科学的统计分析方法分析调查地的家庭环境与儿童发展的现状。进而再考察不同的家庭环境（家庭结构、家庭资本、家庭教养方式等）对于儿童的学业成就、身心健康、社会行为方面的影响，不同类型的家庭环境之间的关系，以及影响机制。最后，在此基础上进行了公共政策的讨论，并提出具体的政策建议。

杨成洲

目　录
CONTENTS

第一章 绪 论

第一节 研究背景及研究问题的提出

在中国传统社会结构中，家庭是社会生活的核心，也是儿童最重要的社会化场所。家庭承担着繁衍的功能，整个社会的价值系统都经由家庭的"育化"（enculturation）和"社化"（socialization）作用传递给个人，使家庭成为维系社会体系的基本力量。若以帕森斯（Parsons）"模式变项"（patterns variables）来说，中国家庭具有"高度特殊化"和"功能普化"的特性①。在技术革命的推动下，以工业化、城镇化和全球化为标志的现代化步伐不断迈进，家庭也经历了深刻的变迁，作为"功能普化"的家庭功能已然遭到破坏。

根据家庭生态系统理论的观点，儿童成长的"环境"被视为一系列嵌套性的多层结构，一层结构嵌套在另一层结构中，家庭处在这个复杂的结构关系的中心位置，在儿童发展中扮演着核心的角色②。在结构功能主义的理论中，家庭作为抚育儿童成长的基本单位，发挥着两个基本的功能：一是儿童的初级社会化，二是整个社会中成人个性的稳定化③。因此，家庭是儿童进入社会的必不可少的"熔炉"。在《乡土中国 生育制度》一书中，费孝通创新性地提出了"父母是抚育孩子的中心人物"的"双系抚育"概念，家庭中夫妇的婚姻关系和父母抚育子女的合作关系所形成的核心家庭构成了社会结构的"基本三角"关系。并详细论证了在儿童抚育过程中两性的社会分工④。家庭人力资本理论认

---

① 金耀基. 从传统到现代 [M]. 北京：法律出版社，2017：31-66.

② BRONFENBRENNER U. Ecology of the family as a context for human development：Research perspectives [J]. Developmental psychology，1986，22（6）：723.

③ PARSONS T，SHILS E A. Toward a General Theory of Action：Theoretical Foundations for the Social Sciences [M]. London：Routledge，2017：190-233.

④ 费孝通. 乡土中国 生育制度 [M]. 北京：北京大学出版社，2008：116-170.

为，不同的家庭通过对子女不同程度的人力资本投资，影响了子女一代的社会经济地位，认为家庭是儿童发展的核心因素①。而家庭社会资本理论则将家庭中父母与子女之间所形成的纽带关系视为一种"社会资本"，集中探讨家庭经济资源对儿童发展的影响②。总体而言，儿童是在一定的环境中长大的，家庭是儿童接触最早、接触时间最长的成长环境。因此，就影响的深度和广度而言，任何环境因素都比不上家庭环境在儿童成长中的作用。

家庭本身就是一个复杂的社会系统，所以家庭环境因素对儿童的影响并不是单一的，而是多维和系统性的。从直接与儿童发生互动的家庭环境来看，主要是父母的教养方式。而不直接与儿童发生互动的家庭环境则更加复杂，包含家庭经济、家庭关系、家庭结构等。每个儿童所身处的家庭环境都是不一样的，良好的家庭环境和正确的家庭教养方式，使儿童能够在温暖和谐的家庭气氛下正常地学习和成长。反之，不良的家庭环境和错误的家庭教养方式则可能导致儿童不佳的学习表现、不良的心理和反常的社会行为。在家庭环境的互动中，儿童的科学文化知识、身心发展、行为规范逐渐丰富起来。正所谓"近朱者赤，近墨者黑"，儿童所接触到的人、事、物都会对其产生不同的影响。如果所接触的大多是正面的环境，则可能对儿童发展产生正向的积极影响。因此，在关注儿童的学业发展、心理健康和社会行为的发展时，应该追溯儿童生长的家庭环境，包括儿童与老师、父母、其他家庭成员的关系，家庭的社会经济状况，以及儿童所接触到的人、事、物对其产生的影响。只有将不同的家庭环境因素纳入儿童成长的考察范围之内，才能对儿童成长的结果有较为全面的认识。也才能为儿童成长过程中所产生的心理与行为问题的精准干预提供有效支撑，从而达到事半功倍的效果。

改革开放以来，经济发展、社会转型、制度变迁和人口转变等多重因素交织混杂使家庭环境出现了历史性的变化。第一，随着经济社会的高速发展，农村地区居民的家庭收入显著提高。农村居民的可支配收入从改革开放之初的 134 元增加至 2017 年的 13400 元，年均增长超过 8%。农村家庭收入"以粮为纲"的单一收入来源已经成为历史，逐渐被家庭经营、工资、转移收入等多元化的

---

① BECKER G S. A Treatise on the Family [M]. MA: Harvard University Press, 2009: 179-238.

② COLEMAN J S. Foundations of Social Theory [M]. Massachusetts: Harvard University Press, 1994: 60-146.

来源所取代①。第二，随着农村土地制度改革的深入和户籍制度管理逐渐松动，大量农村剩余劳动力从土地中游离出来，并前往城镇地区务工，出现了规模空前的人口流动现象。儿童与父母之间的亲子分离成为普遍现象，从而也导致了"留守儿童""流动儿童"的大量存在。根据联合国儿童基金会发布的《2015 年中国儿童人口状况——事实与数据》报告的粗略估计，2015 年受人口流动影响的儿童数量多达 1 亿。这些儿童所在的家庭尽管从结构形式看是健全的，但是实质上父母对子女的抚育角色是长期缺位的。第三，经济的持续发展使经济活动从家庭亲属关系中游离出来，个人对家庭的依赖性减小，对家庭产生根本性影响②。大量就业机会吸引女性进入劳动力市场，"男主外、女主内"的传统家庭分工模式走向瓦解，女性在经济上实现了独立，父母的儿童抚育观念也出现了根本性的变化。第四，现代社会的离婚率已经呈现出持续上升的趋势。根据民政部《2017 年社会服务发展统计公报》中的数据显示，2017 年依法办理离婚手续的共有 437.4 万对，比上年增长 5.2%，离婚率为 3.2‰。应当注意，婚姻变动和人口流动是引起儿童与父母之间居住安排形式变化的两大主因。2015 年儿童与父母居住方式的状况，共有 85% 的儿童能够与父母双方或者其中一方一起居住。其中，65% 的儿童能够与父母双方居住在一起，而有 20% 的儿童能够与母亲（或父亲）共同居住。当然，不能与父母共同居住的主要原因是由于人口的流动引起的。不能与父母一起居住的儿童，由于父亲或者母亲离异（或者丧偶）导致的比例为 3.5%③。

　　总之，家庭系统的变动使得孩子生活的家庭环境发生了重大的变化。一方面子女需要承受家庭结构解体或重组带来的心理、精神上的冲击和干扰，另一方面子女需要重新适应新的家庭环境塑造的亲子关系，以及要适应由于家庭结构变动所带来的人际关系的变动④。生活环境和养育关系对儿童的成长具有重要的影响，儿童时期的教育、身心发展作为一个人的生命历程的早期发展阶段，

---

① 国家统计局.波澜壮阔四十载　民族复兴展新篇——改革开放 40 年经济社会发展成就系列报告之一 [R/OL].国家统计局网站，2018-08-27.

② 王跃生.中国当代家庭结构变动分析：立足于社会变革时代的农村 [M].北京：中国社会科学出版社，2009：126.

③ 国家统计局，联合国儿童基金会，联合国人口基金.2015 年中国儿童人口状况：事实与数据 [R/OL].联合国儿童基金会网站，2017-09-10.

④ 谢宇，等.中国民生发展报告 2018—2019 [M].北京：社会科学文献出版社，2019：177-178.

是整个人生阶段不可或缺的重要组成部分①。大量的研究表明，儿童期间的受教育经历为整个学习生涯提供了重要基础，一个成人是否具有良好的学习基础很大程度上是建立在生命历程的早期。而在儿童阶段教育落后的孩子有很多后来从未赶上他们的同龄人，也会导致陷入一个身心发展不成熟或者是中途辍学率高的恶性循环，让原本没有经历良好教育的上代人继续伤害到脆弱的下一代人②。目前，我国全面实施了免费的义务教育，根据《2018 年全国教育事业发展统计公报》显示，2017 年我国适龄儿童的净入学率已达到 99.95%。尽管如此，农村地区的儿童教育依然是教育中最薄弱的地方。尤其是农村地区所产生的留守与流动儿童一直是学界关注的焦点。因为，留守儿童长期缺乏父母的关爱和有效的监督管理，更容易在学业、健康方面处于劣势，且更容易出现较多外在的行为问题。而流动儿童在跟随父母居无定所的流动中，得不到良好的教育和公共服务，更得不到亲属和同辈朋友的关爱和帮助。

第二节　研究目的与研究意义

一、研究目的

党的十八大以来，习近平总书记在不同的场合多次谈到了家庭环境对于儿童的主要影响。多次指出"家庭是社会的基本细胞，是人生的第一所学校""无论时代如何变化，无论经济社会如何发展，对一个社会来说，家庭的生活依托都不可替代，家庭的社会功能都不可替代，家庭的文明作用都不可替代。"党的十九大报告更是做出了"中国特色社会主义进入新时代"的重大论断，并指出我国社会的主要矛盾已转化为人民日益增长的美好生活需要和不平衡不充分的发展之间的矛盾。一定程度上讲，目前农村地区儿童发展中所面临的问题就是由于经济社会发展在城乡、不同地域之间的不平衡所致。通过家庭环境这一角度研究农村地区儿童的发展，将有助于我们更加深刻地理解新时代农村社会矛

---

① HILLIPS D A, SHONKOFF J P. From neurons to neighborhoods: The science of early childhood development [M]. Washington D. C.: National Academies Press, 2000: 50-121.

② BRITTO P R. Early Moments Matter for Every Child [R/OL]. 联合国儿童基金会网站，2017-12-01.

盾的重要表征以及背后所发生的原理与机制。此外，通过调查研究和严格的实证方法论证家庭环境与儿童发展之间的关系，对于厘清当前影响我国农村地区儿童发展的家庭环境因素并从公共政策层面提出制定儿童福利相关政策至关重要。

本研究以四川省金堂县五年级学生为研究对象，详细考察了家庭环境变迁对儿童发展的影响及其作用机制。一方面，通过梳理家庭与儿童发展的理论演变，基于实用主义逻辑，将衡量儿童发展的众多家庭因素共同纳入家庭环境的研究之中。从类型和要素上看，既包含了家庭经济状况、教育支出、零用钱等物质性的家庭因素，也包含了家庭教养方式、亲子关系、父母对子女的教育参与、父母对子女的鼓励等家庭互动的因素，同时囊括了家庭结构、家庭文化氛围等客观性的家庭因素。在实际的分析中，将家庭结构、家庭资本（家庭经济资本、家庭社会资本和家庭文化资本）和家庭教养方式三类家庭环境因素作为核心自变量。另一方面，将儿童的发展领域划分为身体健康、认知能力、心理健康和社会行为四个方面考察家庭环境对儿童发展的全方位影响。因为，学业成就是儿童认知能力发展的核心组成部分，通常认为认知能力较强的儿童在学习中的表现也会更好，也可能取得更高的教育成就，是个人身心健康发展和塑造良好的行为习惯的首要前提[①]。心理健康不仅是衡量儿童全面发展的最重要指标之一，而且长期以来对于儿童个体社会经济地位的获取的独特作用也越来越受到学术界的关注。除了上述因素以外，道德行为也是儿童社会性发展的重要标志之一，道德行为的形成是儿童在与环境的相互作用中的社会化中所获得的。

因此，本研究需要回答如下的问题：一是如何通过理论梳理和研究实际构建家庭环境和儿童的发展指标和维度。二是调查地儿童的家庭环境的现状如何，儿童的身体健康、学业、心理健康与社会行为的基本状况如何。三是作为家庭环境的核心自变量之一，家庭结构在儿童群体、不同社会经济地位家庭中的分布情况及其差异，家庭结构对儿童发展的影响及其作用机制。四是作为家庭环境的核心自变量之一，家庭资本（经济资本、社会资本、文化资本）对儿童发展的影响如何。五是作为家庭环境的核心自变量之一，家庭教养方式在儿童群体、不同社会经济地位家庭中的分布情况及其差异，以及对儿童发展的影响如何。

---

① 谢宇，胡婧炜，张春泥.中国家庭追踪调查：理念与实践［J］.社会，2014，34（2）：1-32.

二、研究意义

2014 年 5 月 30 日，习近平总书记在北京市海淀区民族小学主持召开座谈会时指出："少年儿童是祖国的未来，是中华民族的希望。这就是《少年中国说》中所说的：少年智则国智，少年富则国富，少年强则国强，少年进步则国进步。新陈代谢是不可抗拒的历史规律，未来总是由今天的少年儿童开创的。"① 在实现中华民族伟大复兴中国梦的征程中，习近平总书记也指出："实现我们的梦想，靠我们这一代，更靠下一代。"因此，关心下一代，研究农村儿童在新的历史时期的成长和发展中的家庭环境，以及这些家庭环境因素通过何种途径和机制影响儿童这一命题具有重大的学术和现实意义。

"天下之本在家"，习近平总书记也在《习近平谈治国理政（第二卷）》中指出："家庭是人生的第一个课堂，父母是孩子的第一任老师。"所有家庭都应该肩负起"帮助孩子扣好人生的第一粒扣子，迈好人生的第一个台阶"的任务。因此，家庭对于儿童的重要性不言而喻，正如习近平总书记指出的："无论时代如何变化，无论经济社会如何发展，对一个社会来说，家庭的生活依托都不可替代，家庭的社会功能都不可替代，家庭的文明作用都不可替代。"② 尤其是改革开放以来，随着社会转型和家庭结构的剧烈变迁，中国儿童发展面临的家庭环境和社会环境发生了巨大的变化。一方面，儿童的经济生活条件、学业发展、身心健康等方面均有了显著的提高。另一方面，家庭结构的变迁，尤其是单亲家庭、离婚家庭、重组家庭、留守儿童家庭等多元化的特殊家庭的凸显，使儿童在不同家庭中的发展面临着不同的成长境遇。而大量的研究表明，脆弱的家庭中父母拥有的社会经济资源、心理健康、夫妇关系的质量、父母的抚育质量、父亲的抚育参与程度与传统稳定的家庭结构具有较大的差异，对孩子的学业成就、身心健康、认知和行为可能产生诸多负面的影响③。

总的来说，当代中国经历了家庭与儿童的双重变迁，在漫长的历史长河中，作为儒家文化影响下的家庭始终保持传统家庭价值观念但又深深烙上现代化的印记。在高度"压缩的现代化"过程中，人民的生活方式、婚姻与家庭观念、

① 习近平. 在北京市海淀区民族小学主持召开座谈会时的讲话 [N]. 人民日报，2014-05-31 (02).

② 习近平. 习近平谈治国理政（第二卷）[M]. 北京：外文出版社，2017：353-354.

③ WALDFOGEL J, CRAIGIE T, BROOKS-GUNN J. Fragile Families and Child Wellbeing [J]. Future Child, 2010, 20 (2)：87-112.

抚育子女的观念发生了很大的变化。此外，中国实施了一系列影响家庭格局的公共政策措施。种种因素的叠加重塑了当代中国的家庭面貌和形态。家庭作为社会变迁和观念变革最灵敏的感应器之一，不仅仅是观察和评判儿童在社会变迁中变化的一个窗口，同时自身也成变迁过程中的鲜活样本。因而，家庭环境的变化也成为我们反观儿童成长与发展和儿童政策效应的微型镜像。

本书将农村儿童发展与家庭环境的关系置于社会经济发展的宏大历史场景中来考察。通过拓展家庭环境影响的多维视角，与儿童发展的互动关系，从而更加有利于还原家庭变迁的公共政策效应的现实意义。本文通过在四川省金堂县的调查数据有效揭示家庭环境与儿童发展的内在关联及其互动机制，通过理论基础和实证研究的手段建构影响儿童发展的内在机制和外部力量，从而帮助我们解释内嵌于社会变迁之中的家庭环境对于儿童成长和发展的路径，对公共政策如何有效促进儿童成长和发展具有重要的指引意义。

另一方面，中国家庭环境的变迁与西方社会面临的情况是不一样的。以家庭结构为例，在中国社会中，非婚生子女数量极少。而欧美国家的非婚生子女数量庞大，很多单亲家庭都是由于非婚生子女造成的[①]。在中国社会中，由于已婚子女与父母共同居住的形式非常普遍，因而抚育孩子不仅是父母在参与，祖父母、外祖父母也会在经济、照料方面给予支持。而对于单亲家庭的子女，由祖父母（外祖父母）或者亲属提供的替代性照料形式可能一定程度上会缓解由于婚姻解体对儿童造成的影响[②]。而西方社会的居住安排和子女照料方式与中国存在明显差别，即子女主要由父母照料。而大量非婚生子女主要由一方父母照料以外，社会福利制度也会更加偏向于脆弱家庭的孩子[③]。因此，西方社会中父母的家庭背景的不同对于子女会产生不同的影响。中国和西方社会中，不同群体的家庭社会经济地位也是有差别的，父母所能为孩子提供的经济资源和支持力度是具有显著差别的，对于儿童的影响机制也将会不同于西方社会。

但是，目前国内大多数对于家庭中儿童的成长与发展的各类社会大型主题调查，一方面常常忽略了儿童的自我表达机会，大多以儿童父母作为调查访问对象，造成因主体错位引起的调查失真现象。另一方面，大多数儿童成长与发

① RAYMO J M, PARK H, XIE Y, et al. Marriage and family in East Asia: Continuity and change [J]. Annual Review of Sociology, 2015, 41: 471-492.

② 许新东. 农村隔代照顾研究状况及其趋势 [J]. 华南农业大学学报（社会科学版），2018, 17 (1): 37-46.

③ WALDFOGEL J, CRAIGIE T, BROOKS-GUNN J. Fragile Families and Child Wellbeing [J]. Future Child, 2010, 20 (2): 87-112.

展的调查难以全面反映儿童所在家庭变迁的背景信息。而本研究的调查数据，以儿童和父母为中心，对于儿童成长和发展的影响提供了诸多翔实、可靠的资料。此外，受限于可靠数据的可得性，在既往的研究中，学者们通常更加关注农村家庭的背景（例如社会经济地位、受教育水平、社会资本等）对于儿童成长与发展的直接影响效应，而缺乏探讨的是家庭背景通过何种机制和路径影响了儿童的发展。更值得注意的是，中国农村家庭正在经历着剧烈的结构性变迁，造成了家庭环境的脆弱性和不稳定性，从而给儿童的发展带来了严重的挑战。而目前学界针对家庭环境对于儿童发展影响的综合效应，及其关联机制与路径的研究还较为缺乏。因此，本研究利用四川省金堂县的一手调查数据，考察家庭环境对于儿童发展的综合性影响具有重大的理论意义。

第三节　研究思路与研究内容

一、研究思路与研究框架

本研究在整个研究过程中将遵循"提出问题→分析主题→解决主题→政策建议"的思路，针对研究主题，先进行文献和理论分析，形成初步研究基础。然后用统计分析方法分析调查地的家庭环境与儿童发展的基本情况。进而考察不同的家庭环境（家庭结构、家庭资本、家庭教养方式等）对于儿童的学业成就、身心健康、社会行为方面的影响。最后，在此基础上进行公共政策的讨论，并提出具体的政策建议（如图1-1）。

二、研究内容

第一章：绪论。主要包括了本研究的研究背景与研究问题的提出、研究的现实与理论意义、研究的目的、研究的主要思路与框架、研究的基本内容、研究的数据来源、研究的方法，最后讨论了本研究的创新与不足之处。

第二章：文献综述与理论基础。本章对家庭与家庭环境、儿童与儿童发展的概念进行界定。对家庭环境与儿童发展相关理论进行了梳理和评价，为研究主题寻求理论的支撑。这些理论主要包括了生态系统理论、家庭系统理论、"双系抚育"理论、结构功能理论、家庭人力资本理论、家庭社会资本理论和家庭

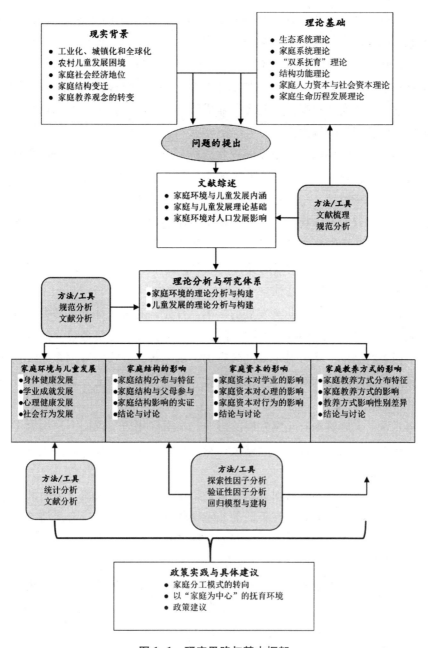

图 1-1 研究思路与基本框架

生命历程发展理论。其次，还梳理了家庭环境对儿童发展的影响的文献。主要回溯了家庭社会经济地位、家庭资本、家庭结构、家庭教养方式对儿童学业成就、心理健康、社会行为三方面的影响。

第三章：理论分析与研究体系构建。首先，以相关的文献和理论为基础，对家庭环境的概念与内涵、分类进行界定，并结合本研究的实际状况，对家庭结构、家庭资本、家庭教养方式等核心指标和框架进行建构。其次，依然是通过文献和理论的梳理，对儿童发展的主要领域的概念与内涵、分类进行界定，并结合本研究的实际状况，对儿童学业成就、儿童心理健康、儿童社会行为三方面的指标和框架进行建构。

第四章：家庭环境与儿童发展现状分析。通过描述性的统计分析方法，本章介绍了儿童的基本状况，包含儿童的个体特征、监护人基本特征、儿童家庭生活状况、儿童的社区与邻里关系。儿童的身体健康状况，包含儿童的身高与体重、儿童的营养进食状况、儿童的疾病与住院状况、儿童身体健康状况基本指标。此外，还详细介绍了儿童的学业发展状况，包含儿童的学业成就、学业经历、上学的条件、日常的时间安排。最后，介绍了儿童的心理健康和社会行为的性别差异，在不同家庭社会经济地位下的差异。

第五章：家庭结构对儿童发展的影响。首先，通过统计分析和方差分析方法考察了家庭结构在不同的儿童群体间、不同家庭社会经济地位间的分布与特征，不同家庭结构与父母对子女的教育参与的差异。其次，利用多元线性回归方法分别考察家庭结构对于儿童学业成就、心理健康、社会行为三方面的影响与作用机制。

第六章：家庭资本对儿童发展的影响。本章利用阶层回归方法综合考察家庭经济资本、家庭社会资本、家庭文化资本对于儿童学业成就、心理健康与社会行为三方面的影响。

第七章：家庭教养方式对儿童发展的影响。首先，通过统计分析和方差分析方法考察了家庭教养方式在不同的儿童群体间、不同家庭社会经济地位间的分布与特征。其次，利用多元线性方法分别考察家庭教养方式对于儿童学业成就、心理健康、社会行为三方面的影响。

第八章：综合性分析与讨论。首先，考察和讨论了家庭社会经济地位、家庭结构、家庭资本与家庭教养方式之间的关系。其次，对全文的研究结论进行全方位的总结，并在研究结论的基础上进行适当的延伸分析与讨论。

第九章：家庭环境与儿童发展的政策性建构。首先，考察了当代社会家庭分工抚育的转向及其对我们的启示。其次，回顾了我国农村地区以"家庭为中心"的儿童抚育环境的政策变迁。最后，针对本文的研究结论、发达国家的成熟经验和中国的实际情况，提出了针对性的政策建议。

第四节 研究数据与方法

一、研究数据

本研究所使用的数据来自由西安交通大学课题组与西南财经大学课题组于2017年在四川省金堂县联合开展的一项调查。此项调查关注农村儿童的发展问题，在充分论证和试调查的基础上，以金堂县所有农村小学在校五年级学生为总体，既有地理位置较为偏僻、教学设施落后的小学，也有地理位置优越、师资和教学设施较好的小学。学校规模不等，最小的仅有300人，最大的超过2000人。课题组采取PPS方法抽取6所小学，对每所学校15个班级的全部五年级学生进行调查，并收集了学生的学业成绩、健康状况、班主任对于学生的评价等信息。此外，对学生实际看护人进行问卷调查。调查共获得有效学生问卷和班主任评价问卷各1112份，学生实际看护人问卷654份。

从调查形式上看，该调查数据全部采用面访形式，对于父母的背景信息，若实际监护人不清楚的则以电话访问辅助。在调查中，每个样本从个人层面、家长层面、班主任层面进行三份不同类型的问卷调查，分别是"青少年问卷""主要看护人问卷"和"班主任评价问卷"。"青少年问卷"不仅采集了儿童的社会人口、教育经历、学业成就、个人感受、社会行为等方面的信息，还使用了心理量表对受访者个人的心理因素进行了测量。调查对象均为五年级儿童，具有较强的文字阅读理解能力和逻辑思维能力，故所有的"青少年问卷"均采用学生自答的方式。"主要看护人问卷"收集家庭人口与家庭成员的关系，监护人的基本情况，监护人与儿童的健康状况，家庭日常生活，儿童的社会、情感与行为，儿童成长环境，父母教养方式等方面的信息。

本研究主要集中关注受访对象完成了本人自答部分问卷的儿童群体，这些儿童调查年度处于义务教育阶段。在研究家庭环境与儿童发展之间的关系时，为了将家庭环境有关的变量与儿童发展有关的变量之间的资料相联系，把"青少年问卷"与"主要看护人问卷"中的个案进行了配对。对于某些变量有缺失的问卷，适宜用插值法进行补充并保留，不适宜用插值补全的则被剔除。通过样本均值T检验，检验的结果表明样本变量值的缺失具有随机性。

二、研究方法

文献研究法。收集文献资料，对现有文献进行进一步整理和总结。全文始终围绕家庭环境对儿童发展的影响这一中心主题开展文献整理，详细梳理了与家庭环境、儿童发展相关的概念，以及家庭环境与儿童发展相关的生态系统理论、家庭系统理论、"双系抚育"观点、结构功能理论、人力资本与社会资本理论、家庭生命历程发展理论，为后续的研究框架和实证分析提供理论基础。收集文献主要运用 NoteExpress 文献管理软件辅助，力求做到文献与研究主题紧密相关、文献要客观全面、文献适当使用统计图表、文献中的观念不与作者个人思想混淆。

定量与定性相结合的研究方法。在研究过程中，需要对获取的大量研究资料进行定性和定量分析。分析方法包括内容分析法、多元统计分析方法、类别分析法、Logistic 回归、因子分析等，分析过程中主要运用 SPSS 软件进行。具体来看，首先，家庭环境和儿童发展可能是多维度概念，会涉及多条目测量，需要运用 SPSS 和 LLIREL 等软件进行信度和效度检验。其次，在分析家庭环境与儿童发展现状、家庭结构、家庭教养方式在不同群体间的分布时主要利用描述、统计分析、方差分析等结合的方法考察。最后，由于变量属性的原因，在分析家庭结构、家庭资本与家庭教养方式对儿童发展的影响时主要利用方差分析与多元线性回归相结合的方法进行估计。此外，在讨论不同家庭环境变量之间的关系时，还涉及 Logistic 回归、区别分析（discriminant analysis）方法等。

第五节　创新与不足

一、创新之处

第一，目前国内大多数的调查数据在研究家庭环境对儿童成长与发展的影响时，常常将儿童的父母作为调查访问对象，从而忽略了儿童的自我表达机会，难以全面反映儿童在家庭成长中的背景信息，很大程度上会造成调查的失真现象。本研究的调查数据，则同时以儿童和父母为中心，对儿童的相同的背景信息，从父母的"他者"的角度和儿童"自我"的角度进行双重审视，为研究家庭环境对儿童发展的影响提供了诸多翔实、可靠的资料。

第二，在已有的研究中，研究者通常更加关注农村家庭的背景（例如社会经济地位、受教育水平、社会资本等）或者家庭主观环境对于儿童成长与发展的单一影响效应，而缺少从更加宏观的视角考察整体性的家庭环境对儿童学业成就、心理健康和社会行为多方面的综合性影响的研究。此外，过往的研究对婚姻变化导致的家庭结构变化对于子女的影响的考察，较为集中而同时考虑人口流动和婚姻共同引起的父母与子女间的亲子分离的视角区分各类家庭结构，研究儿童与父母居住安排变化导致的家庭结构对儿童发展影响的研究依然不足。而本研究利用四川省金堂县农村地区儿童发展的调查数据，将家庭结构纳入家庭环境，全面考察了农村地区家庭结构变化对于子女学业成就、身心健康、社会行为等方面的影响。

第三，尽管西方大量的研究表明不同的家庭环境与儿童发展之间具有密切的关系。但是，由于中西方世界的主导文化、价值观念等方面截然不同，不同的文化场域下家庭环境对儿童的影响方式也具有差别。不仅如此，中国地域辽阔、民族众多，且由于户籍制度的存在，具有独特的城乡二元结构。而各种多元化和复杂性对各地区、各民族不同家庭来说，显然是有差别的。而本文着眼于西部地区四川省金堂县农村儿童的实地调查数据，利用目前较为流行的统计方法分析农村地区家庭环境对于儿童发展的影响。因此，所得出的结论具有独特的地域与文化特色，对于目前中国的家庭政策、儿童政策的制定和实施具有独特的参考价值和借鉴意义。

二、不足之处

首先，鉴于各种条件限制，本文利用横截面数据研究家庭环境对于儿童成长与发展的影响。因此，只能判断不同的家庭环境在调查当期对于儿童发展的直接影响，很难判断对儿童在不同年龄时期的长期影响。这样，可能会造成一个认识误区，即可能过分强调或者突出家庭环境对某个特定年龄段的儿童的影响，而忽略了整个童年期在不同阶段的影响效应，因为往往在儿童的早期阶段，家庭的不稳定性对孩子的影响比大龄儿童受到的影响更大。而部分受家庭环境影响的儿童，可能随着时间的推移逐渐消除前期受到的负面影响。

其次，本文选取的研究数据具有一定的局限性。一方面，数据来源地四川省金堂县农村地区是中国西部农村地区发展的一个缩影，且该县历来都是人口大县和流动人口大县，大量的人口流入其他地区务工，形成了大量的留守儿童和流动儿童，在研究农村地区的儿童问题时具有很强的代表性。另一方面，中国地域广阔，不同的地区、不同的社会经济状况和不同的文化背景下家庭环境和儿童发展都面临着较大差异。而金堂县的经济状况相对较好，本文的结论可能具有一定的片面性，不能完全代表中国西部农村地区的家庭环境和儿童发展的全貌。

最后，调查样本较小、调查范围窄也使得本文的结论具有一定的局限性。相比于全国性的大型调查，本研究在样本量上并没有优势，可能造成某些结论的片面性。与此同时，本研究的调查范围依然不大，难以全面反映当地农村地区全部状况。尽管为了考虑到儿童在回答问卷时需要具备相当的阅读理解能力和逻辑思维能力，选取了五年级作为调查对象，保证了调查数据的可靠性和真实性，但是依然没有反映出家庭环境对儿童发展影响的年龄差异，从而使得研究结论具有一定的局限性。

第二章 文献综述与理论基础

第一节 主要概念界定

一、家庭与家庭环境

（一）家庭

"家庭"是一个复杂的概念，不同文化场域中对"家庭"的定义是不一样的，西方语境中的"Family"与中国文化中的"家"是两个完全不同的概念，而且随着社会经济变迁，"家庭"的内涵与外延也在悄然变化①。与"家庭"具有相近含义的词就有"家""家庭""家庭户""住户"等，这些词都是内涵上具有诸多重叠和分歧的社会单位。但是大体而言，"家庭"是一个亲属（kinship）单位，是基于婚姻、血缘、领养关系而组成的社会单位，基本包括了夫妻关系、亲子关系、同代手足关系②。而"家庭户"则更强调共同居住的特性，成员之间不需要是亲属关系③。由于缺乏明确的定义，为了收集家庭数据，基于实用的逻辑，官方在统计调查时通常用"家庭户"（Household）的概念近似替代"家庭"④。例如，我国在人口普查时对家庭户的定义是："家庭户是指

① 王跃生．中国当代家庭、家户和家的"分"与"合"［J］．中国社会科学，2016（4）：91-110.

② 杨文山，吴佳颖，李隆洲．日治时期竹北地区家庭结构的动态发展［J］．人文及社会科学集刊，2017，29（2）：241-277.

③ UN. Principles and recommendations for populations and housing censures, revision 3 ［R］. New York：Department of Economic and Social Affairs Statistics Division，2017.

④ 胡湛，彭希哲．中国当代家庭户变动的趋势分析——基于人口普查数据的考察［J］．社会学研究，2014，29（3）：145-166.

以家庭成员关系为主，居住一处共同生活的户。"

（二）家庭环境

家庭环境（Family Environment）是儿童身处的家庭中所能接触到的周围环境，尤其是儿童与父母和其他成员的互动所形成的氛围总和。因此，家庭环境是由多种因素所构成，是一个多维的、复杂的概念集合体①。家庭环境作为儿童成长和发展的第一个、也是最重要的社会环境。在儿童成长过程中（尤其是儿童的早期阶段）大部分时间是与家人一同度过的，与儿童共同居住的家人扮演着重要的"他者"角色，并深刻地影响着儿童的发展。影响儿童发展的家庭环境是多维的，包含家庭本身的因素（如家庭结构、家庭社会经济地位）、家庭成员关系（如夫妻关系、亲子关系）、父母教养方式等多个面向。在本文的研究中，家庭环境主要包含家庭社会经济地位、家庭资本（家庭经济资本、家庭社会资本、家庭文化资本）、家庭结构、家庭教养方式几个方面。

二、儿童与儿童发展

（一）儿童与青少年

在传统的西方社会中，有关"儿童"的观念是在文艺复兴之后才有所发展。在英国的哲学家洛克（Locke）的笔下，"儿童"的心理就像一张空白的板（a blank slate），遇到有外来的经验或刺激就会深刻在此空白的板上。他认为儿童的早期是一个定型的时期，成人给予怎样的刺激，儿童就会以怎样的形式出现。换言之，儿童具有非常高的"可塑性"，正是接受教育的最佳时期②。而卢梭（Rousseau）则认为，儿童的发展是根据自然法则成长，但是一般的教育是人为因素造成的，是一种非自然的，凡是经过人为的因素都不是自然的，也不会是最佳的，偏离了自然法则和违反发展原则的过程，父母的责任就是去保护儿童免于遭受非自然的污染③。

在中国的传统社会中，"童者，独也，未有家室者也"。根据《现代汉语词

---

① 孙圣涛. 家庭环境对幼儿社会技能的影响：作用与机制 [D]. 上海：上海师范大学，2016.

② CHEN S T. The Conception of Parenthood and the Young Children's Culture [J]. Asian J Management and Humanity Sci, 2006, 1：147-160.

③ 陈秀才，等. 儿童发展 [M]. 台中：华格那企业有限公司，2016：4-6.

典》的解释，儿童指的是"较幼小的未成年人（年纪比'少年'小）"。在《汉语大词典》中，"少儿"一词有两个含义：一是指"小儿"，一是指"少年和儿童"。而青少年是指"青年和少年，年轻的男女"。《钱伯斯20世纪词典》（Chambers Twentieth Century Dictionary）对儿童的定义也大致类似，称儿童是"一个非常年轻的人（对于某些议会法案而言，最高可达16岁，而刑法中不满14岁）"。事实上，目前还没有对少儿、儿童和青少年的公认的定义，仅仅是从年龄的阶段上进行不同的区分。例如，根据1989年联合国通过的《儿童权利公约》（The Convention on the Rights of the Child）中第1条款规定，儿童"系指18岁以下的任何人，除非对其适用之法律规定成年年龄低于18岁"。在此基础上，按照年龄将儿童的发展阶段划分为幼儿阶段（0—2周岁）、学前教育阶段（3—5周岁）、小学阶段（6—11周岁）、初中阶段（12—14周岁）和高中阶段（15—17周岁）五个阶段[1]。应该说，联合国关于儿童的规定为其他非政府组织或政府组织提供了一个共同的参考标准。例如，联合国难民署（UNHCR）关于儿童的定义就与《儿童权利公约》一致，将"未满18岁"列为家庭中需要被抚育和照顾的年龄。但是，在各个不同的领域内，对于少儿或青少年的定义仍然不同。世界卫生组织（WHO）将9岁及以下的少儿称为儿童，而将处在10—19岁的儿童称为青少年[2]。国际红十字会（ICRC）则将无人陪伴的未成年人定义为"未满15岁且未有成年人陪同"。按照人口学的年龄划分标准，0—14岁的儿童被统称为"少儿人口"。综上所述，关于少儿、儿童、青少年一词事实上并无严格的区分，在诸多研究场合下，这三个词经常被混淆使用。

事实上，实际年龄并不是定义某类人群的充分标准，童年不仅仅是身心发展的一个阶段，更是一种社会文化的建设问题。而且，在不同的文化环境中，对童年和青少年的理解也是截然不同的。即便在我国，各个领域对于儿童均有不同的规定。《中华人民共和国未成年人保护法》第二条中规定，未成年人是指"未满十八周岁的公民"。而医学界以14岁及其以下的儿童作为儿科研究对象。可以看出，目前对于儿童和青少年的年龄划分依然没有统一的标准，儿童和青少年在年龄上依然存在重叠和区分之处。在诸多研究中，研究者也并未严格区分儿童和青少年，往往视自己的研究情况而定。因此，在本研究中，由于调查对象全部为小学五年级的学生，年龄最小的为10岁，最大为16岁，绝大多数

---

① 联合国儿童基金会. 儿童权利公约［R/OL］. 联合国儿童基金会网站，1991-12-29.

② WHO. Global Accelerated Action for the Health of Adolescents（AA-HA!）［R/OL］. WHO网站，2017-01-01.

学生年龄为 11 岁，符合联合国对于儿童的年龄规定，故所有研究对象均称为少儿（或者儿童）。综上所述，在本研究中，少儿、儿童具有相同的含义，常常混淆使用。

（二）儿童发展

发展的意蕴借鉴了神经生理学、行为遗传学、认知神经科学等医学方面的"发展"的概念，并将其理念应用到社会行为科学的研究中。在儿童发展（child development）的研究中，发展被定义为"在不可逆的时间框架内，通过机体和环境之间的相互作用，从而产生结构上的转变"。即个体在生命进程中所表现出来的系统性和连续性的变化，反映了生物成熟和学习对个体的影响[1]。而且，不同于传统发展心理学认为发展会在儿童成年前完成的观点。现代儿童发展心理学中的毕生发展观点认为，发展贯穿人的整个生命历程中，个体的心理和行为的发展并不会在成年期后就结束，而是一个连续的动态过程，它是动态的、多维的、多功能的和非线性的，心理结构与功能在一生中都会有获得、保持、转变和衰退[2]。随着年龄的不断增长，个体对于所在情境中的适应能力依然在不断变化之中。不仅如此，在生命历程的每个时期，都会受到之前所经历的事件的影响，当前经历的事件也会影响未来发生的生命事件[3]。在儿童或青少年期，其发展呈现出一定的单向特征。无论是身体、心理或者认知的变化均处于不断的成熟阶段。在儿童的早期，儿童的发展最具有可塑性，随着年龄的增长某些发展特质会出现某些变化，如语言学习的优势慢慢丧失，但是某些新的特质又重新被激发。但是总的来看，在儿童的后期阶段部分特质的发展将逐渐稳定下来[4]。在皮亚杰（Jean Piaget）的认知发展理论中，儿童发展的阶段性和渐进性就表现得非常明显。在儿童发展的不同时期，儿童都会进行不同的知识构建，而每次知识的构建均会形成更加复杂的推理方式和逻辑思维，从而为下一个阶

---

① 王争艳. 儿童发展 [M]. 北京：中国人民大学出版社，2019：1-3.

② BALTES P B. Theoretical propositions of life-span developmental psychology：On the dynamics between growth and decline [J]. Developmental psychology，1987，23（5）：611.

③ 张文新，陈光辉. 发展情境论——一种新的发展系统理论 [J]. 心理科学进展，2009，17（4）：736-744.

④ BLOK H，FUKKINK R，GEBHARDT E，et al. The relevance of delivery mode and other programme characteristics for the effectiveness of early childhood intervention [J]. International Journal of Behavioral Development，2005，29（1）：35-47.

段的构建做好充分的准备①。

一般认为，儿童发展主要涉及四个主要的领域，即生理发展、认知发展、情绪（心理）发展和社会性发展②。具体而言：（1）生理的（physical）发展。生理的发展主要包括儿童身体结构和运动的发展，例如体重、身高、身体机能、感觉知觉、运动能力等的变化。（2）认知能力的（cognitive）发展。认知的发展主要是智力上的变化，尤其是科学文化知识、记忆能力、日常知识的掌握，以及认识问题、解决问题、发挥想象力和创造力等。（3）心理与情感健康的（emotional）发展。世界卫生组织（WHO）通常将心理健康视为"精神卫生"（mental health），并将以抑郁症、孤独为代表的主要病症视为困扰儿童心理发展的主要问题。在不同的研究中，对于心理健康的表述或定义也是不同的。研究者往往会根据自身的研究需要和特点对心理健康提出不同的测量工具。（4）社会行为的（social）发展。儿童的社会行为也被称为道德行为，是儿童社会化发展过程中重要的标志之一，一般可分为亲社会行为和反社会行为两大类。合作、帮助别人、分享、安慰等被称为亲社会行为。旨在伤害或损害他人、违背社会公认的行为规范等被称为反社会行为。当然，在不同的研究中，研究者根据研究需要往往对于亲社会行为和反社会行为具有不同的区分、界定和测量。

目前，在儿童发展领域中已包含了诸多广为人知的理论。当然，这些理论由于受其形成时期的文化价值观念的影响，对儿童如何发展这一根本性的问题往往持有不同的观点和立场。这些基本的问题主要包括以下三个方面，一是儿童的发展是连续性还是非连续性的？即儿童发展是一个平稳、连续性、逐渐积累的过程，还是以阶段性的方式，在不同的发展时期其思想、感觉和行为都会发生质的变化。二是儿童发展的进程是单一的还是多样的？越来越多的学者开始关注儿童成长的环境差异造成的独特性的影响。三是儿童的发展中先天性的因素和后天性的因素何种更为重要？这实质上是关于遗传性因素和环境因素的争论。但是应该看到，儿童发展中的基本问题也并非是非此即彼的，儿童的发展具有普遍性的特征，也具有个体或者情景的差异性。尤其在当代的理论中，会对持有不同观点的理论进行取长补短，从而形成一种均衡的观点③。

---

① SHAFFER D R, KIPP K. Developmental psychology：Childhood and adolescence ［M］. Cengage Learning, 2013：53-56.

② 陈秀才，等. 儿童发展 ［M］. 台中：华格那企业有限公司，2016：3-11.

③ BERK L E. Infants and children：Prenatal through middle childhood ［M］. Auckland：Pearson Education New Zealand, 2005：3-12.

第二节 家庭环境的内涵与分类

一、家庭环境的内涵及其界定

儿童是在一定的环境中长大的，家庭是儿童接触最早、接触时间最长的成长环境。因此，就影响的深度和广度而言，任何环境因素都比不上家庭环境在儿童成长中的作用。由于家庭本身就是一个复杂的社会系统，所以家庭环境因素对儿童的影响并不是单一的，而是多维和系统性的。从直接与儿童发生互动的家庭因素来看，主要指的是父母的教养方式。而从不直接与儿童发生互动的家庭因素来看，主要有家庭关系、家庭结构、父母的工作压力等。在家庭生态系统理论中，这些非直接的影响被统称为第三方效应（third parties）[1]。总之，家庭环境是一个复杂的、混合的概念集合，很多因素都可以囊括至家庭环境之下。

在家庭环境内涵的刻画中，在 1967 年英国著名的卜劳顿报告书（The Plowden Report）中，家庭环境被分为家庭物质环境、子女人数、父亲职业与父母的教育程度[2]。在部分研究中，家庭环境的内涵通常较为简单，一般包含两个维度。例如，有华人学者将家庭环境定义为家庭结构和家庭社会经济地位两个向度[3]。也有研究将家庭环境定义为家庭背景和家庭文化资源两个维度[4]。还有学者用家庭的教育物资设备、父母运用金钱在子女的物质和学习投资作为衡量家庭环境的指标[5]。部分学者逐渐扩充了家庭环境的内涵，并从三个或者更多的维度来定义家庭环境。例如，有研究者在考察家庭环境与儿童心理适应的关系时，将家庭社会经济地位作为衡量影响儿童发展的家庭环境，分别从家庭人力

---

① 桑标. 儿童发展 [M]. 上海：华东师范大学出版社，2014，10：360-370.
② BLACKSTONE T. The Plowden Report [J]. British Journal of Sociology, 1967, 18：291-302.
③ 陈翠华. 小学学生家庭环境，心理特质与学业成就关系之研究 [D]. 台南：台南大学，1996.
④ 吴明隆. 小学学童家庭结构，学业成就及偏差行为关系之研究 [J]. 训育研究，1998，37（4）：35-54.
⑤ 陈丽妃. TIMSS2003 小学四年级学生背景、家庭环境、科学兴趣、自信与科学成就关系之比较分析：以七国为例 [D]. 新竹：新竹师范学院，2005.

资本、家庭经济资本和家庭社会资本三个指标进行研究①。部分中国台湾地区的研究者则从更广的角度进行内涵扩展。例如，将家庭环境分为家庭社会经济地位、家庭气氛、父母教养三个不同的维度②。也有学者认为家庭环境仅包含家庭气氛、父母管教方式和家庭教育资源三个因素③。还有学者将家庭环境区分为家庭结构、父母教育期望、父母的社会经济地位、父母参与等多个面向④。在相关研究中还有将家庭环境的要素划分为家庭中的语言环境、家庭社会经济地位、文化状况、子女教育设施和家庭气氛等⑤。在这些分类中，一个较有代表性的分类是，将家庭环境分为家庭物质环境、家庭社会环境和家庭心理环境。其中，家庭物质环境是指家庭的物质条件，包含了家庭内的种种设施和外在的居住条件。家庭社会环境涵盖了家长的职业、受教育水平、家庭的经济状况、家庭结构、子女人数，等等。家庭心理环境层面则包括了家庭气氛、父母的教育期望和家庭的教养态度⑥。

　　为了对家庭环境进行更加系统的考察和科学的分类，有研究者将20世纪90年代以来所发表的关于"家庭因环境与儿童发展"的主要文献进行汇总统计后发现，影响儿童发展的家庭因素主要包含了三类。第一类是与父母相关的因素。主要包括父母的家庭教养方式、父母的教育程度、父母的职业、父母的教育期望等。第二类是与家庭相关的因素。主要包括家庭结构、家庭社会经济地位、子女数量、居住环境等。第三类是与儿童本身相关的因素。主要包括儿童的性别、年龄、出生顺序等。而在上述三类家庭环境中，较为常见的前三个因素为父母的教育程度、家庭社会经济地位、父母教养方式⑦。在另一项综述性的研究中，研究者梳理了大量关于家庭环境与儿童发展的文献后，将大量文献所涉及的家庭环境因素归结为客观性家庭环境和主观性家庭环境两类。其中，客观性家庭环境主要包含家庭经济状况、家庭结构、父母的职业与文化程度、子女的

① 李丹，等. 家庭环境与儿童的心理适应：关系与应对 [J]. 北京社会科学，2015（2）：112-118.

② 陈碧容. 外籍新娘子女家庭环境与学校生活适应之相关研究——以台湾地区东南亚籍新娘为例 [D]. 台北：政治大学，2004.

③ 洪惠慈. 新住民家庭环境与儿童社会能力之研究 [D]. 高雄：树德科技大学，2013.

④ 黄文俊. 家庭环境、文化资本与小学学生学业成就之相关研究 [D]. 嘉义：嘉义大学，2004.

⑤ 蔡淑玲. 小学学童家庭环境、班级阅读环境与阅读态度之相关研究 [D]. 嘉义：嘉义大学，2007.

⑥ 周新富. 家庭教育学：社会学取向 [M]. 台北：五南图书出版股份有限公司，2015.

⑦ 陈秀才，等. 儿童发展 [M]. 台中：华格那企业有限公司，2016：213-220.

出生顺序。而主观性家庭环境主要包含父母的教养方式、父母的教育期望、家庭人际关系，以及由量表测量的主观性家庭环境①。（如表 2-1）

表 2-1　几种典型的家庭环境的分类方法

分类		衡量维度	具体指标
单分类	家庭环境Ⅰ	①家庭社会经济地位	家庭人力资本、家庭经济资本和家庭社会资本
二分类	家庭环境Ⅱ	①家庭结构	双亲家庭、单亲家庭、双亲缺位家庭
		②家庭社会经济地位	家庭收入、父母受教育程度、父母职业类型
	家庭环境Ⅱ	①主观性环境	父母教育期望、家庭教养方式等
		②客观性环境	家庭结构、家庭经济状况、父母受教育程度等
	家庭环境Ⅱ	①物质环境	家庭经济状况、居住条件、生活设施、书籍等
		②精神环境	父母教育观念、教育期望、家庭气氛、亲子关系等
三分类	家庭环境Ⅲ	①家庭物质环境	家庭内的基本设施、外在的居住条件
		②家庭社会环境	家长职业与受教育水平、家庭经济状况、家庭结构、子女人数
		③家庭心理环境	家庭气氛、父母教育期望、家庭教养态度
	家庭环境Ⅲ	①家庭物质环境	家庭收入、教育支出、辅导班费用、零用钱、营养摄入
		②家庭学习环境	父母文化程度、早期家庭教育、父母的学业监督
		③家庭沟通环境	家长对儿童的关注度、家长与儿童良性沟通程度

除此之外，世界卫生组织（WHO）对于家庭环境的内涵的界定为我们提供了一个可供借鉴的国际性标准。众所周知，家庭中的其他成员为儿童发展所提供的环境刺激最多，家人通过与儿童的互动从而最有可能控制儿童与外界环境的互动②。世界卫生组织（WHO）在《儿童早期发展：卓有成效的均衡措施》的研究报告中指出，家庭环境（Family Environment）对儿童发展的影响，最突

---

① 李松. 家庭环境对儿童发展影响的研究综述［J］. 许昌学院学报，2007，26（4）：143-146.

② RICHTER L M, MANEGOLD J, PATHER R. Family and community interventions for children affected by AIDS［M］. Cape Town：HSRC Press，2004：67-210.

出的就体现在社会资源（Social resources）与经济资源（Economic resources）两个层面的影响上。报告指出，社会资源包括父母对于子女的教养方式、用于投入子女教育方面的资源、子女能够接受文化方面的熏陶和接触、亲子之间的互动关系、家庭成员的健康状况。而经济资源则包括家庭的经济与财富资源、父母的职业地位、家庭的居住条件。尽管家庭能够为儿童所提供的社会资源和经济资源所带来的影响是紧密相关的。但是，社会资源和经济资源所产生的影响效应却是截然不同的①。

二、家庭环境的综合性衡量

在早期的研究中，研究者大多采用单独探讨某个或者某些家庭因素对于研究对象的影响。但是，随着研究的深入，越来越多的学者摒弃了传统的研究范式，转而运用系统的思维，将家庭视为一个整体的系统来考察多维家庭因素对于研究对象的综合影响效应②。因此，很多研究者开发了用于测量家庭环境的量表。例如，有学者利用家庭亲密度与适应性测试（FACES Ⅱ-CV）来测量家庭环境，这套量表一共包含两个分量表，一共包含 30 个问题，分别用于测试亲密度和适应性。亲密度用于衡量家庭成员之间的情感联系；适应性用于衡量家庭在不同阶段或处境中遭遇危机后所做的回应和改变的能力③。

一个被广泛接受和应用的家庭环境量表是美国心理学家 Moss 于 1991 年所编制的家庭环境量表（FES），该量表具有良好的效度和信度。该量表将家庭环境分为关系维度、个人发展维度和系统维护维度。其中，关系包含了亲密度、矛盾性和情感表达；个人发展包括了成功性、独立性、娱乐性、文化性和道德宗教观。系统维护包括了控制性和组织性。从而将家庭环境细分为十大细分因素④。该量表在中国也得到了广泛的应用，并在此基础上不断修改，从而发展出了比较适合中国家庭场景的量表，即《家庭环境量表》（Family Environment Scale-Chinese Version，FES-CV）。该量表经过几次修订后逐渐完善，已被认为是

① WHO. 儿童早期发展：卓有成效的均衡措施［EB/OL］. 世界卫生组织网站，2019-08-23.

② 邓林园，等. 家庭环境对初中生助人行为的影响——自我效能感和共情的中介作用［J］. 北京师范大学学报（社会科学版），2018（5）：83-91.

③ 汪向东，王希林，马弘. 心理卫生评定量表手册［J］. 中国心理卫生杂志，1999，13（1）：31-35.

④ 孙圣涛. 家庭环境对幼儿社会技能的影响：作用与机制［D］. 上海：上海师范大学，2016.

一个能够较为全面反映家庭互动的家庭环境量表。该量表由90个问题组成，从亲密度、知识性、控制性等十个维度来测量家庭环境，得分越高表明儿童所在家庭环境越积极。但是，该量表主要侧重于家庭的主观环境，以评估不同状态下的家庭特性①。

还有部分研究者根据研究的需要，自己制定家庭环境的测量量表。例如，有学者在研究家庭环境对于农村留守儿童学习社会化的影响时，从家庭背景（父母收入、父母职业、父母受教育水平、父母外出时间）、家风（亲子关系、夫妻关系、家庭文化氛围）、教养观（教养方式、教育理念、教育期望）三个维度来衡量农村留守儿童家庭环境②。与此相类似，有研究者在研究家庭环境对中小学生心理健康的影响时，构建了父母受教育程度、家庭物质资本和家庭教育资源三个维度来衡量家庭环境量表③。

但是应当注意，运用家庭环境量表研究家庭环境对儿童发展的影响时，家庭环境量表更加注重测量主观性的家庭环境。越来越多的研究表明，主观性的家庭环境对于儿童发展的影响要远远大于客观性的家庭环境带来的影响。例如，近年来的研究发现，美国儿童的教育分化主要是由家庭的教养模式所造成的。尽管家庭教养模式不可避免地会受到某些客观家庭因素（例如，父母的社会阶层地位）的影响，处于低社会阶层、受教育水平更低的父母在儿童的抚育中更可能采取忽视冷漠或者放任自流的抚育方式，而高社会阶层、受教育程度更高的父母则会更加注重良好的儿童行为习惯的培养，对儿童的学业也会倾注更多的精力④。但是，受经济社会发展和文化环境的影响，中国农村的儿童发展与西方社会中的儿童存在明显的差异。尽管已有部分研究表明，儒家文化影响下的东亚社会中的儿童，其行为习惯和教育成就受到非客观性的家庭环境的影响效应要远高于家庭社会经济地位的影响⑤。但是根据以往的研究，以家庭经济状况为主的客观性家庭环境对儿童的影响也不可忽视，家庭经济状况越好的家庭，

---

① 邹定辉，周远东，费立鹏. 心理卫生评定量表手册 [J]. 增刊. 中国心理卫生杂志，1999：139-142.

② 赵可云，等. 家庭环境对农村留守儿童学习社会化的影响：学习适应性的中介作用 [J]. 中国特殊教育，2018（3）：65-71.

③ 邓红，魏燕. 家庭环境对西北民族地区中小学生心理健康影响的研究——基于甘肃省9所中小学2207名学生的实证分析 [J]. 民族教育研究，2017，28（3）：36-42.

④ LIU A, XIE Y. Why do Asian Americans academically outperform Whites? ——The cultural explanation revisited [J]. Social science research, 2016, 58：210-226.

⑤ LAREAU A. Unequal childhoods：Class, race, and family life [M]. Berkeley：University of California Press, 2011：120-189.

越能够保证足够的教育资源投入，为子女提供良好的学习和成长环境①。相反，家庭经济条件太差的父母会承受较大的经济压力，难以为子女提供良好的成长环境的同时，也难以投入足够的精力参与儿童的成长。父母与子女之间的良好的亲子互动下的家庭环境对儿童的认知能力和行为具有重要的影响②。因此，在研究家庭环境对于儿童发展的影响时，需要同时关注客观环境和主观环境两方面的共同影响。

第三节　儿童发展的主要领域

一、身体方面的发展

首先，身高是衡量体格生长发育速度的重要指标之一。其次，体重是反映儿童营养状况的基础指标，在一定程度上反映了儿童骨骼、肌肉以及脂肪等增长的整体情况，是衡量身体生长发育的重要标志之一。为了有效评估儿童的生长情况，以世界卫生组织为代表的国际组织编制了多种衡量儿童生长状况的参考标准。其中，应用最为广泛的当数美国国家卫生统计中心（NCHS）和世界卫生组织（WHO）共同发布的儿童和青少年生长标准。该标准采用身体质量指数（Body Mass Index，BMI）来评价儿童的发育状况，即同时考虑体重和身高的关系，建立一个定义超重（overweight）或肥胖（obesity）的标准，以便更准确地评估儿童的体脂肪与健康风险。除此之外，身体的比例、脂肪、肌肉、骨骼、牙齿的发展也是儿童身体发展的重要组成部分。

在身体的发展过程中，常常面临着两大健康问题：一是儿童营养不足，二是儿童肥胖。但是，随着我国经济社会的发展，家庭收入逐年增长，农村贫困发生率逐年下降，儿童营养不良的患病率已经降至较低水平。相反，越来越多的儿童却面临着肥胖的问题。随着生活水平的提高，儿童的糖分、脂肪含量的

① CHIN T，PHILLIPS M. Social reproduction and child-rearing practices：Social class，children's agency，and the summer activity gap［J］. Sociology of education，2004，77（3）：185-210.

② YEUNG W J，LINVER M R，BROOKS - GUNN J. How money matters for young children's development：Parental investment and family processes［J］. Child development，2002，73（6）：1861-1879.

摄入日益增加。与此同时，体育锻炼的机会不断减少，导致儿童的肥胖问题较为突出，在城市地区表现得更加明显。此外，随着手机、电脑、学习机等电子通信产品的逐渐普及，儿童接触电子产品的时间越来越长，导致儿童近视的状况出现低龄化、程度重的趋势。在儿童的身体发育的过程中，家庭环境对于儿童的影响不容忽视。研究表明家庭经济状况、父母的受教育程度、家庭的教养氛围等因素均会直接或者间接影响儿童的身体发展。

二、认知方面的发展

儿童认知的内涵，就发展观点是指儿童获得和使用知识去解决问题的心理历程，帮助儿童了解与适应环境的认知历程，包括注意、理解、学习、思考与记忆等。首先，儿童的记忆发展。大量的研究认为，即便是年幼的婴儿也会具有某种程度的记忆能力。随着年龄的增长，儿童逐渐形成了一系列的表征系统，通过对所经历的事件进行编码存储，对事件的记忆能力逐渐提高。其次，儿童的推理能力也是认知能力的重要方面。成人所拥有的许多关于客观世界的知识，也是在包括儿童期的成长中，随着在认识世界的过程中不断形成新的概念和范畴，对面临的问题进行推理和解决。此外，作为一种有意义的符号系统，语言为人类交流提供了媒介基础。儿童对于语言的掌握，也是需要经历不同的学习过程。婴儿期是语言发展的起步阶段、儿童早期初步构建了读写能力、儿童中期语言和读写能力得到进一步的发展。智力的发展是儿童认知发展中最重要的内容。智力是一个复杂的心理学概念，至今尚无公认的定义。其中，较有影响力的是吉尔福德（Guilford）所提出的智力三维结构模式（Structure of Intellect, SOI）和 Gardner 提出的多元智力模型（Multiple Intelligences）。三维结构模式中，智力由操作（即认知、记忆、发散思维、评价、辅和思维）、内容（即图形、符号、语义、行动）、结果（即单元、种类、关系、系统、转换、含义）构成[1]。部分心理学家则认为智力的基础是包括语言和逻辑思维能力[2]。总之，智力是一种综合能力，包括了适应社会的智力、抽象思维与推理能力，甚至包含音乐、机械等其他能力。研究者开发了各种量表来测量儿童的智力发展，最有名的当数由心理学家韦克斯勒（Wechsler）编制的智力量表（Wechsler

---

① GUILFORD J P. Three Faces of Intellect [J]. American Psychologist, 1959, 14 (8): 469.

② MAYER J D, SALOVEY P, CARUSO D. Models of Emotional Intelligence [J]. Handbook of Intelligence, 2000: 396.

Intelligence Scale for Children, WISC-IV)。该量表适用于 6—16 岁的儿童，共包含了 10 个核心的分测验和 4 个交替分测验，不同的测验界定 4 个主要的指数和 5 种组合分数①。在儿童的认知发展中，创造力越来越受到重视，创造力能够反映儿童的独创性、实验性、想象性，以及产生新奇的反应和不凡的解决方式的能力。

总之，认知发展是复杂但有组织的历程，与儿童的大脑和心智有关。对于构成儿童发展的因素，研究者往往具有不同的看法，并形成了遗传与环境论、整体论与层面特定论等不同的回应与见解。事实上，很难从单一的视角进行论断，因为随着儿童的年龄增长，会处于不同的发展阶段，个人也会具有不同的认知发展速度和发展的重点。在儿童发展的不同时期，儿童都会进行不同的知识构建。在儿童的认知发展的领域之中，最具影响力的当数皮亚杰的认知发展理论。

皮亚杰认为，儿童的发展过程中会经历三个关键的时期，2 岁左右、7 岁左右和 11 岁左右。每经过一个时间点，儿童都会使用新的方式对知识进行建构。这意味着儿童发展会经历不同的发展阶段，而在每个发展阶段儿童在各种情景中的想法和行为反映了一种思维方式。阶段的顺序是一定的，每一个阶段都是起源于上一个阶段，对这一阶段进行同化和顺应，又为下一阶段做准备。他将儿童认知发展划分为四个不同阶段，即感知运动阶段、前运算阶段、具体运算阶段和形式运算阶段（如表 2-2）。

表 2-2 儿童在不同年龄阶段的认知发展②

年龄段	阶段	主要的经验和认知方式	主要发展
0—2 岁	感知运动阶段	婴儿使用感官和运动能力来探索并获得对环境的基本认知。而在出生时，他们只有天生的反应能力来接触世界。在感觉运动期结束时，婴儿能够进行复杂的感觉运动和协调。	婴儿获得原始的"自我"和"他人"感，知道物体在看不见（物体永久性）时继续存在，并开始内化行为计划以产生图像或心理计划。

---

① WECHSLER D. Wechsler Adult Intelligence Scale——Fourth Edition [J]. Archives of Clinical Neuropsychology, 1955.

② SHAFFER D R, KIPP K. Developmental Psychology: Childhood and Adolescence [M]. Boston: Cengage Learning, 2013.

年龄段	阶段	主要的经验和认知方式	主要发展
2—7岁	前运算阶段	儿童使用象征（图像和语言）来表示和理解环境的各个方面。他们根据事物的方式回应对象和事件。他们的思想是以自我为中心的，这意味着孩子们认为每个人都以与他们相同的方式看世界。	儿童在游戏活动中变得富有想象力。他们逐渐开始认识到，其他人可能并不总是像他们一样感知这个世界。
7—11、12岁	具体运算阶段	儿童获得并使用认知运算（作为逻辑思维组成部分的心理活动）。	孩子们不再被外表所迷惑。通过依赖认知操作，他们了解日常世界中对象和事件之间的基本属性和关系。他们通过观察他人的行为及其发生的环境，在推断动机方面变得更加熟练。
11、12岁以上	形式运算阶段	儿童的认知运算允许他们用逻辑思维的方式进行重组（思考）。思想现在是系统的和抽象的。	逻辑思维不再局限于具体或可观察。儿童喜欢思考假设问题，因此可能变得相当理想化。他们能够进行系统的演绎推理，使他们能够考虑许多可能的问题解决方案，并选择正确的答案。

三、心理与情感健康的发展

在心理学上，将心理和情感统称为情绪。情绪是儿童对外部事物和内部需要的主观体验，其组成部分主要包括心理成分、行为成分和主观体验三个方面。首先，情绪既是心理的也是生理的，任何一次情绪的产生和变化都必然伴随着儿童心理特征的变化。尽管情绪的产生所涉及的生理活动非常复杂，但是大致包含了外周神经系统和中枢神经系统两个部分的变化。其次，情绪的产生和变化不仅会同时引起生理上的变化，也会产生身体外部的变化，尤其是语言表情（语音、语速、音调等）和非语言表情（面部表情、体态等）。最后，更为重要的是，情绪的产生和变化会引起儿童主观的心理体验，例如产生悲伤、恐惧、孤独、抑郁等。儿童的情绪的发展对于儿童的成长具有重要的价值。从进化的角度讲，情绪可以帮助儿童更好地适应和生存。与此同时，儿童可以凭借情绪能力，实现更好的人际交往，使情绪成为儿童适应社会生活的心理工具。

当然，在不同的年龄阶段，儿童的心理和情绪的体验是不一样的。在学龄儿童阶段，发展性的情绪问题是困扰众多儿童和父母的主要心理问题。因此，世界卫生组织（WHO）通常将心理健康视为"精神卫生"（Mental Health）。研究表明，在众多的情绪问题中，恐惧、焦虑、抑郁、孤独、敌对是目前儿童面临的主要心理问题。造成儿童恐惧的原因大多与所处环境与文化有关，尤其是通过媒介所接触到或听到的负面信息，或者自己经历过某些可怕的经历。焦虑则是由外在模糊的危险刺激所引起的一种持久和消极的情绪体验，并由此引起生理和行为的变化。由于儿童的阅历和知识积累有限，在遇到自身无法解决的问题时，形成主观上的紧张状态和行为上的局促不安。儿童常见的焦虑类型有广泛性焦虑、学习焦虑、对人的焦虑和自责。如果焦虑程度不高，可视为一种正常的反应。若反应过于强烈，则会影响正常的生活和学习，不利于身心发展，应采取适当的方式来缓解和克服。抑郁情绪是儿童面临的最严重的心理问题之一。抑郁作为一种复杂的情绪，以痛苦体验为主，并视情况不同而会合并诱发愤怒、悲伤、忧愁、自罪感、羞愧等情绪，并对生活感觉悲哀、受挫、无助，对多数活动丧失兴趣，睡眠、食欲、注意力和精力都会受到干扰。抑郁会比任何单一的消极心理情绪体验都更加热烈和持久。

抑郁情绪在青春期最为常见，女性儿童比男性儿童更加容易体验到抑郁，且这种性别差异将一直持续。生活压力或者学习压力是儿童体验到消极情感的主要原因之一。抑郁感最初往往表现为忧郁，如果儿童能够对自身处境和身体状况有恰当的认识，对自身行为控制与调节符合社会常规，并有足够的自信心和自尊感，就会属于正常和可控的状态。但是，如果在某些不适宜的情景下，长期经受忧郁的状态得不到合理的控制和化解，就可能转化成抑郁症，使儿童对生活、学习失去兴趣，严重者甚至产生自杀的念头。研究者已经开发出了很多种关于儿童抑郁感的测量量表，被广泛使用的有波兹南斯基（Poznanski）所开发并几经修订的儿童抑郁量表（Children's Depression Rating Scale，CDRS），该量表适用于6—12岁的儿童①。还有比尔森（Birleson）所开发的儿童抑郁量表（Depression Self Rating Scale for Children，DSRSC），该量表测量项目少、耗

---

① POZNANSKI E O, COOK S C, CARROLL B J. A Depression Rating Scale for Children [J]. Pediatrics, 1979, 64 (4)：442-450.

时不多，非常适于测量 7—13 岁的学龄儿童的初步抑郁筛查①。应当注意，儿童的焦虑、孤独、抑郁等情绪障碍往往具有共病（comorbidity）的特征，家庭环境往往是引起儿童心理问题出现的主要原因。

四、自我发展与社会行为发展

（一）儿童的自我发展与社会化

心理学家詹姆斯（James）最早提出将自我区分为主我（I-self）和宾我（Me-self）两个方面。库利（Cooley）提出了镜像自我（looking-glass self）的概念，认为"自我"是在社会互动中产生的，一个人对自己的看法是通过社会这面镜子里所看到的自己的影像，形成了"镜中我"理论。米德（Mead）继续扩展了镜像自我的观点，并创造了"角色扮演"理论。该理论强调自我的发展往往是与社会的发展交融在一起的，个体若脱离他人与社会就不可能形成自我。埃里克森（Eriksen）的社会发展理论中，同样出现了自主、自我同一性等概念，同时也对自我做出了很好的诠释。但是，目前还未有对自我给出一个统一的定义。但一般而言，自我包含了自我意识、自我概念、自我评价等成分，是由知、情、意三方面组成的动力系统。"知"就是自我的认识，"情"就是自我的体验，"意"就是自我的调节。

应当注意，自我概念和自我评价的许多变化都出现在学龄期。随着年龄的增长，儿童能够逐渐将自己的内心世界与外部行为、短期行为和长期行为进行整合，从而能够认识到自己身上的一些稳定的特征。这一时期的儿童已经能够逐渐将外部事物和他人的认识抽象化和概念化，对自我的评价与他人对自己的评价越来越接近。在自我的意识中，儿童自己所持的态度至关重要。这些态度包括自我感受、自尊和自卑等。自尊感或自我认同感是自我所做出的对自己的价值判断，以及由这种判断所引起的情感。儿童在成长的过程中越来越了解自己的能力和成就，其中就包含了正向的肯定和负向的评价，这一过程也是儿童从自身价值的评估中建构错综复杂的自我图像。家庭的教养方式、儿童与同辈的社会交往、在学业上的能力以及同社会、社区的态度，都是建构儿童自我认

---

① BIRLESON P, HUDSON I, BUCHANAN D G, et al. Clinical evaluation of a self-rating scale for depressive disorder in childhood（Depression Self-Rating Scale）[J]. Journal of Child Psychology and Psychiatry, 1987, 28（1）: 43-60.

同感的主要来源。在所有的因素中，父母的教养方式最为重要，不同的教养方式下儿童往往表现出不同的自尊感或自我认同感。但是，随着年龄的增长，儿童与同辈交往的友谊显得越来越重要，甚至成为儿童自我认同感的决定性因素。事实上，上述关于自我与社会互动关系的讨论与传统社会学中关于"人的社会化"的理念一脉相承、互相补充。因此，关于自我的讨论也成为"人的社会化"理论的重要组成部分①。在社会学的经典理论中，涂尔干考察了关于个人人格与社会团结的关系问题，即个人为何变得越自主，越依赖于社会？齐美尔考察了社会交往如何使个人的属性转变为社会现象，并发展成共同体生活。韦伯对现代社会中的总体文化趋势，以及在这个过程中社会与个人不断增长的工具理性和技术理性进行了深入的思考。帕森斯致力于解答社会系统如何实现自身整合。并且，在20世纪50年代以前，社会学中关于"社会化"的研究也主要以少年儿童为研究对象，研究的重点聚焦于个体如何从一个"生物人"转变为一个"社会人"。

借用社会化的一般定义，儿童的"社会化"就是个体在与社会互动的过程中，逐渐养成独特的个性与人格，从生物人转变为社会人，并通过社会文化的内化和角色知识的学习，逐渐适应社会生活的过程。社会化依赖于特定的生物和社会条件，才具有接受社会化的潜能，这些潜能主要表现在语言能力、思维能力、学习能力和较长的依赖生活期。儿童社会化过程中，依赖于众多社会化主体和环境，主要有家庭、学校、同辈群体、大众传媒。其中，家庭环境是儿童社会化的开端，对个人的观念、心理和行为会发生潜移默化并延续终身的影响。

（二）儿童的道德发展与社会行为

经过多种途径的社会化，儿童逐渐成为通晓社会规则礼仪、行为符合社会规范的社会人，产生了适应社会的能力，这一结果被称为"社会化成就"。儿童社会化成就主要包含道德发展、亲社会行为与反社会行为。道德认识是关于是非、好坏、善恶的认识，属于上层建筑的范畴，是一种特殊的意识形态。在心理学上，有研究指出，道德"是一定社会调整人们之间以及个人与社会之间关系的行为规范的综合"，并且将道德不断内化的过程称之为"道德的社会化"②。赫什（Hersh）提出人的道德一般表现为三个方面：一是关心他人，愿意帮助和

---

① 郑杭生．社会学概论新修［M］．北京：中国人民大学出版社，2017：110-112.

② 钟元俊．大众社会心理学［M］．昆明：云南人民出版社，1988：25-69.

保护别人，即做出利他行为；二是对道德问题做出判断；三是做出道德行为①。道德发展就是将道德置于儿童长期发展的背景下形成的概念，将道德的社会化看成是一个动态、连续的过程。作为儿童心理发展的重要内容，所有个体都必须形成一整套符合社会道德规范的行为和价值系统，有利于儿童的社会化。因此，道德的社会化的过程也就是儿童道德发展的过程，并形成了道德认知的系列发展理论，例如皮亚杰的道德发展阶段理论、科尔伯格（Konlberg）的儿童道德认知发展理论、艾森伯格（Eisenberg）的亲社会道德理论和吉利根（Gilligan）的关爱道德理论等。在当前的研究中，道德行为的发展主要集中在亲社会行为和反社会行为两个方面。

亲社会行为意味着关心他人的利益和福祉，减轻他人的痛苦，提高生命的价值，从而形成相互依存、互惠互利的社会氛围。艾森伯格和马森（Mussen）对亲社会行为的定义是，内在激发的有益于他人的自愿行为。对他人的关爱行为是由内化的价值观念、目标和自我奖赏所激发，并不期望具体的、社会的奖赏或者并非出于逃避惩罚②。影响亲社会行为的因素众多，有儿童自身的个体因素，也有同伴、父母、社会文化等因素。其中家庭因素的影响是明显的，根据霍夫曼的观点，在父母的教养中，若是给予孩子更多的关爱则有助于培养儿童的关爱行为。父母对于儿童的引导方式，能够促使儿童关爱他人境遇，促进儿童移情能力的发展。而使用权威手段的父母教养方式则不利于儿童的关爱行为，与道德指标呈现负相关关系③。与此同时，父母的惩罚也会与儿童的亲社会行为呈负相关的关系。良好的亲子关系有助于儿童在家庭、学校和社会中表现出亲社会行为。

攻击行为和反社会行为是人类社会普遍存在的现象。但是，关于反社会行为的本质至今仍存在诸多争论。帕克（Parker）和斯拉比（Slaby）在1983年版的《儿童心理手册》中认为，亲社会行为与反社会行为相对立，用于代表所有的与侵犯等否定性消极社会行为相对立的，能够使他人获益或者对社会有积极影响的行为。例如合作、帮助别人、分享、安慰等行为。因此，反社会行为就

① HERSH R H, PAOLITTO D P. Moral development: Implications for pedagogy [J]. Contemporary Education, 1976, 48 (1): 23.

② EISENBERG N, MUSSEN P H. The roots of prosocial behavior in children [M]. Cambridge: Cambridge University Press, 1989: 35-132.

③ 寇彧，王磊. 儿童亲社会行为及其干预研究述评 [J]. 心理发展与教育，2003, 19 (4): 86-91.

是既包括旨在伤害或损害他人的行为，也包含违背社会公认的行为规范的行为①。当然，在不同的研究中，研究者根据研究需要往往对于反社会行为具有不同的区分、界定和测量。在弗里克（Frick）的研究中，反社会行为被区分为两个维度：一个是外显与内隐维度，即从公开到隐蔽的行为；一个是高破坏性与低破坏性维度，即从破坏性到非破坏性行为。根据这两个维度将反社会行为区分为四类，分别是攻击（外显的和高破坏性的组合）、对抗行为（外显的和低破坏性的组合）、财产侵犯（内隐的和高破坏性的组合）、身份侵犯（内隐的和低破坏性的组合）②。也有学者将反社会行为区分为儿童期的反社会行为和持续终身的反社会行为两种，前者会随着儿童期的结束逐渐消失，后者并不会随着年龄的增长而消失③。并因此形成了诸多相关的理论，例如弗洛伊德（Frerd）的本能论、多拉德（Dollard）的挫折—攻击假说、道奇（Dodge）的社会信息加工理论和班杜拉（Bandura）的学习理论。影响儿童反社会行为的因素众多，有生物学的因素、个体因素、性别差异，也有社会文化因素的影响。在社会文化因素中，家庭环境的影响至关重要。父母不当的家庭教养方式、不利的家庭经济条件、家庭的暴力和虐待行为，均可能导致儿童反社会行为。例如，采取拒绝型教养方式的父母，常常采用高压的管教和体罚，也可能培养出具有敌意或者攻击行为的子女。被父母忽视冷漠的儿童，没有得到温暖和关爱的儿童也可能朝着充满敌意和攻击性的方向发展。

第四节　家庭环境对儿童发展的影响研究

一、家庭环境与儿童发展的焦点议题

由于不同年龄阶段的儿童发展均不能脱离家庭环境，这吸引了人口学、社会学、教育学、心理学等领域内研究者长期聚焦于家庭在儿童发展中的重要作

---

① PARKER R D, SLABY R G. The development of aggression [J]. Handbook of Child Psychology, 1983, 4: 547-641.

② FRICK P J, JACKSON Y K. Family functioning and childhood antisocial behavior: Yet another reinterpretation [J]. Journal of Clinical Child Psychology, 1993, 22 (4): 410-419.

③ MOFFITT T E. Life-course persistent and adolescence-limited antisocial behavior [J]. Causes of Conduct Disorder and Juvenile Delinquency, 2003: 49-75.

用的深入研究，并由此产生了大量的理论与实证研究成果。尤其是 20 世纪 80 年代随着布朗芬布伦纳（Urie Bronfenbrenner）生态系统理论的提出，对学界产生了广泛而深刻的影响力，进一步助推了家庭环境与儿童发展领域的研究热潮。这使得家庭环境与儿童发展成为一个充满生命力的研究领域①。尤其在家庭经济与生活环境、人口结构都面临巨大变迁的背景下，家庭成员的生活是如何随着时间的推移与社会环境、家庭环境交织在一起，以及儿童与家庭的关系如何将社会分层与人口变化的宏观层面、个体功能的微观层面相联系起来的动态生命历程一直成为西方学界中儿童与家庭研究遵循的主轴②。

有学者梳理了自 2000 年以来发表在《婚姻与家庭杂志》（JMF）上的 100 多篇关于儿童与家庭关系的文献。认为目前学界主要集中于关注以下三个方面的主题：第一方面，由婚姻、职业和社会经济状况所决定的家庭资源（如时间和金钱）形塑的父母与儿童之间的互动关系，对儿童长期发展所带来的持续性的影响，以及这种影响在不同民族群体中的差异。这一研究过程非常强调家庭状况对家庭研究和政策实践所提供的独特窗口视角，儿童父母的就业状况、年龄结构、家庭结构则成为衡量家庭状况的重要指标。第二方面，探讨由家庭生活行为、家庭成员联系与互动所决定的家庭过程与儿童发展之间的关系，以揭示家庭环境的变化对儿童造成的影响如何因人、因不同环境和不同群体而异。首先，父母的教养方式与亲子关系（亲子冲突）的研究最为引人注意，以揭示父母的教养的具体含义，以及如何影响儿童及其政策意义。其次，区别过去过分强调母亲对儿童发展的重要性，而一定程度上忽略了父亲在家庭抚育中的独特作用。近年来的研究则更加关注父亲的教养与儿童发展的关系。最后，更加关注家庭环境对特殊群体，尤其是不同种族和族裔的儿童的影响差异。第三方面，探讨家庭过程与影响儿童发展的其他背景之间的互动关系，尤其是家庭过程如何根据父母与儿童所面临的家庭背景对儿童产生的不同影响③。基于上述文献的梳理发现，儿童与家庭的研究基本形成了两个基本的整合性模式。一个模式是假定家庭的社会经济劣势地位通过影响或者改变家庭内部的人际关系（亲

---

① 方晓义. 家庭与儿童发展：一个充满生命力的研究领域 [J]. 心理科学进展，2005（3）：257-259.

② KAGITCIBASI C. Family and human development across cultures：A view from the other side [M]. London：Psychology Press，1996：45-91.

③ CROSNOE R，CAVANAGH S E. Families with children and adolescents：A review，critique，and future agenda [J]. Journal of Marriage and Family，2010，72（3）：594-611.

子关系）来影响儿童的福祉①。因为，研究证据表明家庭经济状况（家庭收入、经济压力等）会影响父母的心理健康和父母关系，进而影响父母的教养行为，反过来影响了儿童的社会情感功能②。另一个模式是基于家庭在经济分层系统中的长期地位的功能发展而来的一整套规范体系。该模式主要借鉴了社会与文化资本传统，揭示不同社会阶层的家庭往往会用不同的方式来处理家庭生活和教养方式。家庭以某种微妙而公开的方式实现了儿童社会化的阶层差异，这种阶层差异实质上就是家庭资本不平等的代际传递和循环③。

方晓义（2005）则将近年来国外关于家庭环境与儿童发展的热点研究领域进行了详细的总结。认为目前学界主要将研究聚焦于以下四个主题：一是亲子关系与儿童发展。主要聚焦于探讨儿童与父母，尤其是与母亲之间的依恋强度、类型，及其对于儿童发展的影响。与此同时，从相反的角度探讨儿童与父母之间的亲子冲突，以及产生的原因、带来的影响，如何消除不利影响。二是父母教养行为与儿童发展。主要聚焦于探讨不同类型的父母教养方式对于儿童发展的影响，以及父母的行为的代际传递问题。三是家庭结构与儿童发展。主要是聚焦于探讨不同家庭结构对于儿童心理发展的影响，并试图寻找何种家庭结构更利于儿童发展，以及妨碍儿童发展的家庭环境。并由此将目光聚焦于引起家庭结构变迁变动的婚姻关系和人口流动这两大主因。四是父母婚姻关系与儿童发展。主要集中考察父母婚姻冲突导致的儿童的心理健康与行为问题的路径与作用机制④。

在国内的研究动态中，若以中国知网（CNKI）作为检索平台，将"家庭环境+儿童""家庭环境+青少年"作为题名进行的检索结果显示，2000年以来相关学者共发表了507篇中文文献。以可视化软件（CiteSpace）进行统计输出了上述主题分布的频次结果发现，相关文献的研究的具体问题主要集中在儿童的行为问题、心理健康、教养方式等方面（如图2-1）。从文献关键词的分布频次（前20）来看，排除"家庭环境""儿童""青少年"等关键词后，出现频次在

---

① MCLOYD V C. Socioeconomic disadvantage and child development [J]. American psychologist, 1998, 53 (2): 185.

② MISTRY R S, BIESANZ J C, TAYLOR L C, et al. Family income and its relation to preschool children's adjustment for families in the NICHD Study of Early Child Care [J]. Developmental psychology, 2004, 40 (5): 727.

③ LAREAU A. Unequal childhoods: Class, race, and family life [M]. Berkeley: University of California Press, 2011: 137-231.

④ 方晓义. 家庭与儿童发展：一个充满生命力的研究领域 [J]. 心理科学进展, 2005 (3): 257-259.

10 次及以上的关键词中的主要问题包括行为问题、行为、心理健康、流动儿童、父母教养方式、青少年犯罪、学习障碍等。从研究的对象上看，家庭与儿童发展之间的主题主要集中于探讨家庭环境与儿童社会行为、心理健康、学习等方面的关系。

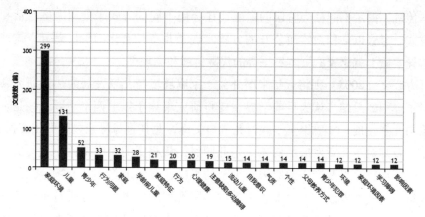

图 2-1　家庭环境与儿童发展文献关键词分布频次

也有研究者利用可视化软件采用名词性术语与关键词高频分析、文献突变、关键词聚类、文献共被引等分析方法梳理了 2012—2016 年我国青少年研究的热点领域与总体状况。文章在对 9321 篇有效文献分析后表明，这一时期青少年研究从"学习倦怠""自我意识""社会排斥"等传统问题逐渐转向"社交焦虑""身体素质""情绪调节""认知能力"等前沿领域。高频的关键词主要集中在"思想政治教育""留守儿童""流动儿童""影响因素"等，反映出特殊类型的儿童已成为青少年研究中的重点论题。聚类分析的研究也显示出一致性的趋势，"家庭社会经济地位""情绪控制""行为控制""同伴交往"等相关的研究是被引用频次最高的文献①。事实上，国内近年来的研究焦点也基本符合上述总结。从儿童的发展的向度上看，主要包含了儿童整体的发展、儿童心理健康的发展、儿童学业成就的发展、儿童认知能力的发展等。而影响儿童发展的家庭环境因素主要包含了家庭经济资源、家庭社会与文化资本、父母受教育水平、父母教养方式、家庭结构等。值得注意的是，在农村儿童的发展中，国内的研究者主要关注留守儿童这一特殊群体。可见，农村留守儿童面临的学业、心理和行为等问题依然是社会关注的焦点议题（如表 2-3）。

---

① 王桂琴，方奕，易明. 近五年我国青少年研究的前沿演进与热点领域——基于 CiteSpace 研究文献的可视化分析［J］. 中国青年研究，2017（12）：90-95.

表 2-3　国内关于家庭环境与儿童发展研究的部分代表性成果

作者与年份	论文题目	研究对象	家庭环境衡量	儿童发展向度
刘航、刘秀丽等（2019）	家庭环境对儿童情绪调节的影响：因素、机制与启示	少年儿童	家庭基本环境、父母情绪特征、家庭互动	情绪体验、情绪表达
赵可云、黄雪娇等（2018）	家庭环境对农村留守儿童学习社会化的影响：学习适应性的中介作用	800 名 4—6 年级农村留守儿童	家庭背景、家风、教养观	学习社会化（文化、个性发展、社会结构）
杨柳（2017）	家庭环境对流动儿童社会融入的影响研究	15 个家庭中 7—12 岁的流动儿童	家庭意识、家庭物质和家庭行为	流动儿童社区融入、教育融入和朋辈群体融入
杨芷英、郭鹏举（2017）	家庭因素对流动儿童心理健康状况的影响研究——基于对北京市流动儿童的调查	2993 名 8—14 岁流动儿童	家庭经济状况、父母受教育程度、儿童与家人沟通状况、父母关系	儿童心理健康水平
罗钰乔（2017）	论家庭环境对小学生社会性发展的影响——基于泰和县城区小学的调查与思考	649 名 1—6 年级学生	家庭结构、父母受教育水平、家庭收入水平与父母教养方式	社会技能、自我概念、道德品质、社会认知、社会情绪等
鄂鹏州（2016）	家庭因素对流动青少年心理健康的影响研究——小组工作介入	402 名流动儿童	父母职业、父母文化程度、父母婚姻状况、家庭支持	焦虑、学习压力、适应不良、情绪与心理不平衡
白璐（2016）	农村家庭环境对儿童问题行为影响的调查分析	220 名 7—14 岁的小学生	家庭经济状况、家庭结构状况和家庭文化氛围	过失型、品德不良型、攻击型和压抑型四类儿童问题行为

作者与年份	论文题目	研究对象	家庭环境衡量	儿童发展向度
张晓慧（2016）	基于结构方程模型的家庭环境与儿童生活质量的关系研究	6202 名 3—6 年级小学生	家庭社会经济地位、家庭阅读环境、儿童的饮食行为	儿童生活质量
路丹（2016）	家庭环境对儿童情绪管理的影响研究	400 名 2—6 年级小学生	家庭亲密性、沟通性、文化性、修养性、民主性	儿童情绪识别能力、理解能力、调控能力
李丹、徐鑫锫等（2015）	家庭环境与儿童的心理适应：关系与应对	1173 名 3—6 年级小学生	家庭人力资本、经济资本、社会资本	儿童自尊感、幸福感、孤独感、抑郁感
卓然（2015）	流动儿童社会融合的特点及家庭环境的影响研究	200 名 2—6 年级小学生	家庭成员关系亲密性和适应性	儿童的社会、文化、交互、身份和心理融合
张银霞（2015）	少年儿童的情绪行为与家庭环境之间关系的研究——以天津市为例	1505 名 3—8 年级少年儿童	家庭教养方式、父母关系、父母受教育程度、家庭经济状况、生活氛围	儿童的情绪行为中的早熟、优越感、自制力、自主行为等
范增丽（2015）	家庭环境对青少年心理健康的影响及对策研究	青少年	家庭结构、家庭成员之间的关系、家庭成员的行为模式、家庭的物质条件等	积极的心理状况和消极的心理状况
苏鹰（2014）	从家庭环境看小学生课堂问题行为的成因与对策	20 名小学生	家庭物质环境、家庭文化环境、家庭心理环境、家庭教养方式等	儿童行为习惯、课堂表现等

续表

作者与年份	论文题目	研究对象	家庭环境衡量	儿童发展向度
高懿 （2013）	小学生阅读素养与家庭环境的相关研究——以长春市 H 区 A、B 两所小学为例	99 名四年级小学生	家庭教育资源、父母教育与生活参与、父母受教育程度、家庭成员关系等	小学生的阅读素养水平
李靖环 （2013）	青少年个体抑郁产生的家庭因素及预防措施	青少年	家庭内环境因素（教养方式、亲子关系）、家庭外环境因素（父母社会经济地位、家庭结构等）	青少年个体抑郁情绪
周建芳 （2013）	家庭因素对流动儿童学校融合的影响——以南京为例	555 名 4—6 年级小学生	父母教育参与、与老师沟通、参与学校活动、亲子交流、父亲管教	流动儿童学校融合
汪朵、宗占红等（2012）	南京市流动儿童家庭环境与学习状况研究	987 名 9—16 岁流动儿童	家庭社会经济状况、家庭内部沟通交流	学习条件与氛围、学习压力与交流、学习成绩与期望
王芳、周兴（2012）	家庭因素对中国儿童健康的影响分析	1291 名 18 岁以下儿童	家庭长期福利水平、父亲受教育水平、父母的职业类别等	儿童身体健康状况（HAZ）

作者与年份	论文题目	研究对象	家庭环境衡量	儿童发展向度
程杨 （2011）	3—4岁儿童认知发展及家庭环境的城乡比较研究——以安徽省六安市为例	200名3—4岁的少年儿童	家庭背景、特殊性家庭因素	儿童认知能力（语言、记忆、图形、数字、情绪辨认等）
李松 （2009）	农村"留守儿童"家庭环境、心理健康及学业成绩的分析	1049名初中阶段留守儿童	亲密度、情感表达、矛盾性、独立性、知识性、娱乐性、组织性等	儿童学业成绩、儿童心理健康（抑郁、焦虑、强迫症、适应不良等）
王秋香 （2007）	家庭环境与农村留守儿童社会化趋向	农村留守儿童	家庭文化氛围、家庭心理环境、家庭教育主体素质、家庭教养方式	思想素质、政治素质、道德品质、心理及行为
李金珍、 王文忠 （2004）	儿童实用创造力发展及其与家庭环境的关系	310名9—16岁儿童	家庭中的独立性、知识性、娱乐性和控制性等	儿童创造力新颖性、流畅性和变通性
杨志伟、 刘少文 （2000）	儿童行为问题、学业成绩与家庭环境的相关模型研究	180名4—5年级学生	家庭亲和程度、情感表达、文化知识、家庭规矩等	儿童学业成绩、儿童适应行为、内向与外向行为问题

二、家庭社会经济地位对儿童发展的影响

家庭社会经济地位（SES）一般可分为两大类型。第一类是先赋性的，即与生俱来的，通常不会改变，例如儿童的家族血统、肤色、性别、出生的顺序等。第二类是后天性的，即后天努力获得的，例如受教育程度、职业地位、收入水

平、居住条件等①。因此，家庭社会经济地位一旦形成就非常稳定，不易改变，从而具有"牢固性"。不同家庭社会经济地位对不同的儿童群体方方面面的发展都会产生重要的影响，这种影响效应也被称为"梯度效应"②。家庭社会经济地位决定的家庭资源（经济资源和社会资源）对儿童所产生的"梯度效应"，说明不同的家庭资源对不同的儿童群体产生的影响是截然不同的，并且家庭资源同时深刻地影响家庭环境的方方面面。一项针对经济欠发达地区的研究表明，在经济发展不好的国家，家庭的社会经济地位与儿童的死亡率之间有着惊人关联效应。与此同时，随着这些国家经济的增长，儿童死亡率所反映的不同家庭社会经济地位之间的差距同样在逐渐扩大③。梯度效应在发达国家的发展中同样非常明显。以美国为例，在 20 世纪 90 年代经济蓬勃发展时期，生活在严重贫困社区的儿童和青少年人数却在不断地增加④。不仅如此，家庭社会经济地位不同的儿童在身体、学业成就、心理健康、行为方面往往也具有不同的表现⑤。

具体来看，家庭社会经济地位的差别主要是由于父母不同的生活条件与经历所致，例如职业类别、受教育程度的不同。研究表明，较低的家庭社会经济地位通常意味着投入儿童或青少年成长中的经济或社会资源减少，造成儿童或青少年学校适应性降低。较低的家庭社会经济地位与父母较高的失业率、工作环境不佳具有密切关系。同时，也会增加儿童营养不良、医疗保健不足、情绪困扰较高、社区不安全等风险因素⑥。但事实上，家庭社会经济地位对儿童的影响可能更多的是通过间接影响父母的家庭教养方式从而作用于儿童的社会能力或行为问题等，即通过父母抚育儿童的过程产生长期性的影响⑦。父母对子女实

① 王争艳. 儿童发展 [M]. 北京：中国人民大学出版社，2019：181-182.

② ADLER N E, BOYCE T, CHESNEY M A, et al. Socioeconomic status and health：the challenge of the gradient [J]. American psychologist, 1994, 49（1）：15.

③ RAM B, RAM S S. Health, Illness and Mortality in Less Developed Countries：Convergence, Divergence, and Stagnation [J]. The ISA Handbook in Contemporary Sociology, 2009, 57：223.

④ O'HARE W P, MATHER M. The growing number of kids in severely distressed neighborhoods：Evidence from the 2000 Census [M]. New York：Annie E. Casey Foundation, 2003.

⑤ LUO Y, WAITE L J. The impact of childhood and adult SES on physical, mental, and cognitive well-being in later life [J]. The Journals of Gerontology Series B：Psychological Sciences and Social Sciences, 2005, 60（2）：93-101.

⑥ MCLOYD V C. Socioeconomic disadvantage and child development [J]. American psychologist, 1998, 53（2）：185.

⑦ KOHN M. Class and conformity：A study in values [M]. Chicago, IL：University of Chicago Press, 1989.

施不同的养育方式因不同家庭社会经济背景而有所差异。例如，有研究表明，经济压力与那些拥有高度的抑郁情绪的父母的养育方式间接相关，并且，正是那些父母的不良养育方式与青少年的外化行为密切相关①。研究还表明，家庭社会经济地位较低的父亲对其子女更具限制性或惩罚性②。父母对子女实施更严厉的惩罚措施，是一种典型的以父母为中心的教养风格或专制风格③。除此之外，研究人员还发现，家庭社会经济地位较低的父亲在子女的教养中的参与度明显低于家庭社会经济地位更高家庭④。而相比之下，研究人员发现，家庭社会经济地位较低的母亲相比那些家庭社会经济地位更高的母亲来说更具控制力，她们表现得更具限制性或有更多的反对意见⑤。

尽管较低家庭社会经济地位与不良的家庭教养方式密切相关，可能对儿童产生诸多不利的影响。但是，更加值得注意的是，过度的、放纵的家庭教养依然与青少年的负面结果相关，而这种教养方式往往出现在家庭社会经济地位较高的父母。父母对还处于身体、心理、行为的完善期间的儿童实施过度放纵的教养方式，尤其是利用丰富的家庭物质资源和社会资源投入其中，以此取代家庭教养。但是，研究表明，当儿童在自我评定中表现为父母实施过度放纵的教养方式时，这在儿童的诸多方面均会产生负面影响，在情感需求的满足的缺失表现得尤为明显⑥。

家庭社会经济地位的间接影响不仅表现在家庭教养方式的差异上，同样表现在不同结构的家庭之中。而大量的经验研究已经表明，在家庭资源匮乏的家

① CONGER R D, WALLACE L E, SUN Y, et al. Economic pressure in African American families: a replication and extension of the family stress model [J]. Developmental psychology, 2002, 38 (2): 179.

② LANSFORD J E, DEATER-DECKARD K, DODGE K A, et al. Ethnic differences in the link between physical discipline and later adolescent externalizing behaviors [J]. Journal of Child Psychology and Psychiatry, 2004, 45 (4): 801-812.

③ PINDERHUGHES E E, DODGE K A, BATES J E, et al. Discipline responses: Influences of parents' socioeconomic status, ethnicity, beliefs about parenting, stress, and cognitive-emotional processes [J]. Journal of family psychology, 2000, 14 (3): 380.

④ YEUNG W J, SANDBERG J F, DAVIS-KEAN P E, et al. Children's time with fathers in intact families [J]. Journal of Marriage and Family, 2001, 63 (1): 136-154.

⑤ QUERIDO J G, WARNER T D, EYBERG S M. Parenting styles and child behavior in African American families of preschool children [J]. Journal of Clinical Child and Adolescent Psychology, 2002, 31 (2): 272-277.

⑥ BREDEHOFT D J, MENNICKE S A, POTTER A M, et al. Perceptions attributed by adults to parental overindulgence during childhood [J]. Journal of Family and Consumer Sciences, 1998, 16 (2): 1998.

庭，尤其是单亲家庭面临的经济资源劣势，使孩子在多方面的表现均要弱于家庭资源丰富的家庭。当然，家庭经济资源的差异对儿童的综合影响方面，可能对于儿童的学业表现更加明显[1]。儿童发展中家庭社会经济问题的凸显，例如产妇就业、维持家庭收入和经济贫困等方面往往体现在不同的家庭结构中，说明家庭结构与家庭社会经济地位之间的联系，往往是通过父母与儿童关系作为中介对儿童的发展产生了影响。而相对于核心家庭、双亲家庭，单亲母亲家庭在家庭经济方面面临着更加严峻的问题，家庭贫困发生率也会更高[2]。

三、家庭资本对儿童发展的影响

尽管，家庭资本的内涵与家庭社会经济地位的内涵具有诸多的交叉因素，但是由于家庭社会资本理论在 20 世纪后期作为儿童与家庭关系研究的主导性的理论之一，所以我们将其单独考察。科尔曼（Coleman，1988）认为，家庭可以为子女提供财务资本、人力资本、社会资本三种不同形式的资本[3]。布尔迪厄（1986）则认为家庭可以为子女提供经济资本、社会资本、文化资本、象征资本四种形式的资本[4]。由于象征资本用于解释前三种资本的转换，难以在实证中进行量化，而人力资本可以归入文化资本范畴。所以，家庭内部最重要的资源实质上可以分为经济资本、社会资本和文化资本。在较为早期的研究中认为，在上述三个变量中家庭经济资本是最为重要的变量。在影响儿童发展的家庭资源中主要包括家庭经济资源、时间资源、父母资源等。而在这些资源中，经济资源是最为重要的影响变项，而衡量家庭资源的主要指标是与家庭社会经济地位相关的"家庭收入""家庭财富""父母受教育程度"等客观指标[5]。通过物质资本，父母能为子女提供良好的日常生活的物质资源和许多重要的教育资源，

① 王慧敏，吴愈晓，黄超．家庭社会经济地位、学前教育与青少年的认知—非认知能力 [J]．青年研究，2017（6）：46-57；李忠路，邱泽奇．家庭背景如何影响儿童学业成就？——义务教育阶段家庭社会经济地位影响差异分析 [J]．社会学研究，2016，31（4）：121-144.

② GULLOTTA，T P，BLOOM，M. Encyclopedia of Primary Prevention and Health Promotion [M] // PETERSON GW，ROSE H A. Nuclear families，childhood. New York：Kluwer Academic/Plenum Publishers，2003：705-713.

③ COLEMAN J S. Social capital in the creation of human capital [J]. American journal of sociology，1988，94：95-120.

④ BOURDIEU P. The Forms of Capital [J]. Readings in Economic Sociology，2002：280-291.

⑤ 卢妍伶，吕朝贤．家庭结构与儿童幸福感 [J]．台湾小区工作与小区研究学刊，2014，4（2）：95-125.

以及更多样化的休闲娱乐环境。除此之外，家庭资源更丰富的父母可以对子女进行更多额外的人力资本投资，有利于子女从激烈的学业、才艺等方面的竞争中脱颖而出，并在性格塑造、兴趣的养成、眼界的开阔等个人综合素质的提升中发挥着重要作用，从而客观地增加了对子女文化资本方面的投资①。

而近年的研究表明，家庭社会资本对儿童发展的影响方面，一定程度上经济资本的影响表现得更为明显。根据科尔曼家庭社会资本理论的核心观点，家庭资本由内部社会资本（父母与子女的互动关系）和外部社会资本（父母与外部的社会关系）构成，因此是一种社会关系网络的总和。并且这两种父母与子女间的人力资本代际传递很大程度上是通过社会资本这一中介机制所实现的②。除了对于人力资本代际传递的影响，家庭社会资本依然是文化资本发挥作用的主要实现机制。社会资本不佳的家庭，子女的教育、同伴的交往等都会受到一定的限制，父母也难以为子女提供具有竞争力的成长环境③。已有研究者利用中国教育追踪调查基线数据考察社会资本对于儿童学业成就的表现，研究发现不管是家庭内部资本还是外部资本，都对儿童学业成就具有正向作用。一方面，这种正向作用的强弱受到家庭文化资本和父母与老师之间网络资源质量的影响；另一方面，这两种资本的影响会随着家庭阶层地位的下降而减弱④。当然，社会资本到底在多大程度上影响儿童发展也引起了部分研究者的疑虑。有研究就认为尽管社会资本确实影响着儿童学业发展，但是在中国西部农村地区社会资本对子女学业没有显著影响。原因在于，农村儿童的学业表现受经济资本而非文化资本的影响更大，农村地区较低的人力资本水平限制了社会资本的影响⑤。

具体而言，作为家庭内部社会资本的核心变量的亲子关系对儿童发展表现在多个方面。研究表明，在个体的整个生命周期之内，父母与子女之间的互动关系是维系和持续时间最长久的一种家庭代际关系，并且对儿童的社会关系

① 周新富. 社会阶级对子女学业成就的影响：以家庭资源为分析架构 [J]. 台湾教育社会学研究，2008，8（1）：1-43.
② COLEMAN J S. Social capital in the creation of human capital [J]. American journal of sociology, 1988, 94：95-120.
③ 徐岩. 社会资本与儿童福祉——基于社会学视角的理论述评 [J]. 中山大学学报（社会科学版），2015，55（5）：159-171.
④ 田丰，静永超. 家庭阶层地位、社会资本与青少年学业表现 [J]. 复旦学报（社会科学版），2018，60（6）：190-200.
⑤ 李晓晗，郑磊. 社会资本起作用吗？——农村家庭的代际闭合与儿童学业表现 [J]. 教育学报，2016，12（3）：45-53.

（例如同伴关系、师生关系）的培养具有深刻的影响①。首先，在拥有良好的亲子关系中的儿童，对父母形成紧密的依恋关系，他们往往在社会交往能力、认知能力、心理和行为、身体健康等方面表现得更好②。其次，大量的经验研究表明，在亲子关系不好，尤其是具有亲子冲突的家庭中生活的儿童在教育发展、认知能力、人际关系、行为问题等方面均会产生不利的影响。甚至会滋生孤独、抑郁等更加突出的心理问题，从而出现同伴与社会排斥等较为严重的社会适应障碍③。更为重要的是，亲子关系冲突在单亲家庭、重组家庭或留守儿童家庭等特殊家庭出现的可能性更高。研究表明，父母婚姻破裂的家庭父母与子女互动关系要比婚姻完好的家庭表现得更差。而且，在单亲家庭或者重组家庭的亲子关系的失衡可能演变为严重的亲子冲突，对子女的学业、身心健康发展产生不利的影响，最终导致儿童心理问题与行为问题有较高的发生风险④。不仅如此，亲子关系质量一定程度上也反映了父母抚育儿童的精力投入及其育儿质量。而在儿童发展早期，育儿质量的两个关键维度就是对子女的敏感度和反应能力。父母与子女互动更多、关系更亲密对于子女的快乐成长至关重要。因此，亲子关系也在不同的家庭对于儿童的影响中扮演着关键性的角色⑤。

另外一方面，父母抚育参与也是家庭社会资本组成的重要形式。父母教育参与对儿童的影响更显著地表现在不同的家庭结构之中。结构功能主义强调家庭作为儿童社会化的主要场所，每个家庭成员都在其中扮演着不同的角色。父母在抚育子女过程中，相互分工协作，为子女提供最有利的生活照料和监督管理，从而形成最理想的双亲家庭类型⑥。费孝通的"双系抚育"理论更是将父母双方置于同等重要的位置，母亲提供生物性的抚育角色，父亲提供社会性的抚育角色，二者缺一不可。由于婚姻变动导致的父母任何一方的缺位，都会造

①　叶子，庞丽娟．论儿童亲子关系、同伴关系和师生关系的相互关系［J］．心理发展与教育，1999（4）：50-53.

②　RANSON K E, URICHUK L J. The effect of parent－child attachment relationships on child biopsychosocial outcomes：a review［J］. Early Child Development and Care, 2008, 178（2）：129-152.

③　GEORGIOU S N, FANTI K A. A transactional model of bullying and victimization［J］. Social Psychology of Education, 2010, 13（3）：295-311.

④　吴旻，刘争光，梁丽婵．亲子关系对儿童青少年心理发展的影响［J］．北京师范大学学报（社会科学版），2016（5）：55-63.

⑤　吴念阳，张东昀．青少年亲子关系与心理健康的相关研究［J］．心理科学，2004（4）：812-816.

⑥　PARSONS T. Family structure and the socialization of the child［M］//ROBERT F, BALES T P. Family：Socialization and Interaction Process. New York：Routledge, 2014：35-40.

成对孩子的抚育功能的部分性丧失，从而影响儿童的健康成长①。大量的研究已经表明，相比于完整的双亲家庭，生活在单亲家庭中的孩子，由于父母大多疲于应付家庭的日常琐事，抚育参与的程度相对更低，对孩子日常生活的监督、管理也都相应更少②。在学业方面，父母的时间投入和精力投入对儿童学业成就表现得更加明显，父母若更积极地参与到子女的学业检查或功课辅导、学校开展的亲子活动、文化教育活动等与子女有直接的互动关系中，或者能够积极参加学校家长会、与老师积极沟通等与孩子间接联系的行为中时，子女在学业发展中将会表现得更好③。总之，这些生活在单亲家庭中的儿童，由于缺乏对孩子的监督和管教，以及更少的亲子互动，导致这些儿童的发展与完整双亲家庭中生活的儿童相比具有明显的差距，从而被研究者归纳为"父母教育参与剥夺机制"。相较于"社会经济地位剥夺机制"更适用于解释儿童的学业成就差异，"父母教育参与剥夺机制"更适用于解释家庭结构变化对于儿童心理发展和行为的影响④。

四、家庭结构对儿童发展的影响

第一，家庭结构对于儿童学业的影响。研究表明，在儿童的小学阶段，在控制其他家庭社会经济因素后，来自完整家庭结构中的儿童在阅读测试、历史、数学等学科的考试成绩均高于来自同居、离婚单身或单亲家庭的儿童⑤。而一项在西班牙的研究中，通过对比不同家庭中儿童和青少年的教育成就差异，结果发现当代非核心家庭中的小学儿童对学生成绩的取得有显著的负面影响，而初

---

① 费孝通. 乡土中国 生育制度 [M]. 北京：北京大学出版社，2008：116-170.

② ASTONE N M, MCLANAHAN S S. Family structure, parental practices and high school completion [J]. American sociological review, 1991：309-320；MCLANAHAN S. Diverging destinies：How children are faring under the second demographic transition [J]. Demography, 2004, 41 (4)：607-627；THOMSON E, HANSON T L, MCLANAHAN S S. Family structure and child well-being：Economic resources vs. parental behaviors [J]. Social Forces, 1994, 73 (1)：221-242.

③ 梁文艳，叶晓梅，李涛. 父母参与如何影响流动儿童认知能力——基于 CEPS 基线数据的实证研究 [J]. 教育学报，2018, 14 (1)：80-94.

④ 吴愈晓，王鹏，杜思佳. 变迁中的中国家庭结构与青少年发展 [J]. 中国社会科学，2018 (2)：98-120.

⑤ MANNING W D, LAMB K A. Adolescent well-being in cohabiting, married, and single-parent families [J]. Journal of Marriage and Family, 2003, 65 (4)：876-893.

中学生之间存在显著差异①。所以，传统核心家庭对于子女的成长，尤其是教育的获得仍然具有无可比拟的优势。与此相似的研究表明，来自单亲家庭和同居家庭的儿童比完整家庭结构的儿童有较低的大学期望，较低的学业表现，以及较高的辍学率②。同样，在高中阶段，家庭结构及其变化对高中毕业水平仍然有显著的影响。研究结果表明，在控制了对儿童学业有重要影响的一些变量，家庭结构和家庭结构变化对高中毕业的影响仍然存在③。上述的研究均表明，如果从静态的家庭结构看，不同的家庭中生活的儿童在学业的表现上确实存在差异。而且，在不完整家庭中生活的儿童的学业表现更差一些。

如果从动态的角度来观察家庭结构的转变，例如一个家庭从单亲家庭重组为双亲家庭，又会对儿童产生何种影响？研究发现，单亲父母亲的再婚可以适当减轻单亲家庭在完成学业年限和高中毕业的可能性方面的负面影响。同时这会增加青少年升入大学的可能性，尤其是男性青少年④。因此，与生活在单亲家庭中的儿童相比，父母再婚导致的家庭结构变动可能一方面增加了收入并减少了时间压力，为儿童提供了正面的影响机制外；另一方面继父母的存在似乎也使大学入学变得更加复杂化。另一项研究则比较了4个不同童年时期的6个不同的家庭结构与他们高中毕业的关联性。发现家庭结构的影响因儿童经历的结构类型，以及经历发生时儿童所处的年龄而有所差异，即家庭结构变化的影响是随着孩子的年龄变化而不断变化的⑤。也有在部分地区的研究中，发现家庭结构对当地儿童的教育程度并没有很大影响⑥。应当注意在不同的地区、不同的文化背景中，家庭结构对儿童教育的影响具有不同的效果。

① SANTíN D, SICILIA G. Does family structure affect children's academic outcomes? Evidence for Spain [J]. The Social Science Journal, 2016, 53 (4)：555-572.

② MCLANAHAN S, SANDEFUR G. Growing Up with a Single Parent. What Hurts, What Helps. [M]. Cambridge, MA：Harvard University Press, 1994.

③ SANDEFUR G D, MCLANAHAN S, WOJTKIEWICZ R A. The effects of parental marital status during adolescence on high school graduation [J]. Social Forces, 1992, 71 (1)：103-121.

④ BELLER A H, CHUNG S S. Family structure and educational attainment of children [J]. Journal of Population Economics, 1992, 5 (1)：39-59.

⑤ GARASKY S. The effects of family structure on educational attainment：Do the effects vary by the age of the child? [J]. American Journal of Economics and Sociology, 1995, 54 (1)：89-105.

⑥ SMITH C L. Effects of family structure on educational attainment and health insurance coverage of youth in the lower Mississippi delta region [J]. Theses and Dissertations—Agricultural Economics, 2013：17.

第二，家庭结构对儿童身体健康的影响。2012 年美国"国家健康访谈调查"（National Health Interview Survey）的调查显示，与非核心家庭的儿童相比，核心家庭中的儿童健康状况更好。无论父母的教育、收入或居住地区如何，核心家庭中的儿童比其他家庭类型的儿童患有学习障碍或注意力缺陷/多动障碍的可能性小得多①。也有研究表明，在考虑儿童的肥胖、哮喘、生病住院等情况以后发现，未婚母亲所生的孩子在所有家庭中的健康表现最差。而与单身母亲一起生活的孩子在健康指标上的表现要比与双亲家庭中的孩子更差②。与此类似的研究表明，与单身母亲一起生活的儿童患哮喘的风险会更高。尤其是 15 岁以下的儿童，生活在单身母亲家庭中的患哮喘的概率是所有家庭类型中最高的，而已婚母亲家庭的儿童患病率最低③。在北欧国家瑞典对近百万儿童进行的一项研究表明，与单亲父亲或母亲一起成长的儿童患严重精神疾病，企图自杀或发生酒瘾的可能性是其他家庭类型的 2 倍多④。此外，生活在单亲家庭的儿童所拥有的心理情绪和行为问题是生活在父母婚姻完整家庭的儿童的 2 倍⑤。与此同时，还有与此完全相反的研究结论表明，大多数情况下不稳定性并不会影响儿童的健康结果⑥。上述研究证据显示，家庭结构变动的效应至少能部分解释儿童的健康问题，但是若将这种影响纳入随时间的长期变化上考虑，家庭结构变迁对于儿童的影响将会比只考虑横断面数据时的静态结构的影响要小一些⑦。

第三，家庭结构对儿童心理与社会行为的影响。研究表明，再婚家庭子女如果经历过家庭的瓦解或者重组导致家庭结构变动，会造成儿童在情感上的挫

① DL B, JW L, TC C. Summary Health Statistics for U. S. Adults: National Health Interview Survey, 2012 [R]. Centers for Disease Control and Prevention National Center for Health Statistics, 2014.

② BZOSTEK S, BECK A. Family structure and child health outcomes in fragile families [Z]. Princeton University, Center for Research on Child Wellbeing, 2008.

③ HARKNETT K. Why are children with married parents healthier? The case of pediatric asthma [J]. Population Research and Policy Review, 2009, 28 (3): 347-365.

④ BROWN J, COHEN P, JOHNSON J G, et al. A longitudinal analysis of risk factors for child maltreatment: Findings of a 17-year prospective study of officially recorded and self-reported child abuse and neglect [J]. Child abuse & neglect, 1998, 22 (11): 1065-1078.

⑤ KELLEHER K J, MCINERNY T K, GARDNER W P, et al. Increasing identification of psychosocial problems: 1979—1996 [J]. Pediatrics, 2000, 105 (6): 1313-1321.

⑥ CHAMBERS E C, DUARTE C S, YANG F M. Household instability, area poverty, and obesity in urban mothers and their children [J]. Journal of health care for the poor and underserved, 2009, 20 (1): 122-133.

⑦ THOMSON E, HANSON T L, MCLANAHAN S S. Family structure and child well-being: Economic resources vs. parental behaviors [J]. Social Forces, 1994, 73 (1): 221-242.

折，甚至对重组后的家长产生仇视心理。而重组家庭的父母往往因血缘关系的断裂或身份的敏感性，难以正常履行父母的教养责任①。而在儿童发展阶段的整个生命周期可能也会具有连贯性的影响。儿童在整个童年期的成长轨迹具有连贯性，即儿童早期、中期的发育是影响后期发育的关键时期，如果某些性格、价值观念一旦形成，就很难在后期阶段的发育中逆转②。因此，儿童期间的认知能力和社会情感能力的形成是整个生命历程中重要的影响因素，它能够有力预测个人不同阶段学业成就、健康，甚至在劳动力市场的表现③。

此外，生活在单亲家庭和同居家庭的儿童的行为问题更加突出，即使儿童在年龄很小时就会表现出更多的外化和内化行为问题④。当然，单亲家庭的父母如果拥有更多经济上的收入作为支撑时，儿童的行为问题将会减少⑤。此外，儿童的行为问题一定程度上也取决于亲子关系的质量，若单亲父亲或母亲与子女的交流更少时，家庭结构的变化就会加剧儿童的外化行为问题⑥。也有研究认为，对儿童的影响取决于家庭结构的稳定性，而并非一定是家庭结构的类型。因为生活在稳定的同居家庭中的儿童，与生活在稳定的双亲家庭中的儿童相比较而言，并没有表现出更多的行为问题⑦。此外，在儿童不同的发育阶段，家庭结构变化的影响也不同。有学者将儿童划分为4个不同的发育阶段，研究表明，前3年家庭结构的变化对儿童的行为发展的影响比后续阶段的变化更为一致。单亲家庭的变化与混合家庭的变化有不同的影响，家庭结构的变化对于儿童早

---

① 童辉杰，黄成毅. 当代中国家庭结构的变迁及其社会影响 [J]. 西北人口，2015，36 (6)：81-84.

② ELDER Jr G H. The life course as developmental theory [J]. Child development, 1998, 69 (1)：1-12.

③ HECKMAN J J. The economics, technology, and neuroscience of human capability formation [J]. Proceedings of the national Academy of Sciences, 2007, 104 (33)：13250-13255.

④ OSBORNE C. Is Marriage Protective for all Children? Cumulative Risks at Birth and Subsequent Child Behavior among Urban Families [R]. Princeton University, Woodrow Wilson School of Public and International Affairs, Center for Research on Child Wellbeing, 2007.

⑤ RYAN R M, KALIL A, LEININGER L. Low-income mothers' private safety nets and children's socioemotional well-being [J]. Journal of Marriage and Family, 2009, 71 (2)：278-297.

⑥ CARLSON M, MCLANAHAN S, BROOKS-GUNN J. Do good partners make good parents? Relationship quality and parenting in two-parent families [R]. Center for Research on Child Wellbeing Working Paper, 2006：6-34.

⑦ OSBORNE C, MCLANAHAN S. Partnership instability and child well-being [J]. Journal of Marriage and Family, 2007, 69 (4)：1065-1083.

期阶段和脆弱家庭儿童的影响更为严重①。尽管很多研究支持不同家庭结构对于不同时期的儿童造成的影响，但是这种影响的严重性很大程度上归因于母亲的压力水平、父母的教养水平，以及父母的行为习惯的示范效应②。值得注意的是，一些研究认为，目前并没有明显的证据支持每个阶段的孩子都会受到家庭结构变化的影响③。

五、家庭教养方式对儿童发展的影响

第一，家庭教养方式对于儿童学业方面的影响。梅尔比和康格（Melby & Conger，1996）使用社会学习方法所进行的研究检验了父母的教养方式与7年级儿童之间的关系，尤其是对学业成绩的影响。结果表明，父亲和母亲的教养行为与儿童的学业平均成绩密切相关，对子女学业参与度更高、关系更加亲密的儿童表现更加优秀。并且，随着时间的推移，这种积极的影响效应还将持续④。相似的研究也表明了，父母的教养行为与儿童在学校的综合表现之间所具有的密切关联，来自父母更多的支持和更少的行为约束的儿童在学校的表现更加突出，而对于父母的监督和管理方式并没有在整体样本中显示出差别。上述家庭教养方面的差异并未在种族之间显示出人口的异质性，而在不同的家庭结构之间却显示出差异。即在单亲家庭中，父母的监督管理对于儿童在学校的表现具有明显的正面影响⑤。

由于教养方式所导致的亲子冲突与儿童的学业之间具有明显的双向互动关系。一项纵向的研究表明：一方面，产生亲子冲突的家庭中儿童的学业成绩更低；另一方面，由于儿童的学业表现更加糟糕，也会直接导致儿童与父母之间

① RYAN R M, CLAESSENS A. Associations between family structure changes and children's behavior problems：The moderating effects of timing and marital birth［J］. Developmental psychology，2013，49（7）：1219.

② OSBORNE C, MCLANAHAN S. Partnership instability and child well-being［J］. Journal of Marriage and Family，2007，69（4）：1065-1083.

③ LIU S H, HEILAND F. Should We Get Married? The Effect of Parents' Marriage on Out-of-Wedlock Children［J］. Economic Inquiry，2012，50（1）：17-38.

④ MELBY J N, CONGER R D. Parental behaviors and adolescent academic performance：A longitudinal analysis［J］. Journal of Research on Adolescence，1996.

⑤ AMATO P R, FOWLER F. Parenting practices, child adjustment, and family diversity［J］. Journal of marriage and family，2002，64（3）：703-716.

更严重的亲子冲突①。与此类似的一项研究还表明，父母与儿童之间的代际冲突是儿童学业成绩降低的一个重要风险因素。但是，这种影响在小学低年级表现得更加明显，而在较高年级中并不明显。此外，儿童的自责行为能够显著地缓解亲子冲突关系②。除此之外，父母与子女之间的情感距离也会显著地影响儿童的学业发展。一项从生命历程理论视角进行的研究表明，父母与儿童的情感距离越大，所面临的学习障碍越多，儿童在学校的逃课、欺负他人与被他人欺负、不完成家庭作业等行为的发生率也更高。但是，儿童与父母之间的情感距离产生的负面效应，一定程度上能够被儿童与教师、学生的亲密行为所取代，化解父母因素带来的风险③。

奥唐纳（O'Donnell）、莫罗（Moreau）、卡德米尔（Cardemil）和波拉斯特里（Pollastri）（2010）针对小学五年级、六年级儿童所做的一项研究显示，父母的教养方式与儿童的认知之间存在显著的关系。并且，在父母与子女的亲子冲突影响儿童抑郁行为的机制中，父母的家庭教养方式扮演着重要的中介角色，不良的家庭教养（例如，对儿童的拒绝和放纵行为）会显著增加儿童抑郁的风险④。

第二，家庭教养方式对于儿童心理和行为的影响。研究表明，具有温情且灵活的家庭教养方式始终与儿童安全的情感依恋、亲社会行为、积极健康的朋辈关系、较高的自尊感和强烈的道德感等积极的发展成果相关联。从儿童的角度看，他们通常想要取悦父母，因此有动力去做父母所期望的事情，并学习父母希望他们学习的东西⑤。由于孩子生活在家庭环境中，若是父母一方或者双方让儿童感受不到情感的温暖，经常被忽视或者拒绝，这会导致儿童交往更多的

① DOTTEREr A M, HOFFMAN L, CROUTER A C, et al. A longitudinal examination of the bidirectional links between academic achievement and parent – adolescent conflict [J]. Journal of Family Issues, 2008, 29 (6)：762-779.

② GHAZARIAN S R, BUEHLER C. Interparental conflict and academic achievement：An examination of mediating and moderating factors [J]. Journal of Youth and Adolescence, 2010, 39 (1)：23-35.

③ CROSNOE R, ELDER Jr G H. Family dynamics, supportive relationships, and educational resilience during adolescence [J]. Journal of Family issues, 2004, 25 (5)：571-602.

④ O'DONNELL E H, MOREAU M, CARDEMIL E V, et al. Interparental conflict, parenting, and childhood depression in a diverse urban population：The role of general cognitive style [J]. Journal of youth and adolescence, 2010, 39 (1)：12-22.

⑤ FORMAN D R, KOCHANSKA G. Viewing imitation as child responsiveness：A link between teaching and discipline domains of socialization [J]. Developmental psychology, 2001, 37 (2)：198.

不良朋友，也更加容易导致儿童的抑郁行为，从而影响他们的健康成长①。

忽视冷漠型的家庭教养方式往往对儿童产生非常负面的影响。尽管现实世界中很少出现父母完全不参与子女教育的情况，但是教养的参与程度与儿童的发展紧密相关。即便在年龄很小的时候，如果没有父母的抚育参与，儿童可能会过早地表现出相对较高的攻击行为和外化行为②。不仅如此，在被忽视或者冷漠的家庭教养方式下的儿童往往更具破坏性，儿童在课堂上表现也会更差③。如果情况得不到有效的纠正，这些儿童往往会变得更加具有敌意、更加自私、也更具叛逆性。他们对自己的前途和发展没有远期的规划，就更有可能朝着喝酒、药物滥用、性行为等越轨行为方面发展④。

与此相反，权威型的家庭教养方式往往与积极的社交、情感和较高的智力发展相关联。首先，在权威型的家庭教养方式中，父母对于子女在情感上具有较高的回应，对子女传达出一种关爱之心。因此，这种家庭教养方式下父母所制订的行为规则是切实可行的。与此同时，更容易激励子女们遵守他们的行为规定，并最终实现既定的目标或任务⑤。这与专制型的家庭教养方式不同，这种教养方式下父母为子女设定了不灵活、不温情的行为标准，并支配和控制着儿童方方面面的行为。儿童没有表达的自由，也得不到父母应有的情感回应（如表2-4）。因此，这可能引起子女对父母的反感、抱怨或者蔑视，从而产生适得其反的效果⑥。

---

① SCARAMELLA L V, CONGER R D, SPOTH R, et al. Evaluation of a social contextual model of delinquency: A cross-study replication [J]. Child development, 2002, 73 (1): 175－195.

② ECCLES J S, MIDGLEY C, WIGFIELD A, et al. Development during adolescence: The impact of stage-environment fit on young adolescents' experiences in schools and in families [J]. American psychologist, 1993, 48 (2): 90.

③ KILGORE K, SNYDER J, LENTZ C. The contribution of parental discipline, parental monitoring, and school risk to early-onset conduct problems in African American boys and girls [J]. Developmental Psychology, 2000, 36 (6): 835.

④ STEINBERG L. A social neuroscience perspective on adolescent risk-taking [J]. Developmental review, 2008, 28 (1): 78-106.

⑤ STEINBERG L. Cognitive and affective development in adolescence [J]. Trends in cognitive sciences, 2005, 9 (2): 69-74.

⑥ KOCHANSKA G. Mutually responsive orientation between mothers and their young children: A context for the early development of conscience [J]. Current Directions in Psychological Science, 2002, 11 (6): 191-195.

表 2-4 儿童教养方式与发育成果的关系

教养方式	儿童	青少年
权威型 （Authoritative）	高认知和社交能力	高自尊，出色的社交能力，强烈的道德/亲社会关怀，高学术成就
独裁型 （Authoritarian）	平均认知和社交能力	平均学习成绩和社交技巧；比宽容父母的青少年更符合要求
宽容型 （Permissive）	低认知和社交能力	自我控制能力差，学业成绩差；比权威或专制父母的青少年吸毒更多

数据来源：Baumrind，1977，1991；Steinberg et al.，1994.

　　总之，权威型的父母教养方式与温和、理性的教养方式相结合的形式是较为理想的家庭教养方式，往往与积极的儿童发展结果具有一致性。这就意味着，成长和发育中的儿童一方面需要一套合理的行为规则来约束或指导自身的行为，另一方面则需要得到父母合理的情感上的回应或者关爱，以激励自己。如果没有合理的行为，儿童的行为得不到约束，可能就会让儿童变得不受控制、自私、不守规矩、缺乏目标[1]。与此同时，如果父母过多地干预了儿童的行为，儿童的行为受到各种规则的限制，也不利于儿童独立自主、自力更生，会让他们没有目标，缺乏自信心[2]。

　　在部分研究中，研究者并未对家庭教养行为进行分类。而从另一个角度的抚育方式（父母支持、行为控制与心理控制）考察教养方式对于儿童发展的影响。研究表明，父亲支持与抑郁之间、父母行为控制与犯罪之间具有负面关系。在行为控制方面，父母通过设立一定的规则方式影响儿童。在心理控制方面则企图通过诸如隐瞒情感、诱导羞耻或内疚等心理手段来影响儿童或青少年的行为。不同的年级、性别和家庭社会经济地位之间的儿童在家庭抚育的影响上没有明显的差异[3]。

---

① STEINBERG L，LAMBORN S D，DARLING N，et al. Over-time changes in adjustment and competence among adolescents from authoritative，authoritarian，indulgent，and neglectful families［J］. Child development，1994，65（3）：754-770.

② STEINBERG L. Cognitive and affective development in adolescence［J］. Trends in cognitive sciences，2005，9（2）：69-74.

③ BEAN R A，BARBER B K，CRANE D R. Parental support，behavioral control，and psychological control among African American youth：The relationships to academic grades，delinquency，and depression［J］. Journal of Family Issues，2006，27（10）：1335-1355.

第五节 家庭环境与儿童发展的理论基础

一、家庭作为多层环境中的一环——生态系统理论

在早期，关于儿童和青少年发展的研究中所提出的理论存在诸多缺陷，例如，早期的行为主义研究者将"环境"定义为塑造个人发展的其他所有外部力量①。尽管类似的观点已被现代学习理论研究者的观点所取代，认为环境和家庭中的个体是双向互动影响的，即环境不仅能够影响个体的发展，同时也受到个体发展的影响②。但是，相关的研究者并未对这一思想的脉络和路径进行清晰而准确的描述。而布朗芬布伦纳所提出的生态系统理论（Ecological Systems Theory）对环境如何影响个体进行了全方位的考察。

在生态系统理论中，"环境"被视为一系列嵌套性的多层结构，一层结构嵌套在另一层结构中，家庭中的儿童处在这个复杂的结构关系里发展。这些环境系统彼此之间相互作用，并且环境与个人之间相互影响③。具体而言，家庭中的个人处于所有环境系统的中心位置，以个人（儿童）为中心不断向外围延伸，从以家庭因素为主的能与个人直接接触的环境到更广泛却能影响个人发展的文化环境。在这个嵌套的系统中，每一层都与其他层次相互作用，同时与处于中心圈的个体相互作用，并以相互交织的复杂关系影响个体的发展④。具体来看，生态系统理论包含微系统、中介系统、外层系统、宏观系统和时间系统等五个子系统（如图 2-2）。

---

① WATSON J B. Psychology as the behaviorist views it [J]. Psychological review, 1913, 20 (2): 158.

② BANDURA A. Human agency in social cognitive theory [J]. American psychologist, 1989, 44 (9): 1175.

③ BRONFENBRENNER U. The ecology of human development [M]. Harvard: Harvard university press, 1979: 36-94; BRONFENBRENNER U. Ecological systems theory [M]. London: Jessica Kingsley Publishers, 1992: 83-124.

④ BRONFENBRENNER U. Ecology of the family as a context for human development: Research perspectives [J]. Developmental psychology, 1986, 22 (6): 723.

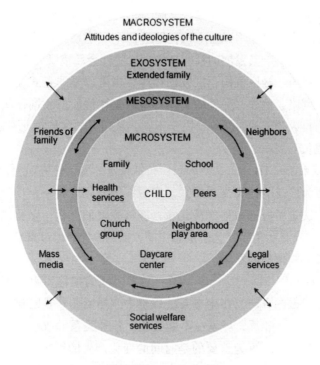

图 2-2　Bronfenbrenner 生态系统理论

（1）微系统（The Microsystem）：处于最内层的环境层。是儿童与所能直接接触的环境因素之间发生的活动或者相互关系。例如，家庭、学校、同伴等。对于大多数儿童而言，家庭是最重要的生活场所。对于年纪较小的儿童而言，微系统仅仅限于家庭。随着儿童的成长，慢慢地能够接触到幼儿园、其他同辈伙伴，微系统也将逐渐变得更加复杂。在微系统内，儿童受到系统中环境因素的影响。与此同时，儿童的个人特性也会影响其他处于微系统中的同伴①。总之，任何两个个体之间的相互作用可能会受到第三个个体的影响。

（2）中介系统（The Mesosystem）：即第二个环境层，是家庭、学校、同辈群体等微系统之间的联系或相互关系，是微系统之间进行联系的中介系统。例如，儿童在学校的学业成就不仅取决于老师的教学质量、班级的学习氛围等，

---

① BRONFENBRENNER U. Ecological models of human development ［J］. Readings on the development of children, 1994, 2（1）: 37-43.

也与父母对学业的参与，以及与学校之间的联系和配合程度密切相关①。

（3）外层系统（The Exosystem）：即第三个环境层，指的是那些不包括儿童、青少年但可能影响其发展的社会环境。这些社会环境既可以是正式的组织，如父母的工作场所、社区机构、宗教团体等，也可以是非正式支持系统，如父母的人际关系网络。例如，父母的工作环境、工作性质的不同，父母面临的工作压力、精力投入、闲暇时间等会完全不同，从而影响父母对儿童的抚育方式，影响儿童的成长②。

（4）宏观系统（The Macrosystem）：包括特定的文化价值观念、法律、社会习俗或其他更为广泛的社会文化背景。宏观系统实际上是一个广泛的、总体的意识形态，它决定了应该如何对待儿童，应该教他们什么，以及他们应该努力的目标③。这些文化价值、社会阶层意识等方面的差异，通过家庭、学校、社区等直接或间接影响他们的发展。

（5）时间系统（The Chronosystem）：随着时间的推移发生的个人或环境的变化，并影响发展的方向。在生态系统理论中，环境并非是固定不变或者通过单一方式影响儿童。相反，环境在不断变化，各种关系的改变、新条件的出现均会对发展产生影响，更为重要的是时间的变化产生的影响。例如，儿童自身的成长也处在不断的年龄增长变化之中，在不同的年龄阶段，儿童也会选择、修正或者创造他们与环境的关系。而儿童的选择、修正和创造也取决于他们所处的环境中展现的机遇④。总之，儿童与环境之间构成了一个相互依赖、共同作用的网络。

二、家庭作为一个整体系统——家庭系统理论

事实上，除了学校儿童所能接触到的家庭之外的其他环境是非常有限的。

① EPSTEIN J L, SANDERS M G. Family, school, and community partnerships [J]. Handbook of parenting: Vol. 5. Practical issues in parenting, 2002: 407–437; GOTTFRIED A E, FLEMING J S, GOTTFRIED A W. Role of cognitively stimulating home environment in children's academic intrinsic motivation: A longitudinal study [J]. Child development, 1998, 69 (5): 1448–1460.

② SROUFE L A, COOPER R G, DEHART G B, et al. Child development: Its nature and course [M]. Mcgraw-Hill Book Company, 1992: 44–69.

③ BRONFENBRENNER U, MORRIS P A. The bioecological model of human development [J]. Handbook of child psychology, 2007, 1.

④ BRONFENBRENNER U. Ecological models of human development [J]. Readings on the development of children, 1994, 2 (1): 37–43.

所以导致在较早的儿童发展研究中，研究者几乎都将目光聚焦于家庭这一微观系统。尤其是关注母子关系对于儿童的行为与品格的塑造①。然而，这种单向的模式显然不足以解释家庭影响儿童发展的内在机理。因此，更加全面、复杂的系统模式便进入了研究者的视野。布朗芬布伦纳生态系统理论，以及家庭系统理论（Family System Theory）都是在这样的背景下产生的。

第一，家庭是一个复杂的社会系统，具有整体性特征。首先，家庭如同人体一般，是一个完整的有机结构。它由相互关联的各个部分组成，每个部分都影响并受其他部分的影响。其次，家庭的每个部分都有助于整体的运作②。而且，多重家庭因素的叠加对于儿童的影响会比某个个体因素单独的影响加起来更大，产生一种综合性的效应。以父母与一个儿童所组成的核心家庭为例，在夫妻与子女的亲子互动的过程中，家庭成员进入了相互影响的"家庭系统"过程，这个家庭系统包含了夫妻关系、母子关系和父子关系③。即任何两个家庭成员之间的互动，均会受到第三个家庭成员的态度和行为的影响。同时，第三个家庭成员的态度和行为也会受到其他成员互动关系的影响④。例如，更好的夫妻关系会为儿童营造更加良好的成长环境。而孩子的行为也会在一定程度上影响父母的态度和行为，儿童的顽劣脾性可能影响父母的教养方式，从而造成更加紧张的亲子关系。父母对儿童的教养存在矛盾和冲突，也会由此引发夫妻之间的关系，从而造成循环式的连锁效应⑤。上述家庭系统的反馈模式在贝尔斯基（Belsky）所提出的家庭系统交互作用模型中具有充分的体现（如图 2-3）⑥。

第二，家庭不仅是复杂的社会系统，也是具有动态性和连续性的系统，具有自我适应性特征。一方面，家庭中的个体处于不断变化发展之中。另一方面，夫妻之间、父子与母子之间、孩子之间的互动关系也会使影响个体发展的其他

① AMBERT A M. The effect of children on parents［M］. London：Routledge，2014：28-89.
② FINGERMAN K L，BERMANN E. Applications of family systems theory to the study of adulthood［J］. The International Journal of Aging and Human Development，2000，51（1）：5-29.
③ BELSKY J. Early human experience：a family perspective［J］. Developmental psychology，1981，17（1）：3.
④ PARKE R D. Development in the family［J］. Annu. Rev. Psychol. ，2004，55：365-399.
⑤ DONOVAN W L，LEAVITT L A，WALSH R O. Maternal illusory control predicts socialization strategies and toddler compliance［J］. Developmental Psychology，2000，36（3）：402.
⑥ BELSKY J. Early human experience：a family perspective［J］. Developmental psychology，1981，17（1）：3.

图 2-3　家庭系统交互作用模型

因素发生变化①。系统任何部分的变化都会引起其他部分发生"调节",以适应新的变化。例如,在一个核心家庭中,出生了第二个孩子,原先家庭的许多惯例和生活方式不得不做出改变,以适应多一个儿童所带来的变化。

此外,尽管家庭作为一个完整的系统有其自身运行的机制,但是家庭仍然不可避免地嵌入在更宏大的文化背景中,从而受到与家庭系统密切相关的其他因素的影响。例如,家庭的宗教文化、家庭社会经济地位、社区文化与价值观等因素,同样在以某种方式影响着家庭成员之间的互动和儿童的发展②。

因此,家庭系统模型能够形象地描述家庭生活的复杂性,及其家庭因素对儿童发展的影响。应该看到,家庭系统模型是以布朗芬布伦纳的生态系统理论为基础发展起来的,并继承了生态系统理论中关于多层次的环境因素对家庭系统中单个个体的交互影响。

三、双亲作为儿童抚育的中心——"双系抚育"观点

家庭是儿童抚育和成长中最重要的社会化场所,父母双方对子女的共同抚育作用更是不可或缺的。在父母对子女的抚育作用中,著名社会学家费孝通先生在《乡土中国　生育制度》一书中创新性地提出了"双系抚育"和"基本三角"的概念。这一理论的核心观点认为,"父母是抚育孩子的中心人物"。并论证了如何从抚育的"单系性"向抚育的"双系性"转变。费孝通认为,双系抚

---

① KLEIN D M, WHITE J M. Family theories: An introduction [M]. Thousand Oaks, CA: Sage Publications, 1996.

② BRONFENBRENNER U, MORRIS P A, DAMON W, et al. Handbook of child psychology [J]. Handbook of child psychology, 1998, 1.

育并非由生物的本性所决定，并非出于血统观念的情感纽带或是出于夫妻的感情联系。正好相反，从生物层面而言，"抚育作用是以单系开始的"。事实上，"双系抚育"的产生应该从社会生活的需要去解释。正是由于人们需要共同抚育子女，所以夫妻之间需要维持长久的情感联系，从而将"双系抚育"的产生置于社会制度和文化背景中来考虑。

此外，费孝通还从男女两性的分工和合作中解释"双系抚育"的必然性。他认为，在以性别分工构成的社会中，生活单位必须由男女合作组成，只有这样的单位才能负起全部的抚育责任。两性的分工和抚育作用加起来才发生长期性的男女结合，配成夫妇，组成两性家庭。因此，有了两性分工这一先决条件，从而形成了父母对子女的"双系抚育"。"双系抚育"的作用可以分为两个部分：一部分是给子女生理上的需求；一部分是给子女社会上的需求。这两部分对于儿童来讲，具有同等的重要性。"双系抚育"的一个重要特征在于，子女对于父母的依赖，并不仅仅是生活的一部分，而是生活的全部。如果家庭中缺少了父母中的任何一方，家庭的日常生活会受到严重的影响，子女不能从单亲母亲那里得到所需要的生活方式，也不能从单亲父亲那里得到完整的教育。

如果家庭中两性分工发生了变化，即家庭结构出现了变动，那么双系抚育的结构也会随之发生变化。一旦抚育失去双系性，即便"双系抚育"的作用能够被"集体抚育"的方式部分替代，对于子女的成长中的抚育作用都是会受到限制的。因此，父母的分工，由父母分别担任社会性和生理性的抚育工作。夫妇的婚姻关系和父母抚育子女的合作关系所形成的核心家庭构成了社会结构的"基本三角"关系①。

四、家庭作为儿童社会化的场所——结构功能理论

在西方文化场域中，家庭依然是儿童最重要的社会化场所。最具代表性的理论当数结构功能论理论。学界认为，结构功能论的主要理论内涵出自帕森斯（Parsons，1902—1979）。帕森斯对于家庭的观点主要从他对社会系统的理解中来解释。他将社会系统分为三个子系统，分别是：文化系统（cultural system）：包含共用的符号与意义；社会系统（social system）：包含有组织的社会团体与制度；人格系统（personality system）：包含多种类型的人格，绝大部分是源于

---

① 费孝通. 乡土中国　生育制度［M］. 北京：北京大学出版社，2008：116-170.

弗洛伊德的心理分析①。关于儿童与家庭的分析，主要集中在社会系统所需要的社会化过程，以及将个别的成人整合进群体或社会系统中的方法，以维持制度社会化的社会系统②。

在相关的著作中，帕森斯指出家庭有两个基本的功能：第一个功能是儿童的初级社会化。家庭让儿童能够真正成为社会中真正的一员。第二个功能是整个社会中成人个性的稳定化。这两个功能息息相关，因为只有在这个社会被制度化、组织化，形成一套预期的角色性结构，并且成人从这些角色的结构中稳定之后，儿童才能被社会化从而进入社会③。尽管帕森斯曾一度指出工业化和城市化可能会破坏家庭的延伸的亲属关系，但是依然强调家庭是一个强大而稳定的组织单元，能够发挥上述两个基本的家庭功能④。根据帕森斯的观点，在儿童社会化的过程中核心家庭的结构可以被视为是在两个轴线上分化的结果，即阶层（或权力）、工具性对情感性的功能。因此，就这种分化的观点而言，家庭包含了四种地位与角色（status-role）（如表2-5）。

表2-5　核心家庭结构的基本角色结构

阶层（权力）	任务导向	
	工具性	情感性
高阶	高阶——工具性　父亲（丈夫）	高阶——情感性　母亲（妻子）
低阶	低阶——工具性　儿子（兄弟）	低阶——情感性　女儿（姐妹）

上表中的基本角色结构是最为常见的核心家庭结构的表现。在不同的性别角色结构中，女性被视为情感性的，而男性被视为工具性的。情感性的更加关注家庭系统的内部事务，并在家庭成员之间维持和谐的关系，调节各组成单位之间的模式与张力程度。工具性更加关注家庭系统与外部环境之间的联系，以满足其维持平衡的适应程度。因此，在抚育子女过程中，父母双方各自承担不同的抚育角色。母亲承担着生物性的抚育角色，父亲承担着社会性的抚育角色。

① PARSONS T, SHILS E A. Toward a General Theory of Action：Theoretical Foundations for the Social Sciences［M］. London：Routledge，2017：190-233.

② BALES R F, PARSONS T. Family：Socialization and interaction process ［M］. London：Routledge，2014.

③ PARSONS T. The Social Structure of the Family ［M］//ANSHEN R. Destiny, The Family Its. Functions. New York：Harper Press，1949：173-201.

④ HEYDEBRAND W，PARSONS T . The System of Modern Societies ［J］. Contemporary Sociology，1971，1（5）：387.

双方各有分工、互为补充的角色是孩子进入社会前必不可少的经历，任何一方的缺失都将会对孩子未来的发展产生重要的影响。儿童的第一个社会化阶段称为"母亲——儿童认同"，随后延伸到家庭其他两人的关系之中。家庭角色的制度化结构提供许多两人关系，使儿童能够在周围环境中明确定义自己。结果使得儿童先在家庭中获得了社会互动的能力，并能够延伸到学校或工作场所之中①。

五、儿童作为家庭投资品——人力资本与社会资本理论

家庭人力资本理论的奠基人 Becker 认为，家庭因素是影响子女发展的重要因素。不同的家庭通过对子女不同程度的人力资本投资，进而影响了子女一代在社会经济地位的差别②。具体来看，一方面，与传统社会相比，现代社会的父母选择生育较少的孩子，而在孩子身上却花费更多的投资（包括金钱和时间），实现了孩子质量对于孩子数量的部分替代。不仅在金钱和时间投入上，现代社会中，核心家庭的成员之间的关系也更加友爱，联系也更加紧密。另一方面，孩子的福利取决于父母对子女的投资、子女的家庭声望和家庭社会关系，以及通过特定的家庭文化中全体成员所吸收的价值观念和技艺。出生于有成就家庭的子女更有可能更有成就，因为父母花费在他们身上的追加时间更多，同时这些子女还具有比较优越的文化和基因遗传③。此外，就不同代际或者同代之间的不平等现象来看，很大程度上也取决于家庭因素的变化。这种不平等很大程度上是由家庭的社会经济地位，个人的背景、阶层或者家族制度等造成的。不仅如此，不同代际间的家庭收入的差别可能还会在代际间进行传递，通过决策、环境和遗传组织等因素，家庭会将文化、能力、教育、收益和资产等资源逐步转移到子女一代身上，实现世代间的纽带连接④。

社会资本理论的创建者之一的科尔曼则在贝克尔（Becker）"理性选择"概念的基础上，将"社会交换理论"转化成社会资本，用于重点探讨家庭经济资

① PARSONS T. Family structure and the socialization of the child ［M］//ROBERT F，BALES T P. Family：Socialization and Interaction Process. New York：Routledge，2014：35-40.

② BECKER G S. A Treatise on the Family ［M］. MA：Harvard University Press，2009：179-238.

③ BECKER G S，TOMES N. Human capital and the rise and fall of families ［J］. Journal of labor economics，1986，4（3，Part 2）：1-39.

④ 加里·斯坦利·贝克尔. 家庭论 ［M］. 王献生，王宇，译. 北京：商务印书馆，2005.

源对个人行为的影响。简单而言，社会资本是有关人际网络的资源、规范和信任。就个体而言，个人可以从有形无形的资源和关系中夺取利益。就社区或者组织而言，相互信任、互惠和社会网络对集体行动和合作具有诸多好处①。科尔曼认为社会资本是由义务与期待、信息的潜力、规范和有效的处罚、权威关系、适当的社会组织、有目的的组织等多种社会关系所构成。并首次以实证研究的方式探讨了家庭内部的社会资本与儿童学业成就的关系，开启了社会资本理论在儿童发展中的研究先河②。Coleman 将家庭社会资本区分为家庭内部社会资本和家庭外部社会资本两种形式。家庭内部社会资本主要表现在父母与孩子之间的互动关系，他用家庭中的家长数、子女数量、亲子间的交流、母亲是否在孩子未入学前外出工作、家长的教育期望等五项指标来指代父母与孩子的亲子关系的疏密。而对家庭外部的社会资本，科尔曼以代际间的封闭为测量指标，测量社区中父母与其他家长之间的社会关系，以及关系的封闭性，及其他家长与社区机构间的关系③。研究证实了家庭社会资本对儿童的辍学率、学业成就均有显著的影响，家庭中如果缺乏社会资本，将使上一代的人力资本无法传递给下一代④。

六、家庭与儿童的共变——家庭生命历程发展理论

家庭生命历程发展理论架构包含了三个相互关联的理论路径。其中，第一个是个人生命全程理论（individual life span theory），该理论指出，在每个主要的生命周期家庭中的个体都面临着不同的发展挑战和成就，对于不同阶段如何不断适应新的变化在生命周期的所有阶段都有效。这种理论方法侧重于家庭中的个人发展而非家庭发展。它关注的是将个人的发展与他人的发展以及个人在不同时间点的地位进行比较。因为许多影响个人的因素大多都出在家庭中，因而不能忽略家庭变化的因素⑤。第二个理论是家庭发展理论（family development

---

① KERKA S. Intergenerational Learning and Social Capital [J]. Eric Digest, 2003, 244 (3).

② COLEMAN J S. Foundations of social theory [M]. Massachusetts: Harvard university press, 1994: 85-94.

③ COLEMAN J S. Social capital in the creation of human capital [J]. American journal of sociology, 1988, 94: 95-120.

④ COLEMAN J S, HOFFER T. Public and private high schools: The impact of communities [M]. New York: Basic Books, 1987: 68-94.

⑤ BALTES P B, LINDENBERGER U, STAUDINGER U M. Die zwei Gesichter der Intelligenz im Alter [J]. Spektrum der Wissenschaft: Digest "Altern, Krebs und Gene", 1998, 2: 78-87.

theory），这个理论强调随着家庭走过家庭生命历程中不同的阶段与事件，家庭成员所经历到的系统性的、定型的改变。该理论焦点集中于将家庭视为一个由互动的个体之间所组成的团体，通过社会规范组织起来①。应当注意，尽管家庭发展理论承认个人发展的重要性，但是家庭发展不应该与个人发展的理论（如发展心理学所提出的儿童发展理论）相混淆，因为家庭发展的焦点在于将家庭视为家庭成员之间互动的系统。第三个理论是生命历程理论（life course theory），生命历程理论基本在检视一个人所经历的历史事件，以及这些事件（例如离婚或生育）如何影响个人未来的发展状况②。

这三个理论均被广泛应用到其他社会团体与社会结构之中，它提供了一个宽广的理论来解释家庭的形成与变异的模式，以及随家庭发展包括儿童在内的家庭成员所经历的生命事件对个人将来的发展状况。这三个理论都关注那些影响个人源自本体发展的家庭因素。同时，强调个人和家庭环境会随时间的变化而变化③。以家庭发展理论为例，认为家庭是嵌入亲属结构之中的，而家庭成员在亲属结构中的位置由性别、婚姻关系、血缘关系、代际关系所决定。家庭中的基本位置是丈夫、妻子、父亲、母亲、儿子、女儿、兄弟或姐妹。而且，每个位置上的角色均会遵循着不同的社会规范。例如，母亲的角色是必须承担抚育儿童成长的社会规范，但是社会规范也会因文化背景的不同、年龄差异等因素而有所不同。母亲在抚育不同年龄的儿童时，身上所扮演的角色也是不同的。与此同时，在家庭团体内部，家庭成员之间也在创造着家庭内部的规范，但是家庭内部的规范同样受到社会规范的影响。家庭从一个阶段转变到另一个阶段，也与子女与父母之间所处的情景密切相关。成长中的儿童会在不同的年龄阶段不断调整他们的行为以符合其他制度（例如上学、工作）的规范④。

七、总结与文献评述

根据上述理论，一方面家庭环境深刻影响着儿童的发展；另一方面可以发

① RODGERS R H，WHITE J M. Family development theory［M］. Berlin：Springer，2009：225-257.

② ELDER G H ，Jr. The life course as developmental theory. ［J］. Child Development，1998，69（1）：1-12.

③ KLEIN D M，WHITE J M. Family theories：An introduction［M］. Thousand Oaks，CA：Sage Publications，1996：123-125.

④ KLEIN D M，WHITE J M. Family theories：An introduction［M］. Thousand Oaks，CA：Sage Publications，1996：132-139.

现家庭环境是个具有多维因素的复合概念。但是，从理论的溯源中我们依然可以清晰梳理出，在所有的家庭环境因素中家庭的社会经济地位、父母双亲的共同抚育、家庭对于子女教育发展的消费支出、父母对于子女的教养方式、家庭成员之间的关系（尤其是亲子关系）等对于儿童的发展具有最为深刻的影响。

具体表现在以下几个方面：第一，家庭作为多层环境中的重要一环，是儿童发展微观系统中最重要的"环境"因素，对儿童的成长与发展所产生的影响是直接的、深刻的。第二，家庭是一个复杂的社会系统，具有整体性特征。由多种不同的家庭因素对儿童的共同影响要比每一种家庭个体因素相加要大得多。而在儿童与家庭系统的互动关系中，家庭系统会以一种"自我调节"的方式适应家庭成员之间的关系变化，使其具有动态性和连续性的特征。第三，父母双亲共同抚育（即"双系抚育"）对儿童的健康成长具有重要的意义。而且在双系抚育的过程中，父亲、母亲具有明确的分工，各自扮演着不同的角色。儿童从"双系抚育"中获得两部分需求：一部分是给予子女生理上的需求，一部分是给予子女社会上的需求。两部分对于儿童来讲，具有同等的重要性。而家庭中缺少父亲或母亲任何一方，家庭的日常生活会受到严重的影响，子女不能从单亲母亲那里得到所需要的生活方式，也不能从单亲父亲那里得到完整的教育。第四，家庭是儿童最重要的社会化场所。家庭在儿童社会化的过程中往往扮演着两个重要的家庭功能：第一个功能是儿童的初级社会化，家庭将会让儿童成为社会成员之一；第二个功能是整个社会中成人个性的稳定化。这两个功能前后关联、缺一不可。在儿童社会化的过程中不同的家庭结构会形成一套预期的角色性结构，在不同的性别角色结构中，女性（母亲）被视为情感性的，而男性（父亲）被视为工具性的。即母亲和父亲在子女的抚育中也具有明确的分工形式，母亲主要倾向于生物性的角色，而父亲主要倾向于社会性的角色。第五，儿童作为具有收益的投资品，不同的家庭通过对子女不同程度的人力资本投资，进而影响了子女一代在社会经济地位中的差别。在更加广泛的意义上，不同代际或者同代之间出现的不平等现象，很大程度上也取决于家庭因素的变化。这种不平等很大程度上是由家庭的社会经济地位，个人的背景、阶层或者家族制度等造成的。第六，在家庭资本的理论框架中，家庭经济资源对儿童的发展具有重要影响。家庭内部社会资本和家庭外部社会资本对儿童的辍学率、学业成就均有显著的影响，家庭中如果缺乏社会资本，将使上一代的人力资本无法传递给下一代，造成贫困的代际传递。第七，儿童作为家庭中的一员，个人的发展和命运的变迁深刻地嵌入家庭的变迁和社会规范之中，在不同的发展时期扮演者不同的角色结构。

可以看出，长期以来围绕家庭与儿童发展的理论不断推陈出新，并日益完善。尽管在不同的理论中，研究者围绕"家庭"环境因素从不同的角度考察与儿童发展之间的关联机制。在这些理论中，每一种理论都能作为其他理论的重要补充，但是并不能替代其他理论，也很难发展出一种兼具所有理论优势的综合理论。

第三章 理论分析与研究体系构建

第一节 家庭环境的理论分析与构建

一、家庭环境的综合性构建

布朗芬布伦纳所提出的生态系统理论被认为是关于环境对儿童个体发展影响最深入的理论分析框架。在这一理论中环境被视为是相互关联的且具有多层的属性。而在儿童的发展中，对个体产生最直接的影响往往来自微观环境，而非宏观环境。美国心理学家哈克尼斯和叙佩（Harkness & Super）提出了"发展的小生境理论"，该理论强调影响儿童发展的微观环境，且所强调的微观环境主要局限在家庭系统或亲子系统中（如图3-1）。小生境理论所关注的微观环境包含三个相互关联的子系统：一是儿童生活中的家庭物理环境（家庭住房条件）和社会环境（家庭结构、社区环境）；二是由传统文化习俗所决定的家庭教养行为；三是儿童抚育者的心理因素（受教育水平、信仰、价值观念等）①。尽管该理论聚焦于微观的家庭环境对儿童的影响，但并未忽略社会、文化等宏观环境方面的影响，反而更加侧重于文化背景在儿童发展中的重要性。事实上，社会与文化的宏观环境的影响是通过父母这一特殊的"中介者"路径来实现的。父母成为社会文化因素的"代言人"，家庭社会经济地位正是社会文化综合影响的结果，而父母通过自身的社会经济禀赋条件直接影响了儿童的发展，从而使得父母成为社会文化影响儿童的连接中介②。由于小生境理论所强调的环境主要是

---

① HARKNESS S, SUPER C M. The developmental niche: Implications for children's literacy development [J]. Early intervention and culture: Preparation for literacy, 1993: 115–132.

② 辛自强. 心理发展的社会微环境 [J]. 华东师范大学学报（教育科学版），2007（2）: 42–47, 78.

家庭环境，客观上对家庭环境做出了简洁而实用的划分，成为本研究对家庭环境划分的重要的理论依据。

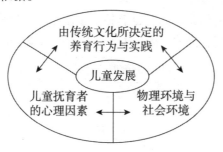

图 3-1　发展的小生境理论中家庭环境与儿童发展的分析框架

另一方面，正如上文所述，学术界对家庭环境还没有形成一个公认的、严格的定义。在上一章中关于家庭环境和儿童发展的理论溯源中可以发现，一方面家庭环境深刻地影响着儿童的发展。另一方面可以发现家庭环境是个具有多维因素的复合概念。理论演变的脉络清楚地表明，在所有的家庭环境因素中，家庭的社会经济地位、父母双亲的共同抚育、家庭对于子女的教育投入、父母对于子女的教养方式、亲子关系对于儿童的发展具有最为深刻的影响。结合上述对家庭环境内涵和分类的文献梳理，基于实用主义的逻辑，借鉴哈克尼斯和叙佩（1993）关于微观环境（家庭系统与亲子系统）对儿童发展的理论分析框架①，本研究将衡量儿童发展的众多家庭因素共同纳入家庭环境的研究之中。具体的做法是，参照"小生境理论"将家庭教养方式视为独立的一类，将物理和社会环境拓展为家庭社会经济环境，并将儿童抚育者的心理因素中的部分指标纳入社会经济环境，部分指标作为研究的控制变量。家庭结构在既往的研究中一直被视为重要的家庭环境变量，考虑到当下农村地区由于父母外出或者婚姻变迁导致的亲子分离的居住安排已经成为影响儿童发展的重要因素，将家庭居住安排作为独立的家庭环境类别（如图 3-2）。

影响儿童发展的核心家庭环境被区分为三类：第一类是由传统社会文化所决定的家庭教养行为；第二类是影响儿童发展的家庭经济社会环境（家庭经济资本、社会资本、文化资本）；第三类是由儿童与父母居住安排区分的家庭结构。除此以外，本文依然将父母的家庭社会经济地位（家庭收入、职业、受教育水平）和父母的教育期望等重要的家庭环境纳入文章的分析之中。因此，从

---

① HARKNESS S, SUPER C M. The developmental niche: Implications for children's literacy development [J]. Early intervention and culture: Preparation for literacy, 1993: 115-132.

类型和要素上看，既包含了家庭经济状况、教育支出、零用钱等物质性的家庭因素，也包含了家庭教养方式、亲子关系、父母对子女的教育参与、父母对子女的鼓励等家庭互动的因素，同时也囊括了家庭结构、家庭文化氛围等客观性的家庭因素。总的来看，研究大体涵盖了与儿童密切相关的家庭因素。

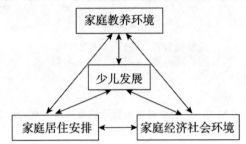

图3-2　本研究关于家庭环境与儿童发展的分析框架

　　综上所述，本文的核心自变量包括家庭结构、家庭资本（家庭经济资本、家庭社会资本和家庭文化资本）和家庭教养方式三类。其中，家庭资本具有丰富的内涵，用于衡量儿童的家庭经济社会环境。不仅包含了儿童生活的家庭经济状况、教育支出状况，也包含了家庭与外部环境的社会资源，以及父母与儿童的亲子关系所决定的内部社会资本，同时更囊括了影响儿童发展的文化资源。家庭的居住安排则是由儿童与父母是否共同居住作为区分标准的家庭结构来衡量。家庭的教养环境则是通过家庭的不同教养方式来衡量。此外，在研究的过程中将衡量父母背景、父母教育期望等影响儿童的重要变量纳入研究（如表3-1）。

表3-1　家庭环境指标构建

衡量维度		二级指标	具体指标或解释	
家庭环境（核心自变量）	①家庭结构	a. 双亲完整家庭	儿童与父母双方共同居住	
		b. 单亲母亲家庭	儿童仅与母亲一方共同居住	
		c. 单亲父亲家庭	儿童仅与父亲一方共同居住	
		d. 双亲缺位家庭	儿童不与父母任何一方共同居住	
	②家庭资本	a. 家庭经济资本	家庭经济状况；家庭课外支出；儿童零用钱	
		b. 家庭社会资本	家庭内部社会资本	亲子互动关系；教育参与和干预；家长鼓励行为
			家庭外部社会资本	参加家长会频率；社区活动参与；与班主任熟悉程度
		c. 家庭文化资本	家庭藏书数量；课外书数量；家长是否重视学习	

续表

衡量维度	二级指标		具体指标或解释
家庭环境（核心自变量）	③家庭教养	a. 开明权威型	高情感回应与高行为要求的组合
		b. 专制权威型	低情感回应与高行为要求的组合
		c. 宽松放任型	高情感回应与低行为要求的组合
		d. 忽视冷漠型	低情感回应与低行为要求的组合
家庭环境（非核心自变量）	④父母背景与教育期望	a. 家庭经济状况	有5万及以上大额存款、无5万及以上大额存款
		b. 父母受教育水平	未受过教育；小学程度；初中程度；高中（中职）程度；大专及以上程度
		c. 父母职业类型	在家务农者；管理或技术人员；普通工人；个体劳动者
		d. 父母教育期望	未受过教育；小学程度；初中程度；高中（中职）程度；大专及以上程度

二、家庭结构的指标构建

（一）家庭结构的内涵及其分类

作为家庭概念的合理引申，家庭结构是指具有血缘关系、婚姻关系和收养关系所组成的生活单位类型和状态。主要是根据家庭成员之间不同居住类别进行区别的，因而可按照代际层次、亲属关系或者婚姻关系等多种方式进行划分[①]。若根据家庭成员之间的关系来确定，一个典型的家庭（即核心家庭）通常包含夫妻二人（或者与其未婚子女）或父母中一方同他们的未婚子女共同居住。目前，国内一个较为普遍的分类形式是将家庭结构分为六类[②]。分别是：一类是核心家庭（夫妇及其未婚子女组成的家庭）；二类是直系家庭（父母同一个

---

① 胡湛，彭希哲. 中国当代家庭户变动的趋势分析——基于人口普查数据的考察［J］. 社会学研究，2014，29（3）：145-166.

② 王跃生. 中国当代家庭结构变动分析：立足于社会变革时代的农村［M］. 北京：中国社会科学出版社，2009：2-9.

已婚儿子和儿媳、孙子组成的家庭）；三类是复合家庭（父母和两个及以上已婚儿子和儿媳、孙子组成的家庭）；四类是单人家庭（只有户主一人独立生活所形成的家庭）；五类是残缺家庭（没有父母，只有两个以上兄弟姐妹的家庭或除兄弟姐妹外再加上其他有血缘、无血缘关系成员）；六类是其他类型的家庭（户主与其他关系不明确成员组成的家庭）。以其他标准划分的类型也无本质上的区分。例如，当家庭成员中不只满足"核心家庭户"条件，还有其他亲属关系成员且与"核心家庭成员"辈分相同（或者不同）时，称为"亲属关系家庭户"。实际上是一种按照亲属关系扩展的"核心家庭户"类型。基于以上的划分逻辑，中国香港地区的人口普查也将家庭结构划分为核心家庭户、亲属关系家庭户和其他家庭户三大类①。中国台湾学者通常将家庭结构分为核心家庭、折中家庭（主干家庭）、扩展家庭、独居家庭和其他等几种类型②。可见，家庭结构的分类方式是多种多样的。

在改革开放以后，在全球化、工业化、城镇化、人口迁移与流动常态化等诸多因素的作用下，我国家庭面临着深刻的变迁，家庭成员的居住形态发生了重大变化，家庭结构的多样化形态逐步形成。一方面，中国的离婚率近年持续攀升，办理离婚登记手续的人数大幅增长。另一方面，由于家庭经济条件与户籍管理制度的限制，大量农村劳动力进城务工，产生了大量的"留守儿童"，这些留守儿童大多由祖父母或者外祖父母照顾，形成了较为普遍的"隔代教养"现象。作为婚姻和家庭变迁的重要表征之一，中国独特的社会转型背景下形塑的家庭结构也经历了深刻变化③。在这样的背景下，考察由家庭居住形态变化导致的家庭结构变迁对儿童或青少年发展影响的议题，自然而然进入了研究者的视野。

因此，在实际的研究中，尤其在研究家庭结构不稳定性对其他因素的影响时，因学者关注的焦点有所不同也常常有不同的划分。例如，在探讨家庭结构变迁对于儿童发展的影响时，通常会根据父母的婚姻状况或者家庭成员的共同居住安排状况来划分。若根据婚姻状况，有学者将家庭结构类型区分为原生家

①　香港特别行政区政府统计处. 2016 中期人口统计主要结果 [R/OL]. 香港特区政府统计处网站，2018-03-15.

②　杨静利，陈宽政，李大正. 台湾近二十年来的家庭结构变迁 [M] //伊庆春，章英华. 台湾的社会变迁 1985—2005：家庭与婚姻. 台北："中央研究院"社会学研究所，2012：1-28.

③　吴愈晓，王鹏，杜思佳. 变迁中的中国家庭结构与青少年发展 [J]. 中国社会科学，2018（2）：98-120.

庭（intact family）、单亲家庭（single parent family）和继亲家庭（stepparent family）①。一个更具代表性的研究中，学者根据儿童与父母的不同居住安排将家庭结构划分为四种不同类型。第一类是双亲家庭，第二类是单亲母亲家庭，第三类是单亲父亲家庭，第四类是父母缺位家庭②。而在另一项类似的研究中，研究者则同时考虑儿童与父母的居住形式、父母的婚姻状态，从而构造出七类不同的家庭结构，分别是父母婚姻完整家庭、离异单亲母亲家庭、离异单亲父亲家庭、丧偶单亲父亲家庭、丧偶单亲母亲家庭、父母离异后再婚重组家庭、父母丧偶后再婚重组家庭③。在国外的研究中，也通常基于父母关系的形成、瓦解、重组时所涉及的婚姻的缔结、离婚、同居等不同阶段所形成的不同居住模式来区分家庭结构的类型及其变动，将因为家庭成员关系的变化导致的家庭不稳定性作为区分标志，将家庭结构分为稳定的家庭结构和脆弱的家庭结构，或进一步将脆弱家庭结构分为单亲家庭、同居家庭④。

（二）本文关于家庭结构的指标构建

正如上文所述，家庭结构可通过由婚姻因素或非婚姻因素所引起的变动来进行区分。基于本研究的实际情况，借鉴吴愈晓、王鹏、杜思佳（2018）的分类方法，摒弃通过父母的婚姻状态来区分家庭结构的常规做法⑤，而是通过儿童与父亲的居住安排来测量家庭结构。采用居住安排的不同形式来区分中国家庭结构的一个重要原则在于，中国的家庭结构变迁的主导因素不同于西方社会。西方社会的家庭结构变动主要由婚姻模式的变动引起，而中国家庭结构变动主要由于经济社会发展、城乡二元结构、户籍制度等非婚姻因素变动引起。此外，采用居住安排区分家庭结构还可以同时兼顾因婚姻破裂导致的隔代家庭和因父母外出导致的留守儿童家庭而出现的不同居住安排。

更具体来说，在本研究的"青少年问卷"中，通过设置"你和妈妈住在一

---

① 王枝灿. 家庭结构对青少年子女学习成就之影响［D］. 台北：政治大学，2008.

② 吴愈晓，王鹏，杜思佳. 变迁中的中国家庭结构与青少年发展［J］. 中国社会科学，2018（2）：98-120.

③ 谢宇，等. 中国民生发展报告 2018—2019［M］. 北京：社会科学文献出版社，2019：177-210.

④ HADFIELD K, AMOS M, UNGAR M, et al. Do changes to family structure affect child and family outcomes? A systematic review of the instability hypothesis［J］. Journal of Family Theory & Review，2018，10（1）：87-110.

⑤ 吴愈晓，王鹏，杜思佳. 变迁中的中国家庭结构与青少年发展［J］. 中国社会科学，2018（2）：98-120.

起吗?"和"你和爸爸住在一起吗?"来识别儿童是否与父母居住,其中对应的选项分别为1"是",2"不是"。根据上述问题可将儿童是否与父母共同居住而将家庭结构区分为四种类型(如图3-3)。这四种类型分别是:(1)双亲完整家庭(即儿童与父母双方共同居住);(2)单亲母亲家庭(即儿童仅与母亲一方共同居住);(3)单亲父亲家庭(即儿童仅与父亲一方共同居住);(4)双亲缺位家庭(即儿童不与父母任何一方共同居住)。

图3-3 家庭结构类型

三、家庭资本的指标构建

(一)家庭资本的内涵及其分类

科尔曼(1988)认为,家庭可以为子女提供财务资本、人力资本、社会资本三种不同形式的资本[①]。布尔迪厄(1986)则认为家庭可以为子女提供经济资本、社会资本、文化资本、象征资本四种形式的资本[②]。由于象征资本用于解释前三种资本的转换,难以在实证中进行量化,而人力资本可以归入文化资本范畴。所以,家庭内部最重要的资源实质上可以分为经济资本、社会资本和文化资本。

具体而言,家庭经济资本是各种社会资源中最基本、最有效的资本形式,还包含了物质资本、自然资本、财务资本等。家庭社会资本、文化资本等都是

① COLEMAN J S. Social capital in the creation of human capital [J]. American journal of sociology,1988,94:95-120.

② BOURDIEU P. The Forms of Capital [J]. Readings in Economic Sociology,2002:280-291.

以家庭经济资本为基础。也有学者将经济资本界定为经济学的"实体资本",即个人的财富、物质资源及其相关的生产工具,可以轻易地转变为其他形式的资本①。家庭经济资本中最为常见的形式是家庭的物质财富和家庭收入,且家庭物质资源是最主要的部分。因为,通过家庭物质资源,父母可以为子女提供各种教育资源,营造良好的物质环境。只有当家庭资本非常充裕时,才能为子女的教育和发展提供优质、充足、可持续的投资,帮助子女从各阶层的激烈竞争中胜出。但是应当注意,家庭经济资本在实际的实践过程中往往与各种非经济资本同时发挥作用。

家庭社会资本是父母与子女、外部机构之间的社会关系的总和。在社会资本理论中,社会资本系个人或者群体因有相对稳定且一定程度上的制度化互动关系网络,并通过逐渐积累而形成的资源总和。所以,社会资本就是人际关系,并非是由血缘关系、亲属关系所形成的,而是存在于特定的工作关系、群体关系和组织关系中。社会资本可以转化成有价值的资源和机会。将社会资本理论应用到家庭社会关系网络的分析中就形成了家庭社会资本,通过分析家庭成员所形成的人际互动关系产生了可运用或实际的资源,就是家庭社会资本。科尔曼最早将社会资本用来分析家庭内部人力资本的转移过程,并用家庭和社区的社会关系来解释家庭社会资本。他认为,家庭式社会资本包含着两种关系:一种是父母与子女的关系,通常称为家庭内部社会资本;另一种是父母和其他可影响子女发展的个人和机构的关系,通常称为家庭外部社会资本②。家庭内部社会资本是经由时间发展而成,父母花费时间、金钱在子女的抚育、教育、监管和照护中,形成了亲子间的义务、期望和相互作用,并通过规范和奖惩的方式来维持这种亲子关系。家庭外部社会资本则包括父母与学校、其他机构的接触,父母与邻居、亲戚、子女朋友的父母的互动,这些学校外的因素也会对个人的发展产生影响。随着理论研究的深入,家庭社会资本的内涵已大大延伸,包含因素有代际间的封闭、家庭互动、父母的教育期望、家长参与学习、父母与学校的互动、父母与邻居的关系、规范与奖惩③。还有研究将家庭亲子互动区分为价值传递、督导、协助、代劳四个层面。而这些亲子互动事实上可归属为家庭

① BOURDIEU P. On the family as a realized category [J]. Theory, culture & society, 1996, 13 (3): 19-26.

② LOCHNER K, KAWACHI I, KENNEDY B P. Social capital: a guide to its measurement [J]. Health & place, 1999, 5 (4): 259-270.

③ LIN N. Building a network theory of social capital [J]. Social capital, 2017: 3-28.

社会资本的一部分①。也有研究将家庭社会资本整合成亲子互动、家校互动、家庭规范三个层面②。

家庭文化资本的理论源于人力资本的概念。人力资本理论仅从金钱、投资和利润等纯经济的视野来解释教育行动，而忽略了家庭传统、阶层差异、社会结构、学术制度、教育政策等社会因素与实践因素，这就不可避免地遗漏了家庭所输送的文化资本③。这里的文化资本指的是较高阶层所拥有的高层次文化互动，包括一些品位和行为。例如，爱好艺术、音乐、摄影、戏剧、文学作品，喜欢参观博物馆等。这些文化活动称为形式文化（formal cultural），从而将这种类型的文化资本称为形式文化资本④。文化资本通常有三种形式，分别是具体化状态、客观化状态和制度化形式。具体化状态是与个人身体直接相关的文化资本。客观化状态是以物质的客观和媒体表现出来的文化商品形式，例如，图书、绘画、纪念物、工具等。制度化形式是指由合法化的制度所确认的文化资本，最常见的表现形式是文凭、毕业证书等。综上所述，文化资本包含了个人的教育、学历、资格、品格等多种内涵。也有研究将父母的教育程度看作是家庭文化资本的一部分⑤。值得注意的是，在某些条件下文化资本可以转化为其他形式的资本。不仅如此，文化资本往往会与其他形式的资本具有相互关联性。拥有较多家庭文化资本的父母，家庭经济资本也往往会更多，愿意在子女身上投入更多的教育资源，也会更加重视子女的教育和培养，通过家庭的教养、文化熏陶来影响子女。家庭文化资本对于子女的影响是长期性的，需要时间的积累，因此实现文化资本的代际传递的过程是漫长的。

（二）本文关于家庭资本的指标构建

在本研究中，家庭经济资本主要是父母能够用于提升子女学业、技能、才

---

① 陈丽如. 父母对子女学习的影响——家庭资源之探讨 [J]. 教育与社会研究，2005（9）：121-152.

② 周新富. 社会阶级对子女学业成就的影响：以家庭资源为分析架构 [J]. 台湾教育社会学研究，2008，8（1）：1-43.

③ BOURDIEU P. The forms of capital. （1986）[J]. Cultural theory：An anthology，2011，1：81-93.

④ ANHEIER H K, GERHARDS J, ROMO F P. Forms of capital and social structure in cultural fields：Examining Bourdieu's social topography [J]. American journal of sociology，1995，100（4）：859-903.

⑤ COLEMAN J S. Social capital in the creation of human capital [J]. American journal of sociology，1988，94：95-120.

艺等方面的经济资源。父母所拥有的经济财产越多，用于提升子女学业、技能和才艺等方面的花费越多，表明家庭经济资本越高。本研究问卷设计中涉及的费用支出仅包括学费在内的各项教育费用的支出（不包含课外辅导班或者才艺班的费用），具体包括了书本费、课外读物、文具、校服费用、食宿费、交通费和其他费用等几大类。在义务教育阶段，国家对于儿童的教育费用的减免都是相同的，基本的教育支出难以反映儿童教育支出的差异，但是，不同家庭中对于子女的课外读物的教育支出上存在明显的不同。因此，选择了基于家长报告的家庭课外读物支出这一指标，为连续型变量。此外，不同的家庭会给子女不同的零用钱，而这些零用钱一定程度上也被用于购买儿童学习用品，从而间接转化为提升子女学业的经济支出。因此，通过询问儿童一个月是否能够得到零用钱，将该指标划为二分变量（1代表有，0代表没有）。家庭收入和家庭财产是家庭经济资本的重要组成部分，由于调查地属于农村地区，部分调查家庭对于实际收入的数据较为谨慎，真实性难以保证。此外，询问收入的选项中设置了"不适用""不清楚""拒绝回答"选项，收入变量的数据缺失严重，本研究不选取这一变量。但是，问卷通过间接询问家庭中是否拥有5万及以上的大额存款可以有效识别家庭经济状况（1代表有，0代表没有）。同样，作为家庭财产的重要组成部分的家庭住房，由于在农村地区大部分家庭的住房都是自有住房（超过90%），难以有效识别家庭经济状况。

　　家庭社会资本作为父母与子女、社区、学校等所构成的社会关系网络的总和，可进一步分为内部社会资本（父母与子女之间的互动关系）和外部社会资本（父母与外部的社会关系）。在本研究中，家庭内部社会资本包括亲子互动频率、家长教育参与和干预程度、家长对子女的鼓励行为三个指标。对于亲子互动频率指标，本研究中设置了九道题目来询问家长"过去30天是否经常与孩子一起买东西、做饭、做手工、做运动或户外活动、打扫卫生、建造或维修东西、用电脑学习或玩游戏、一起做功课、一起看书或与孩子讨论书"，每道题目对应五个选项（1"没有"，2"1—2次"，3"一星期大概1次"，4"一星期几次"，5"每天"），将每道题目分数加总后得到一个取值为"9—45"的连续变量，数字越大表示亲子互动频率越高。对于家长的教育参与和干预程度指标，本研究通过设置三道题目询问学生家长"是否询问其在学校的情况""是否检查家庭作业""是否辅导家庭作业"，每道题目对应五个选项（1"从不"，2"极少"，3"有时"，4"经常"，5"总是"），加总各题分数后得到一个取值为"3—15"的连续变量，数字越大表示家长的教育参与和干预程度越高。对于家长对子女的鼓励行为，本研究通过设置六道题目询问学生家长"是否在子女做得不对时与其讨论并问清楚原因""是否鼓励子女努力去做事情""与子女说话是否和气""是否鼓励子女独立思考""在安排子女做事时是否讲清原因""是否喜欢与子女说话交谈"等六个方面的问题，每道题目对应五个选项（1"从不"，2"极少"，3"有时"，4"经常"，5"总是"），加总各题分数后得到一个取值为"6—30"的连续变量，数字越大表示家长对子女的鼓励行为程度越高。

家庭外部社会资本包括家长与班主任的熟悉程度、家长与教师之间的互动程度、家长与社区之间的互动三个指标。家长与班主任的熟悉程度通过询问家长"您与班主任的熟悉程度如何?"获得，对应四个选项（1"很熟"，2"认识"，3"知道但不认识"，4"不知道也不认识"），将其反向题目进行转换，并将3和4进行合并后得到一个三分类变量（1代表不熟悉，2代表认识，3代表熟悉）。家长与教师之间的互动程度通过询问家长参加子女家长会的频率来测量，得到一个取值为"1—5"的次序变量，数字越大表明参加家长会的频率越高。家长与社区之间的互动通过询问家长是否参与社区活动来测量，是一个二分类变量（1代表参加，0代表不参加）。

家庭文化资本包括家庭的藏书数量、儿童的课外读物数量、家长是否重视学习三个指标。家庭的藏书数量通过询问家长"您家大约有多少本书?"获得，对应五个选项（1"没有"，2"1—9本"，3"10—19本"，4"20—49本"，5"50本以上"），形成一个取值为"1—5"之间的次序变量，数字越大表明家庭藏书越丰富。关于儿童的课外读物数量，通过询问儿童"除了教科书，你大约有多少本书?"来获取，对应四个选项（1"没有"，2"1—5本"，3"6—10本"，4"11或更多"），形成一个取值为"1—4"的次序变量，数字越大表明儿童拥有的课外书籍越多。家长是否重视学习通过询问"父母是否重视你的学习?"获得，是一个二分类变量（1代表重视，0代表不重视）（如表3-2）。

表3-2　家庭资本类型划分与指标选择

家庭资本类型		具体解释指标
①家庭经济资本		家庭经济状况；家庭课外支出；儿童零用钱
②家庭社会资本	家庭内部社会资本	亲子互动关系；教育参与和干预；家长鼓励行为
	家庭外部社会资本	参加家长会频率；社区活动参与；与班主任熟悉程度
③家庭文化资本		家庭藏书数量；儿童课外书数量；家长是否重视学习

四、家庭教养方式的指标构建

(一) 家庭教养方式的内涵及其分类

达林和斯坦伯格（Darling & Steinberg，1993）指出，家庭教养方式是父母在与子女沟通的过程中，对于子女进行教育行为所形成的情感氛围或教育环境，是父母对于子女的一种方向性的态度①。在另一项研究中，将家庭教养的普适性价值概括为三个方面：一是确保儿童的生存和健康，通过回应或者与儿童亲近的方式支持和保护儿童；二是鼓励儿童认识社会和帮助认同、提高认知发展，为儿童创造良好的机会去接触社会，并激发他们的好奇心；三是通过帮助儿童建立行为规范的意识，以适应社会发展，并为儿童提供机会建立社会准则②。因此，作为父母，为儿童的成长提供保护是血缘关系得以续存的本能。一方面，父母需要从情感上回应儿童的基本需求；另一方面，父母需要在儿童成长的过程中为他们设立基本的行为规范，使其能够掌握适应社会的生存规则。从这一角度讲，家庭教养的内容基本可以概括为支持和要求两个层面③。

支持要素是父母让儿童感到舒适、被接受和被认可的行为。父母通过支持行为来满足儿童的基本需求，从而与之建立起亲密的亲子关系。可以说，父母的支持是儿童价值观念内化的基础，而子女也会对父母形成一种情感上的依附。如果儿童缺失了情感上的支持，使其感觉不到父母的关爱，自身缺乏安全感。或者缺乏与儿童的良性沟通，甚至出现亲子冲突，将会对儿童造成难以弥补的伤害④。要求要素则是儿童成长过程中，父母会根据自己内化的价值观念，通过设立行为规则诱导儿童接受父母认为合适的行为准则，以帮助儿童适应外部环境。实际上，对儿童的行为要求也是对儿童的有效控制，使其不偏离某些设定的规范。研究表明，运用统一规范、直接面对和有效监督的方式能够提升对儿

① DARLING N，STEINBERG L. Parenting style as context：An integrative model ［J］. Psychological bulletin，1993，113（3）：487.

② STAVRINIDES P，NIKIFOROU M. Parenting：Challenges，practices and cultural influences ［M］. New York ：Nova Science Publishers Incorporated，2013：26-59.

③ 李德. 中国家庭教养方式与青少年发展 ［M］. 北京：社会科学文献出版社，2018：47-50.

④ SIMONS R L，JOHNSON C，CONGER R D. Harsh corporal punishment versus quality of parental involvement as an explanation of adolescent maladjustment ［J］. Journal of Marriage and the Family，1994：591-607.

童的约束效果①。一致性的规则能够让儿童对自己行为的后果具有心理预期。直接面对的方式则是可以让儿童感受到某种外在的压力，形成父母管教的权威性。有效的监督则是父母需要花费大量的时间和精力去践行自我认同的教养理念。当然，单纯的支持或者要求都难以产生理想的教养效果，甚至会适得其反，增加儿童的偏差行为。支持和要求往往需要同时并存、双管齐下，将这两个要素进行有效的整合，在不同的时期、不同的场合搭配使用，才能达到良好的教养效果。

由于家庭教养方式根据不同的标准具有不同的划分类型。一般而言，可以从单向度、双向度和多向度三种不同的维度进行划分。针对不同的划分类型，研究者往往也采取不同的测量方式和不同的研究工具。本研究根据问卷设计和调查的实际情况，选择 Maccoby & Martin（1983）② 在 Baumrind（1971）③ 的研究基础上，以父母的权威倾向为指标所提出的权威型（authoritative style）、专制型（authoritarian style）和放任型（permissive style）三种类型基础上所修正而来的四种家庭教养方式。这四种家庭教养方式从父母对子女的"要求"（parental demandingness）和"回应"（parental responsiveness）两个向度的交互影响来考量，按照父母分别对子女行为要求的高低程度和情感回应的高低程度区分为专制权威型（authoritarian parenting）、开明权威型（authoritative parenting）、宽松放任型（permissive parenting）和忽视冷漠型（neglecting parenting）的家庭教养方式（如表3-3）。

表3-3　家庭教养方式的四种类型组合

	情感回应——高 （high responsiveness）	情感回应——低 （low responsiveness）
行为要求——高 （high demandingness）	开明权威型 （authoritative parenting）	专制权威型 （authoritarian parenting）
行为要求——低 （low demandingness）	宽松放任型 （permissive parenting）	忽视冷漠型 （neglecting parenting）

① BAUMRIND D. Effects of authoritative parental control on child behavior [J]. Child development, 1966: 887-907.

② Maccoby E E, Martin J A. Socialization in the context of the family: parent-child interaction [J]. Handbook of Child Psychology. 1983, 4: 1-101.

③ BAURMIND D. Current patterns of parental authority [J]. Developmental Psychology, 1971, 4 (1): 1-103.

　　在两个向度中，"要求"向度是指父母对于子女的日常生活行为所设立的标准，例如是否规定子女每天看电视、上网、玩耍和做功课的时间。而"回应"向度是父母对子女提出的需求给予及时回应的程度。例如，是否在子女做得不对时问清原因，鼓励子女努力做事情、独立思考，等等。开明权威型是高情感回应和高行为要求的组合。父母一方面为子女的日常行为设立较多的规则，同时对孩子提出的合理关切给予较高的情感回应。父母对子女既严格"控制"又高度"关怀"，父母与子女之间体现为一种相互理解和尊重的相对平等关系。专制权威型是高行为要求和低情感回应的组合。父母为子女的日常行为设定很多限制，要求子女遵守并严格执行，从而体现作为家长的权威性。但是，父母对于子女的情感回应或者亲子沟通、互动较少。父母与子女之间体现为一种"管"与"被管"的不平等关系。宽松放任型是高情感回应和低行为要求的组合。父母对子女的日常行为活动较少设定规则，任由子女自由且不受约束地发展，同时对子女的关切给予高度的回应，尽量满足子女提出的合理需求。父母对子女更多的是一种放任的态度，缺少必要合理的行为约束。忽视冷漠型是低行为要求和低情感回应的组合。父母对子女的日常行为几乎没有任何约束规则和管教措施，对子女的合理关切也较少回应。总体上采取一种放任自由、不管不问，甚至孤立子女的管教方式。

　　除了上述两个维度的四种分类方法以外，研究者往往还根据研究的实际情况进行多种维度的教养方式分类方法。一般而言，多个维度的分类方法通常会先将父母的教养行为进行聚类，然后再对其进行具体的分类。尤其，改革开放后随着经济社会的发展，家庭环境经历着社会变迁，家庭结构出现了多元化的趋势，亲子关系面临诸多新的问题。此外，传统的家庭教养理念受到了不同程度的冲击和挑战，学界开始反思传统家庭教养理念是否能够满足新社会儿童的发展需要。例如，学者在探讨父母教养方式对流动儿童行为问题影响时将家庭教养方式分为温暖型、严厉型、否定型、干涉型和不管型等五种方式[①]。与此类似，在一项研究教养方式对留守儿童的心理影响中，家庭教养被划分为关爱关怀型、冷漠拒绝型、过度保护型、鼓励自主型四种方式[②]。而在另一项关于父母教养方式与儿童学业拖延的研究中，家庭教养方式被分为专制型、信任鼓励型、

①　刘朔，等. 父母教养方式对流动儿童问题行为的影响研究［J］. 西安交通大学学报（社会科学版），2015，35（4）：87-93.

②　刘红升，靳小怡. 教养方式与留守儿童心理弹性：特征和关系——来自河南省叶县的调查证据［J］. 西南民族大学学报（人文社科版），2018，39（1）：222-229.

情感温暖型、溺爱型、忽视型五种类型①。总之，这些方法无一例外地借鉴了西方文化背景下的家庭教养理论，但是都结合了中国文化场景和家庭教养的具体情况的综合分析。

（二）本文关于家庭教养方式的指标构建

在本研究中，家庭教养方式是核心自变量。其划分标准是基于科克比和玛德琳（Maccoby & Martin, 1983）文献中关于父母对子女行为的"要求"和父母对子女情感的"回应"两个维度的界定②。在问卷调查中，涉及这两个维度的变量分别位于"主要看护人问卷"中的教养方式部分和"青少年问卷"中儿童与家长或其他人的关系部分。其中，"要求"（parental demandingness）维度在"主要看护人问卷"中通过询问儿童家长是否可能对儿童看电视、上网、玩游戏等行为定下规矩的一组问题，一共有 4 个问题。每个问题对应两个选项（1"有"，2"没有"），将选项为"1"的重新赋值为 1，将选项为"2"的赋值为 0。然后将 4 个问题的分值相加以后得到一个取值为"0—4"的次序变量，数值越大表示父母对于子女的行为要求越严格。"回应"（parental responsiveness）维度在"青少年问卷"中通过询问儿童家长对待他们的方式的一组问题，一共有 6 个问题。每个问题对应五个选项（1"从不"，2"极少"，3"有时"，4"经常"，5"总是"）。将 6 个问题的分值进行加总以后得到一个取值区间为"6—30"的连续变量，数值越大表示父母对于子女的情感回应越大（如表 3-4）。

表 3-4　家庭教养方式的量表构造

2 个维度	条目
要求 （parental demandingness）	a. 您有没有规定（孩子）每天能看多久电视？
	b. 您有没有规定（孩子）每天能上多久网，或玩多久电子游戏？
	c. 您有没有规定（孩子）可以跟哪些小孩在一起玩耍？
	d. 您有没有规定（孩子）什么时候做功课？

---

① 高军，崔伟. 青少年父母教养方式与学业拖延的关系研究 ［J］. 教育测量与评价，2017（10）：41-47.

② Maccoby E E, Martin J A. Socialization in the context of the family: parent-child interaction ［J］. Handbook of Child Psychology. 1983, 4：1-101.

续表

2个维度	条目
回应 （parental responsiveness）	a. 当你做得不对时，家长会问清楚原因，并与你讨论该怎样做。
	b. 家长鼓励你努力去做事情。
	c. 家长在跟你说话的时候很和气。
	d. 家长鼓励你独立思考问题。
	e. 家长要你做事时，会跟你讲这样做的原因。
	f. 家长喜欢跟你说话、交谈。

随后，根据上述的分值加总后计算出"要求"（parental demandingness）和"回应"（parental responsiveness）这两个变量的中位数和均值。在相关的研究中，克里斯特贾纳和西格伦（Kristjana & Sigrun，2009）、张皓辰和秦雪征（2019）对于行为"要求"和情感"回应"高低程度的衡量采用了中位数作为分界点，即如果这两个维度对应的分值小于或等于中位数，则将其划分为低程度类型，如果对应的分值高于中位数，则将其划分为高程度类型①。本文则认为均值是一个更加重要的参考标准，也更加符合现实情况。因此，本研究结合中位数和均值两个标准进行高低程度的界定。"要求"（parental demandingness）维度中低于或等于2的为低要求行为，高于2的为高要求行为。"回应"（parental responsiveness）维度中，低于或等于20的为低情感回应，高于20的为高情感回应。结合以上两个维度的高低程度，从而界定出开明权威型（authoritative parenting）、专制权威型（authoritarian parenting）、宽松放任型（permissive parenting）和忽视冷漠型（neglecting parenting）四种家庭教养方式变量，该变量为四分类变量（如图3-4）。

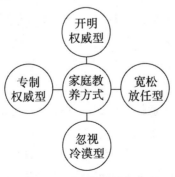

图3-4 四种家庭教养方式

---

① 张皓辰，秦雪征. 父母的教养方式对青少年人力资本形成的影响［J］. 财经研究，2019，45（2）：46-58.

第二节　儿童发展的理论分析与构建

一、儿童的学业成就

长期以来，学业成就（Academic achievement）通常作为衡量儿童智力发展的核心因素。因此，也成为衡量儿童认知能力发展的重要组成部分。因为儿童学业成就是儿童在学校教育过程中（学习和训练）的最重要的成果（主要是知识和技能），也是儿童发展过程中的重要目标。学习的过程除了科学文化知识的积累以外，还涉及儿童记忆能力的训练、推理能力的发展、语言的掌握、阅读理解能力的培养、数学思维能力的训练、艺术的熏陶。因而学业成就能够较为全面地反映儿童的认知发展成就。

作为衡量儿童智力的核心指标，学业的发展还与儿童的个人身体、心理与社会行为之间具有密切的关系，个人的学业成就往往是影响心理健康发展和亲社会行为的重要前提。一般而言，学业成就、学业成绩、学习表现、学习成就等概念具有大致相同的含义。学业成就主要通过外显的测验分数来反映儿童内在的知识结构。在现实中，通过期中考试、期末考试等测验儿童科学知识的掌握程度。

学业成就对于儿童发展具有重要的意义。从个人层面而言，学业成就对于未来的学业历程、职业生涯发展极为重要，一定程度上与未来的个人社会经济地位密切相关。儿童学业成绩的好坏，决定了是否能够进入教学质量更好的学校或者班级，或能够进入高等学府继续深造。学业成绩越好的意味着拥有更多的机会进入大学、选择更好的工作单位。就社会层面而言，儿童的学业成就反映了整个社会对于教育的投入和对基础教育的重视程度。在教育投入更大、更重视基础教育的社会中，儿童的学业成绩往往也表现得更好。教育发展成就通常与一个地区的经济社会发展水平息息相关。总之，教育发展成就对个人和社会发展都具有重要的影响，教育使人能够参与并塑造他们的社会与文化。

衡量儿童的学业成就的最重要的指标还是儿童通过一次或者多次考试获得的学业成绩（分数）。本研究收集了五年级学生的语文、数学、英语等不同科目的期末考试成绩。由于调查对象均为同一个年级，且期末测试均采用同一套试题。因此，不会造成因学生处在不同的年级，试卷难度不同而引起的偏差。在小学教育阶段，语文、数学和外语成绩是最重要的科目，都受到各学校同等的重视程度。而科学则相对次要，尽管也采集了科学的成绩，但是并未采用。此外，为了消除因一次考试所出现的偶然性的失误引起的偏差①，选取了四年级、五年级本学期期末和上学期期末两次考试的语文、数学和英语三科的平均成绩作为衡量儿童学业成就的主要指标。

二、儿童的心理健康

正如上文所述，心理健康是儿童健康问题中的重要议题。在不同的研究中，对于心理健康的表述或定义也是不同的。因此，研究者往往会根据自身的研究需要和特点对心理健康提出不同的测量工具。世界卫生组织（WHO）通常将心理健康视为"精神卫生"（mental health），尽管大多数儿童的心理都很健康，但是以抑郁症、孤独为代表的主要病症成为困扰儿童发展的主要问题之一。儿童的心理健康不仅会影响身体的生长和发育，而且对于儿童的各种行为产生深刻的不利影响。

基于调查研究的实际需要，在本研究的问卷调查中对于儿童心理健康中的抑郁感、孤独感和自我认同感三方面进行了调查。我们使用"青少年问卷"中对应的心理量表进行测量，儿童抑郁感采用"儿童抑郁感量表（Children's Depression Inventory，CDI）"，孤独感采用"儿童孤独感量表（Children's Loneliness Scale，CLS）"，自我认同感采用"儿童自我认同感量表（Children's Self-Identity Scale，CSIS）"。儿童抑郁感量表设置了 14 组题目，每组题目包含 3 个句子，每组题目对应的分值分别为 1、2 和 3，然后将对应题目得分进行加总后可以得到一个衡量儿童抑郁感的连续变量。儿童孤独感量表设置了 10 个问题，每个问题分别对应 5 个选项，将各个问题的得分进行加总后得到一个衡量儿童孤独感的连续变量。儿童自我认同感量表中设置了 6 个问题，每个问题分别对应 5 个选项，将各个题目的得分进行加总后获得一个衡量儿童自我认同感的连续变量（如表 3-5）。

儿童抑郁感、孤独感与自我认同感量表已得到广泛的应用，由于各个量表中的测量儿童心理感受的变量较多，为了进一步验证儿童抑郁感、孤独感与自我认同感量表建构效度（construct validity），本文采用因素分析法进行分析。各

---

① 薛海平，王东，巫锡炜. 课外补习对义务教育留守儿童学业成绩的影响研究［J］. 北京大学教育评论，2014，12（3）：50-62.

个问题之间是否适合进行因素分析，通过 KMO（Kaiser-Meyer-Olkin）值和 Bartlett 球形检验来进行判别。KMO 值介于 "0—1" 之间，其值越接近于 1 表明变量的相关性越强，越适合做因子分析。根据凯撒（Kaiser, 1974）的评价标准，KMO 值一般应高于 0.6 才适合进行因素分析。Bartlett 球形检验以相关系数矩阵为基础，其统计结果服从卡方分布，因而以卡方值的大小和自由度来判断，当 Bartlett 球形检验 P 值<0.05 时，表明指标适合做因子分析。

表 3-5 儿童心理健康量表与信度检验

心理健康	条目	信度检验
儿童抑郁感量表	a. 我偶尔不高兴；我经常不高兴；我总是不高兴 b. 我的情况糟糕透了，以后也不会好起来；我不知道我的情况会不会好起来；我相信我的情况会好起来的 c. 很多事情我都能做好；我经常做错事；我总是做错事 d. 我认为我偶尔会遇到一些倒霉事；我担心我可能会遇到倒霉事；我肯定不久就要遇到倒霉事 e. 我恨我自己；我不大喜欢我自己；我喜欢我自己 f. 我每天想哭；我过几天就想哭；我偶尔想哭 g. 总是有使我烦恼的事；经常有使我烦恼的事；偶尔有使我烦恼的事 h. 我长相还可以；我的外表有些变化，使我变得不太好看；我长得不好看 i. 我偶尔会感到累；我经常感到累；我总是感到累 j. 我不感到孤独；我经常感到孤独；我一直感到孤独 k. 我觉得上学一点劲都没有；我有时觉得上学有劲，有时觉得没劲；我经常觉得上学很有劲 l. 我有很多朋友；我有一些朋友；我没有任何朋友 m. 我一直没有其他孩子好；如果我想好，我可以和其他孩子一样好；我本来就和其他孩子一样好 n. 没有人真正喜欢我；我不知道有没有人喜欢我；我肯定有人喜欢我	

心理健康	条目	信度检验
儿童孤独感量表	a. 我找不到人谈话 b. 我善于和别的同学在一起学习 c. 我不容易交上朋友 d. 我感到孤独 e. 我很难让别的同学喜欢我 f. 没有什么人和我一起玩 g. 我感到别人不愿意和我一起玩 h. 当我需要帮助时，没有人会帮助我 i. 我总是单独一个人 j. 我没有任何朋友	Cronbach α 系数 = 0.846
儿童自我认同感量表	a. 我觉得自己总的来说还挺好 b. 我对我目前的情况很满意 c. 我对自己很有信心 d. 我喜欢自己 e. 我有很多值得自豪的地方 f. 我觉得自己将来会成为一个有用和有作为的人	Cronbach α 系数 = 0.805

通过计算，儿童抑郁感的 KMO 值为 0.861，Bartlett 球形检验 P 值为 0.000<0.001；儿童孤独感的 KMO 值为 0.919，Bartlett 球形检验 P 值为 0.000<0.001；儿童自我认同感的 KMO 值为 0.847，Bartlett 球形检验 P 值为 0.000<0.001。因此，三个指标对应的问题均适合做因子分析。再利用主成分分析法，以特征值>1 作为公因子的提取的标准，并结合碎石图来决定公因子的数目。旋转后成分矩阵显示，儿童孤独感和自我认同感均只提取 1 个公因子，而儿童抑郁感可提取 3 个公因子。但是，若将衡量儿童抑郁感中的 3 个公因子分别提取并进一步通过信度检验后发现，相对于整个量表的信度检验（Cronbach α 系数=0.764），3 个公因子的信度皆大大下降。显然，不能用其中任何一个公因子来替代原有的量表，否则将破坏原有量表结构，不适于再删除任何变量。另外，在儿童自我认同感量表中，删除"我不喜欢我现在的生活状况（已反向转换）"题目后，信度得到了明显提高，因此删除该问题。综上所述，儿童抑郁感、孤独感与自我认同感量表的可靠性、稳定性毋庸置疑。

三、儿童的社会行为

上文已经提到，围绕对亲社会行为和反社会行为的产生机制的研究中，发展出了进化理论、认知理论、生物基础理论、本能论、学习理论等多种解释框架。基于实用主义的逻辑，本研究在问卷调查中所涉及的儿童行为可以分为儿童利他行为、越轨行为、自主行为和交友行为。对于儿童社会行为中的四个指标，我们使用"青少年问卷"中对应的量表进行测量（如表3-6）。

第一，儿童利他行为。通过询问儿童"在过去的6个月，你多长时间会有以下行为？"，一共有4个题目，每个题目对应6个选项（1"从不"，2"1至2次"，3"大概一星期1次"，4"一星期2至3次"，5"几乎每天"，6"每天"）。将4个题目中的得分相加后形成一个取值在"4—24"之间的连续变量，数字越大表明儿童的利他行为次数越多。

第二，儿童越轨行为。通过询问儿童"在即将过去的这个学期，你在学校对其他同学做过以下事情吗？"总共有6个题目，每个题目对应5个选项（1"从来没有"，2"只有一两次"，3"一个月两到三次"，4"一周一次"，5"一周好几次"）。将6个题目的分数相加后形成一个取值在"6—30"之间的连续变量，数字越大表明儿童的越轨行为越严重。

第三，儿童自主行为。通过询问儿童"请仔细阅读以下句子，选择最能描述你的感觉和看法的选项，并标注对应的选项"。总共包含7个句子，每个句子分别对应6个选项（1"非常不同意"，2"不同意"，3"有些不同意"，4"有些同意"，5"同意"，6"非常同意"）。将每个句子的得分相加后形成一个取值介于"7—42"的连续变量，分数越高表明儿童的自主行为越强。

第四，儿童交友行为。通过询问儿童"在最好的伙伴中（最多五个），有几个朋友具有下述情形？"总共包含是否有学习成绩优良、逃课、打架、抽烟等11种情形，每种情形对应3个选项（1"没有"，2"一到两个这样的"，3"三到五个这样的"）。将反向题目转换以后，每个情形的得分相加，得到一个取值为"11—33"之间的连续变量，数字越大表明儿童交往的积极朋辈数量越多。信度检验表明，儿童的利他行为、越轨行为、自主行为和交友行为量表均具有较高的信度，Cronbach α 系数均大于0.6。

表 3-6 儿童社会行为量表构建与信度检验

社会行为	条目	信度检验
利他行为	a. 帮助朋友做功课或家务？ b. 朋友不开心时，陪他说话、陪他玩？ c. 帮爸爸、妈妈做事，例如做家务或跑腿？ d. 爸爸、妈妈不开心时，逗他们开心？	Cronbach α 系数 = 0.601
越轨行为	a. 给某些同学起难听的绰号，骂他们，或嘲笑他们。 b. 打、踢、推、撞过其他同学（不是玩的那种）。 c. 故意抢或者损坏一些同学的东西。 d. 强迫某些同学做不喜欢的事情。 e. 散布一些同学的谣言，或背后说他们的坏话，使别的同学不喜欢他们。 f. 故意把某些同学排斥在我的朋友之外，或者不让我的朋友和他们交往，好多活动也不让他们加入。	Cronbach α 系数 = 0.836
自主行为	a. 如果需要，我可以集中精力很好地完成一件事情。 b. 我能主动和不熟悉的人对话。 c. 大多数时候，我在和他人发生冲突时能控制自己的情绪。 d. 我在动用其他家庭成员的东西前会征求他们的同意。 e. 我不需要提醒就能保持房间的干净整洁。 f. 我可以自己做决定。 g. 我可以自己解决问题。	Cronbach α 系数 = 0.731
交友行为	a. 学习成绩优良。 b. 逃课、旷课、逃学（反向）。 c. 违反学校纪律被批评、处分（反向）。 d. 打架（反向）。 e. 抽烟、喝酒（反向）。 f. 退学了（反向）。 g. 叫你不要听父母的话（反向）。 h. 鼓励你做你父母希望你做的事。 i. 鼓励你做危险的事（反向）。 j. 在你心情不好的时候逗你开心。 k. 给你关怀和注意。	Cronbach α 系数 = 0.633

第四章 家庭环境与儿童发展现状分析

第一节 儿童的基本情况

一、儿童的个体特征

调查地儿童性别比非常均衡，男性和女性儿童占比分别为51.1%和48.9%。在年龄分布上，大多数儿童的年龄为11岁或者12岁，分别占全体样本的63.7%和31.9%，其他年龄段仅占总样本量的4.4%，儿童的平均年龄约为11.37岁。由于调查地历来都是外出务工大县，每年都有大量的劳动力在居住地附近或其他地方务工，从而产生了大量的留守儿童。本文将"留守儿童"界定为那些父母双方均外出工作，不与父母任何一方共同居住的儿童。因此，从调查地儿童样本的统计结果来看，留守儿童占比为31.9%，非留守儿童占比为68.1%。有39.5%的儿童与父母双方同住，28.6%的儿童与父母一方同住，31.9%的儿童未与父母任何一方同住（如表4-1）。

表4-1 调查地儿童的个体特征（单位：个、%）

个体特征	样本量	百分比
性别		
男	675	51.1
女	647	48.9
年龄		
11岁	842	63.7
12岁	422	31.9
其他年龄段	58	4.4

个体特征	样本量	百分比
是否为留守儿童		
留守	355	31.9
非留守	757	68.1
与父母同住状况		
与父母双方同住	439	39.5
与父母一方同住	318	28.6
未与父母任何一方同住	355	31.9

注：由于样本中部分数据有缺失，百分比采用有效样本数的比重。

二、儿童的监护人特征

儿童的监护人以女性为主。女性监护人占比为 66.2%，仅有 33.8% 的儿童监护人为男性。监护人的平均年龄偏高。根据统计，儿童监护人的平均年龄为41 岁，监护人除了自己的父母（占比为 68.7%）以外，有很大一部分儿童的监护人为祖父母、外祖父母（占比为 27.3%）或其他亲属（占比为 4%）。监护人的受教育程度偏低。数据显示儿童监护人的平均受教育年限为 7.5 年，即大多数监护人仅受过小学教育，接受过高中及以上教育程度的监护人占比仅为 17%。

调查问卷将监护人的健康状况由"差"到"极好"分为 5 个等级，统计结果显示监护人健康的平均等级为 2.9，表明监护人的身体状况处于中等水平，这与监护人的年龄偏高有密切的关系。问卷中，有 7.5% 的监护人认为自己的身体健康状况差，而有 33.5% 的监护人认为自己的健康状况一般。

从父母的婚姻状态来看，大多数的儿童父母均处于结婚状态，占比为89.5%。仅有 8.1% 和 1.9% 的儿童父母处于离婚或者分居状态。

从监护人的幸福感来看，大多数人均感到比较幸福。47.5% 的监护人认为自己"比较幸福"，41.5% 的监护人认为自己"很幸福"，仅有 11% 左右的监护人认为自己"一点都不幸福"或者"不是很幸福"。

从监护人被别人尊重的状况来看，大多数人感到自己被别人尊重。样本的统计显示，感觉自己"经常"或者"总是"被人尊重的比重达到 56.1%，仅有4.7% 和 10.1% 的监护人感觉自己"从不"和"很少"被别人尊重。

从监护人的家庭收支状况来看，监护人家庭经济状况并不理想。统计数据显示，一半以上（54.7%）的监护人回答自己家庭达到"刚好收支平衡"，而有34.0%的监护人回答"有钱剩下来"，仅有11.3%的监护人回答自己家庭有"借钱或欠债"（如表4-2）。

表4-2　调查地儿童监护人基本状况（单位：个、%）

个体特征	样本量	百分比
性别		
男	212	33.8
女	415	66.2
监护人健康状况		
差	47	7.5
一般	210	33.5
好	109	17.4
很好	189	30.1
极好	72	11.5
父母婚姻状况		
结婚	561	89.5
离婚	51	8.1
分居	12	1.9
未婚	3	0.5
监护人幸福感		
一点都不幸福	3	0.5
不是很幸福	65	10.5
比较幸福	295	47.5
很幸福	258	41.5
监护人被尊重感		
从不	29	4.7
很少	63	10.1
有时	181	29.1
经常	247	39.7
总是	102	16.4
家庭收支盈余		
有钱剩下来	213	34.0
刚好收支平衡	343	54.7
借钱或欠债	71	11.3

注：由于样本中部分数据有缺失，百分比采用有效样本数的比重。

三、儿童的家庭生活状况

（一）家庭住房条件

儿童居住的住房是儿童成长的重要物理场所，对儿童的日常生活具有直接的影响。本研究对调查地儿童的家庭住房的基本条件进行了调查，数据显示大多数儿童家庭的住房属于自有住房，自有住房率达到90%以上，而租住、集体宿舍、临时建筑（建筑工地）等非自有住房的比重则不足10%。由于大多数自有住房均是自己宅基地上修建，因此家庭平均住房面积普遍较大，家庭平均面积达到130.1平方米。

家庭的基础设施方面，大多数儿童家庭的住房拥有较为完善的日常生活设施，通电率和独立厨房的拥有率均超过90%。由于在农村地区，很多家庭依然会利用柴火、煤等较为传统的生活燃料，因此天然气或煤气的开通率不到65%。同时，大多数家庭的用水还采用水井、泉水、雨水等方式，集中供应自来水的比重仅有38%。此外，尽管大多数家庭有独立使用的厕所，但是仅有57.4%的家庭采用现代城市中普遍采用的冲洗式厕所。

在重要的生活用品方面，首先，电视机、洗衣机、冰箱、手机已经全面普及，拥有率均超过95%。其次，洗澡的电热水器或太阳能的拥有率也超过了70%。再次，有线网络也逐渐深入千家万户，开通率达到了62.2%。在农村地区作为重要的交通方式之一，摩托车的拥有率也较高。其他的重要生活物品，如空调、个人电脑、轿车等的拥有率也在逐渐提高，拥有率大多超过30%（如表4-3）。

表4-3　调查地儿童家庭住房条件（N=627）（单位：个、%）

个体特征	样本量	有效百分比
住房类型		
自有住房	567	90.4
非自有住房	60	9.6
设施拥有率		
通电	600	99.7
管道输送的天然气或煤气	388	61.9

个体特征	样本量	有效百分比
独立厨房	548	91.8
自来水	238	38.0
冲洗式厕所	360	57.4
重要生活物品		
电视机	607	98.7
冰箱	596	96.9
洗衣机	598	97.4
空调	257	42.4
VCD/DVD 影碟机	240	39.5
照相机、摄像机	104	17.2
手机	594	96.9
微波炉	136	22.5
个人电脑	238	39.3
开通有线网络	378	62.2
摩托车	361	59.2
卡车	46	7.6
轿车	166	27.3
拖拉机或者其他农用机	65	10.8
洗澡的电热水器或太阳能	442	72.5

注：由于样本中部分数据有缺失，百分比采用有效样本数的比重。

（二）家庭外部配套生活设施

除了家庭内部的生活设施以外，家庭外部的配套生活设施对儿童的成长也具有密切的联系。调查显示，近一半（48%）的儿童所在家庭离最近的超市/百货商店的步行路程仅在 10 分钟以内，步行路程超过 30 分钟的家庭仅有 28.1%。家庭与邮局与银行的距离较远，离最近的邮局、银行步行路程在 10 分钟以内的家庭不到 20%，而步行在 1 小时以上的比重超过 30%。家庭离医院的距离也稍远，最近的医院或诊所的步行路程在 10 分钟以内的家庭不足 30%，而在 10—60 分钟的超过 50%。交通与出行较为方便，公交车或班车站普遍离家庭都较近，步行路程在 10 分钟以内的家庭达到 41.7%，步行超过 1 个小时以上的家庭为 13.4%（如表 4-4）。

表 4-4 家庭外部配套生活便利性（单位:%）

设施种类	步行 10 分钟内	步行 10-30 分钟	步行 30 分钟 到 1 小时	步行 1 小时以上	总计
最近的超市/百货商店	48.0	23.8	12.8	15.3	100
最近的邮局	17.4	27.7	22.3	32.6	100
最近的银行	18.6	26.9	23.9	30.5	100
最近的医院或诊所	27.7	29.5	21.6	21.1	100
最近的公交站/班车站	41.7	28.6	16.4	13.4	100

四、儿童的社区与邻里关系

社区环境对塑造家庭的日常生活具有重要的影响，社区可以为家庭和儿童发展提供不同形式的支持。当然，社区环境包含的要素非常广泛。一是物理因素，有社区的人口稠密程度、社区的噪声、房屋和街道的类型与布局等。二是经济因素，经济因素将会直接影响家庭中房屋的花费、交通、教育、卫生保健等，从而影响儿童的经济福利。三是社会与个人因素，主要包含社区的邻里关系、社区的互动模式。本研究的问卷调查中设置了有关社区氛围的部分问题。社区氛围方面，分别以 7 个不同的等级衡量社区成员之间彼此友善程度、彼此关爱程度、相互信赖程度、彼此熟悉程度，数字越大表明儿童所在的社区邻里之间的关系越好。统计显示，彼此友善程度、彼此关爱程度、相互信赖程度和彼此熟悉程度的均值分别为 5.68、5.34、5.42 和 5.70，表明调查地儿童所在的社区成员之间的邻里关系较好，成员彼此之间友善程度、关爱程度、信赖程度和熟悉程度都很高。在 1—7 不同等级中，每个选项选择最高等级程度 7 的比重均是最高的，分别达 41.7%、36.6%、35.4% 和 45.8%。而选择低程度 1—3 中 3 个等级的比重均不足 10%（如表 4-5）。

表4-5 调查地儿童所在社区的邻里关系

社区氛围	程度（%）							平均程度
	1	2	3	4	5	6	7	
彼此友善程度	3.4	2.6	3.1	10.9	15.3	23.0	41.7	5.68
彼此关爱程度	6.7	3.8	5.3	11.6	14.7	21.4	36.6	5.34
相互信赖程度	4.5	3.3	4.9	13.5	15.8	22.6	35.4	5.42
彼此熟悉程度	3.8	2.8	3.6	11.1	12.3	20.5	45.8	5.70

注：1和7代表极端情况，数字越大表示社区友善、关爱、信赖、熟悉程度越高。

社区活动参与既是一种个人交往行为也是一种公众参与的群体行为，是个人融入社区文化的一种重要方式，同时也是个人社会交往的重要平台。家长的社区参与能够让居民自觉自愿地参与到社区事务活动的同时，也相应地承担了社区责任并分享了成果。同样，家长的社会活动参与也是影响儿童成长的重要因素，生态系统理论就认为家庭的社区交往环境加强了与其他儿童直接接触的微环境之间的联系。

样本数据显示，调查地儿童的家长社区活动的参与程度并不高，仅有7%的儿童家长选择经常参加社区活动，24%的儿童家长选择偶尔参加一两次，42%的儿童家长完全没有参加社区活动（如图4-1）。

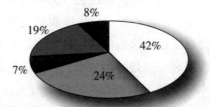

8%
19%
7%
24%
42%

▫ 完全没有参加　■ 偶尔参加一两次　■ 经常参加
■ 社区没有活动　■ 不知道社区活动

图4-1 家长社区活动参与状况

尽管调查地儿童家长的社区活动参与度不高，但是社区成员之间的邻里关系较好，成员彼此之间友善程度、关爱程度、信赖程度和熟悉程度都很高，因此家长的社区归属感较高。数据显示，52%的家长认为对所在社区"完全有归属感"，而36%的家长认为对所在社区"比较有归属感"，仅有4%左右的家长认为对所在社区没有归属感（如图4-2）。

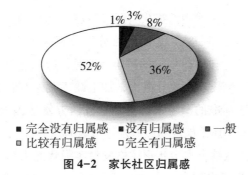

图4-2 家长社区归属感

第二节 儿童的身体健康状况

一、儿童的身高与体重

儿童的身高和体重是体格发育中的重要组成组分。在临床上，评估儿童生长发育的基本指标有身高、体重、体重指数、头围等。目前，国际上广泛应用于儿童体格发育的参考标准有美国国家卫生统计中心（NCHS）与世界卫生组织（WHO）发布的儿童生长标准、美国疾病预防控制中心制定的 CDC 2000 增长曲线和国际肥胖工作组（IOTF）的生长指数等。其中，NCHS／WHO 儿童和青少年的儿童生长标准在全世界范围内广泛使用。这一标准是基于 NCHS／WHO 于1963—1974 年间在美国儿童和青少年的调查样本收集的截面数据编制而成[1]。该标准采用身体质量指数（body mass index，简称 BMI）来评价儿童的发育状况，即同时考虑体重和身高的关系，建立一个定义超重（overweight）或肥胖（obesity）的标准，以便更准确地评估儿童的体脂肪与健康风险。BMI 指数的计算公式为：

$$BMI = \frac{体重（kg）}{[身高（m）]^2}$$

相关国际组织根据调查数据制定了性别—年龄别的 BMI 指数参考标准。例如，在最新的 NCHS 的标准中，性别—年龄别的 BMI 指数大于或者等于 CDC 性

---

① BUTTE N F, GARZA C, DE ONIS M. Evaluation of the feasibility of international growth standards for school-aged children and adolescents ［J］. The Journal of nutrition, 2007, 137 （1）: 153-157.

别—年龄别的 BMI 生长曲线中的第 95 百分位数定义为"超重",而性别—年龄别的 BMI 指数位于第"5—85"之间的百分位数视为健康体重,第"85—95"之间的百分位数被视为有"超重"的风险。但是,应当注意的是,由于各国的自身遗传特性和生活生长环境差异巨大,加上缺乏儿童与青少年肥胖与疾病危险关系的信息,上述标准的参考人群更加适宜西方发达国家的儿童与青少年。对于我国的儿童而言,还不能轻易照搬发达国家的标准。

因此,各国应注意结合本国儿童体格发育实际状况来修订 BMI 指数的参考标准。2018 年中国疾病控制中心结合中国儿童的生长发育状况制定了 6—18 岁学龄儿童青少年超重与肥胖的筛查方法,其中包括了超重与肥胖筛查的界值、判断、说明和技术要求。该标准由国家卫生健康委员会发布,适用于我国所有地区的各个民族的 6—18 岁的学龄儿童与青少年的超重与肥胖评价与筛查[1](如表 4-6)。

表 4-6　中国 6-18 岁学龄儿童性别—年龄别 BMI 指数参考标准（单位：kg/m^2）

年龄 （岁）	男性儿童		女性儿童	
	超重	肥胖	超重	肥胖
6.0~	16.4	17.7	16.2	17.5
7.0~	17.0	18.7	16.8	18.5
8.0~	17.8	19.7	17.6	19.4
9.0~	18.5	20.8	18.5	20.4
10.0~	19.2	21.9	19.5	21.5
11.0~	19.9	23.0	20.5	22.7
12.0~	20.7	24.1	21.5	23.9
13.0~	21.4	25.2	22.2	25.0
14.0~	22.3	26.1	22.8	25.9
15.0~	22.9	26.6	23.2	26.6
16.0~	23.3	27.1	23.6	27.1
17.0~	23.7	27.6	23.8	27.6
18.0~	24.0	28.0	24.0	28.0

数据来源：2018 年中国《学龄儿童青少年超重与肥胖筛查》标准。

---

① 国家卫生健康委员会. 学龄儿童青少年超重与肥胖筛查 [R/OL]. 国家卫生健康委员会网站, 2018-03-20.

根据上述判断标准，对调查地学校提供的体检报告中的儿童身高和体重信息对性别—年龄别 BMI 指数进行了统计和计算。统计结果表明，调查地儿童的平均身高 139.36cm，其中女性儿童的平均身高（140.02cm）略高于男性儿童（138.72cm）。儿童的平均体重为 33.72 kg，其中男性儿童平均体重（34.05kg）略高于女性儿童（33.36kg）。全部儿童的 BMI 平均指数为 17.27，且男性儿童略高于女性。整体来看，男性儿童和女性儿童的超重和肥胖的比例均很低，表明调查地儿童大多处于体重健康的状态。据统计在美国 6—11 岁的儿童，20 世纪 70—90 年代儿童的超重率从 4% 上升至 11%，12—19 岁的儿童从 6% 上升至 11%，2000 年以后均超过 15%。加拿大、英国、澳大利亚等部分发达国家的超重率甚至超过 20%[①]。而包括我国在内的亚洲国家的肥胖情况要低一些，根据 1985~2000 年"中国学生体质与健康调研报告"的数据显示，我国儿童的肥胖状况差距较大，我国的大城市或部分沿海地区，儿童的肥胖情况已较为接近发达国家的水平，而西部地区或者农村偏远地区则较低。由于调查地处于西部农村地区，BMI 指数也比较符合调查地的事实。但是另外一方面，不管在欧美地区或者中国，男性儿童肥胖的比例高于女性也是一个普遍的事实。调查数据显示，男性儿童的肥胖率高于女性儿童近 10 个百分点。但是，超重率均不到 5%（如表 4-7）。

表 4-7 调查地儿童的 BMI 指数状况

项目	全部儿童	男性儿童	女性儿童
身高（cm）	139.36±6.41	138.72±5.90	140.02±6.85
体重（kg）	33.72±6.61	34.05±6.82	33.36±6.36
BMI 指数	17.27±2.60	17.60±2.74	16.93±2.41
超重比重（%）	–	3.92	1.35
肥胖比重（%）	–	14.61	5.81

影响肥胖的因素是多维的，既与生物性的遗传因素有关，也跟社会性的生活环境密切关联。尤其是在后者因素中，饮食结构（食材种类、能量密度等）、饮食习惯（是否喜欢能量密度高、不规律饮食或常吃垃圾食品等）、生活方式

---

① 国家卫生部疾病预防控制局. 中国学龄儿童少年超重和肥胖预防与控制指南［R/OL］. 中国疾病预防控制中心网站，2015-01-15.

（身体锻炼、不健康的生活习惯等）等因素具有重要的影响。

二、儿童的营养进食状况

自出生开始，整个婴儿期、儿童期、青少年期一直延续到成人期，良好的营养对于生存、体格生长、精神发育、个人表现等各方面，乃至整个人生的健康和福祉都是至关重要的。而食物作为儿童主要的营养获取来源，对儿童的健康的成长和发育起到至关重要的作用。由于小学阶段的儿童正处于身体发育的关键时期，良好、健康的饮食将为儿童的智力、身体、学业等各方面的全方位发展提供重要的基础。营养不良的儿童由于免疫系统不完整或者缺乏各种人体需要的微量元素（如铁、钙、碘等）更容易感染传染病，发生腹泻、肺炎、感冒等多种常见的疾病[①]。

本研究调查了儿童各类食物在一周内的进食状况。这些食物包含蔬菜、水果、牛奶等公认的儿童身体发育所必须摄入的健康食品，也包含方便面、油炸食品等公认的非健康食品（如表4-8）。调查地的数据显示，调查地儿童的健康食品的进食量较为理想。大多数儿童一周大部分时间会进食绿叶蔬菜、水果、牛奶等健康食品。另外一方面，儿童的非健康食品的进食情况依然不容乐观，接近30%的儿童每周都会进食方便面，而超过30%的儿童每周都会买零食、甜点或者油炸食品等。

表4-8 调查地儿童1周饮食状况（单位:%）

饮食种类		每天	3—5天	1—2天	0天
健康食品	a. 绿叶蔬菜	65.8	18.7	12.7	2.8
	b. 水果	48.3	28.4	18.0	5.4
	c. 鸡肉、猪肉、牛肉，或其他肉类食品	42.6	29.3	23.5	4.7
	d. 鱼虾或其他海鲜	8.6	21.2	32.8	37.4
	e. 牛奶或豆奶	43.1	22.4	23.5	11.0

---

① WHO. 儿童早期发展：卓有成效的均衡措施 [EB/OL]. 世界卫生组织网站，2019-8-23.

	饮食种类	每天	3—5天	1—2天	0天
非健康食品	f. 方便面	6.3	15.2	27.3	51.1
	g. 西式快餐（例如，汉堡包、炸鸡、炸鱼条、炸薯条和比萨饼）	6.2	14.7	24.0	55.1
	h. 加糖饮料（例如，汽水、加糖牛奶或果汁、冰棍、雪糕）	20.8	29.2	38.3	11.7
	i. 零食和甜点（例如，蛋糕、饼干、糖果、薯片或虾条、辣条、火腿肠）	23.9	29.3	32.6	14.2
	j. 油炸食品	12.4	21.2	34.1	32.3

三、儿童的疾病与住院状况

问卷调查询问了家长在过去 12 个月内儿童因患病看医生的次数和住院的天数，以及患病就医和住院的主要病因。调查显示，调查地儿童一年因患病看医生的平均次数是 1.67 次，其中男性 1.79 次，女性 1.51 次。患病看医生的主要病因为儿童感冒、发烧、肠炎、皮肤病、肚子痛、胃炎等常规病症。而因病住院的天数为 0.65 天，其中男性为 0.56 天，女性为 0.75 天。住院的主要病因主要是感冒发烧、疝气、肺炎、流鼻血、摔伤、鼻炎等儿童常规病症。总的来说，看医生的频率很低，平均住院的天数还不到 1 天。就医和住院是衡量人口身体状况的重要指标，由此表明调查地儿童的身体健康状况非常好（如表 4-9）。

问卷还统计了过去一个月内，儿童发生常见病症的次数。统计显示，儿童发生"摔伤/扭伤/磕碰"的病症次数最高，平均每月 2.22 次。其次是肚子痛，平均为 1.72 次。儿童发生"发烧/感冒/咽喉疼痛"和"拉肚子"的症状也较为常见，分别为 1.45 和 1.44 次。发生率最小的病症是"眼部感染"和"呼吸困难/气短/哮喘"，仅有约 0.2 次。男性儿童普遍更加顽皮，所以以"摔伤/扭伤/磕碰"的发生率高于女性儿童。而女性在"发烧/感冒/咽喉疼痛""肚子痛"方面的病症发生率要明显高于男性儿童。其余方面，两性儿童的病症发生率差异不大（如表 4-9）。

表 4-9　调查地儿童 30 天出现以下病症的平均次数（单位：次）

症状	全部儿童	男性儿童	女性儿童
a. 发烧/感冒/咽喉疼痛	1.45	1.18	1.73
b. 呼吸困难/气短/哮喘	0.20	0.20	0.20
c. 拉肚子	1.44	1.44	1.45
d. 眼部感染	0.23	0.25	0.21
e. 牙痛	1.06	1.12	1.01
f. 头痛	1.17	1.14	1.20
g. 肚子痛	1.72	1.46	1.99
h. 摔伤/扭伤/磕碰	2.22	2.40	2.06

四、身体健康状况的基本指标

第一，调查地儿童自评身体健康状况良好。75%以上的儿童认为自己的健康状况比较好，仅有 2.1%的儿童认为自己的身体健康状况很差。分性别来看，认为自己身体极好的男性儿童（29.5%）比例明显高于女性儿童（20.9%）。而认为自己身体很好或者好的女性儿童的比重要高于男性儿童，认为自己身体一般或者差的两性儿童比例差异不大。

第二，调查地儿童自评的体力状况一般。调查显示，仅有 21.3%的儿童认为自己的体力高于平均水平，而仅 68.3%的儿童认为自己的体力处于平均水平。从性别差异看，认为自己体力高于平均水平的男性儿童（25.6%）比例明显高于女性（16.8%）。而认为自己的体力处于平均水平的女性儿童比例（74.0%）高于男性儿童比例（62.8%）。而认为自己体力低于平均水平的儿童比例，性别差异不大。

第三，儿童眼镜近视情况。调查显示，有近 30%的儿童眼镜近视，近视的比例相当严重。而男性和女性儿童的近视比例大致相当。

第四，儿童发生饥饿的经历[1]。有 41.2%的儿童从未发生过饥饿状况，有

---

[1]　应当注意的是，这里所说的饥饿是指的儿童吃饱饭以后又发生饥饿的情形，并非是粮食不够吃不饱。根据笔者在当地的调查，这种饥饿主要是由于儿童可能由于处于生长期，又处于好动期，运动量比较大，因此是"饿得快"。

50%以上的儿童发生过（偶尔或有时候）饥饿的状况，但是仅有 4.2%的儿童经常发生。而男性儿童和女性儿童发生的比例基本一致。

第五，因饥饿无法集中精力上课的状况。61.6%的儿童从未发生过因饥饿无法集中精力上课的状况，仅有不到 1.7%的儿童经常发生这种情况。而男性儿童和女性儿童发生的比例基本一致（如表 4-10）。

表 4-10　调查地儿童身体健康状况（单位:%）

项目	全部儿童	男性儿童	女性儿童
1. 儿童自评健康			
极好	25.3	29.5	20.9
很好	28.7	27.2	30.3
好	22.6	19.2	26.2
一般	21.3	21.6	21.1
差	2.1	2.5	1.6
2. 自评体力状况			
高于平均水平	21.3	25.6	16.8
处于平均水平	68.3	62.8	74.0
低于平均水平	10.4	11.6	9.2
3. 眼睛近视			
有近视	27.2	27.7	26.6
无近视	72.8	72.3	73.4
4. 饥饿发生状况			
从不	41.2	39.3	43.4
偶尔	38.4	38.2	38.6
有时候	16.2	16.9	15.5
经常	4.2	5.6	2.6
5. 因饥饿无法集中精力上课			
从不	61.6	62.3	61.0
偶尔	27.1	26.0	28.0
有时候	9.6	9.3	9.9
经常	1.7	2.3	1.1

第三节　儿童的学业发展状况

一、儿童的学业成绩

首先，从各科成绩的长期变化趋势来看，大体都随着年级的升高而呈现出不断下降的趋势（如图4-3）。语文和数学成绩的变化尤为明显，一年级时数学和语文平均成绩都在80分以上，到了五年级上学期，语文和数学成绩均低于70分。这一变化趋势也较为符合学科知识难度的变化，即随着儿童升入更高的年级，知识的难度也随之提升，分数自然会随之下降。此外，由于调查地处于农村地区，笔者在调查地进行问卷调查时了解到，学校的教学条件和师资力量与城市地区还有较大的差距，各科目的成绩与城市地区还有相当大的差距。尤其是英语学科，教学水平和教学质量依然处于较低的水平，因此英语学科的整体成绩并不理想。

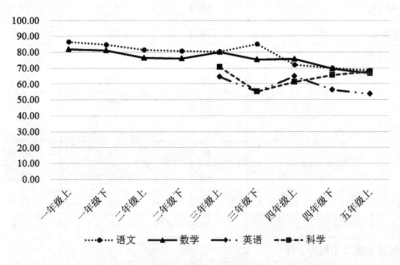

图4-3　调查地儿童在不同年级不同科目平均成绩

其次，两性儿童的学业成绩差异显著。尽管在传统的性别文化观念里，女性相对而言处于"劣势"的地位。尤其在农村或者部分偏远地区，在教育的过程中家庭的教育资源也会向男性儿童倾斜，从而造成两性儿童在学业表现上具有差异。但是，在现代社会中，随着经济社会的进步和家庭条件的改善，家长和教师的观念已发生转变，国家倡导的是公平且无性别差异的全民教育。因此，每个儿童都会有均等的发展机会，可以充分发挥各自的特长，让儿童充分、自由、全面发展。尽管如此，一般而言女性儿童在学业成绩方面的表现往往比男性儿童更好。这可能与男性和女性儿童在对待学业方面的方式不同有关。女孩在学校更加遵守纪律，课堂的学习表现也会更好，能够采取更加有效的学习策略。相对女性而言，大多数男性儿童则更加顽皮，对待学习的方式更加散漫。

调查地的数据显示，儿童的综合平均成绩不到 70 分。在语数外三科中，语文成绩表现最好，其次是数学，英语成绩表现不佳，平均成绩不到 60 分。在综合成绩、语文成绩、数学成绩、英语成绩、科学成绩方面，女性儿童的平均成绩均高于男性。男性和女性儿童在各科成绩上检验的 t 统计量表明，只有数学成绩 t 统计量的显著性概率 p 值不在 0.05 的水平上显著，其余科目的成绩均显著。表示不同性别的儿童在综合成绩、语文成绩、英语成绩、科学成绩方面均有显著的差异，女性儿童综合学业成绩（M = 66.05）显著高于男性儿童（M = 62.22），女性儿童语文成绩（M = 72.02）也显著高于男性儿童（M = 65.85），女性儿童英语成绩（M = 56.77）也显著高于男性儿童（M = 52.69），女性儿童科学成绩（M = 67.29）也显著高于男性儿童（M = 64.92）（如表 4−11）。

表 4−11　不同性别儿童在不同科目上的成绩

儿童科目与性别		个数	平均值	标准差	t 值
儿童综合成绩	女性	532	66.05	12.63	4.507***
	男性	532	62.22	15.04	
语文成绩	女性	626	72.02	11.09	8.473***
	男性	638	65.85	14.58	
数学成绩	女性	626	68.16	19.52	0.58
	男性	638	67.49	21.73	
英语成绩	女性	626	56.77	15.71	4.688***
	男性	638	52.69	15.26	
科学成绩	女性	626	67.29	13.09	2.892**
	男性	638	64.92	15.82	

注：* $p < 0.05$；** $p < 0.01$；*** $p < 0.001$

二、儿童的学业经历

（一）学前教育经历

数据显示，调查地儿童大多数均有上过幼儿园或者学前班的经历。40.1% 的儿童只上过幼儿园，2.9% 的儿童只上过学前班，54.9% 的儿童既上过幼儿园 也上过学前班，仅有 2.1% 的儿童幼儿园和学前班都没有上过。

（二）目前选择就读学校的原因

60% 的家长认为"这是当地的学校，每个孩子都在这里就读"，有 45.6% 的 家长认为"学校离家很近，照顾孩子较方便"，23.4% 的家长认为"这所学校的 教学质量很好"，还有 10% 左右的家长认为"有很多家乡来的孩子在这所学校读 书"或者认为"学费比较便宜"。

（三）旷课缺课情况

在调查时间的上一个学期，在 627 个有效样本中，94.7% 的儿童从未缺课或 者旷课，仅有 2.7% 的儿童缺课或者旷课 1 天，旷课或者缺课 3 天以上的儿童不 到 1%。旷课或者缺课的主要原因是儿童生病或者受伤，占儿童缺课或旷课人数 的 90% 以上。

（四）儿童的教育期望并不是太高

45% 的儿童希望自己的教育程度是大学及以上，29% 的儿童希望自己的教育 程度是高中、中专或者职高。在回答"你认为无法达到自己所希望的教育程度 的最主要原因是什么"时，48% 的儿童认为是学习不好，15.7% 的儿童认为是附 近没有学校，学校离得太远，还有 14.1% 的儿童认为是家庭成员需要照顾，仅 有 8.1% 的儿童认为是家里经济条件不好。

三、儿童的上学条件

（一）孩子的接送率较高

根据统计，27% 的儿童"总是"有人接送，11% 的儿童"大部分时间"有人接送，38%的儿童"有时"或者"偶尔"有人接送，有24%的儿童"从没有"人接送。

（二）安全的交通工具的使用率不高

在上学的交通工具中，公共汽车和校车的使用率为18.6%，自行车的使用率为13.5%。而超过一半（52.3%）的儿童采用当地的电三轮作为交通工具，步行上学的儿童为9.9%，采用其他交通工具上学的儿童较少。

（三）距离学校路程较近

27.9%的儿童家庭离学校的单程路程在10分钟以内，56.5%的儿童家庭离学校的单程路程在10—30分钟之间，单程在30分钟以上的儿童仅为15.6%。

四、儿童的日常时间安排

从儿童的时间管理来看，在上学期间，儿童每天花费在看电视上的时间最多，平均为每天76分钟，而花费在课后学习和看课外书的时间均不到1小时。此外花费在家庭劳务、照顾家人、帮家里干农活、在室内玩耍、在户外锻炼或者玩耍的时间均在50-60分钟之间。在周末期间，儿童花费在看电视上的时间仍然是所有活动内容中最多的，为167分钟。而花费在课后学习和看课外书的时间分别为113分钟和100分钟。花费在家庭劳务、照顾家人、帮家里干农活、在室内玩耍、在户外锻炼或者玩耍的时间均超过100分钟，花费在使用互联网络上的时间在1个小时左右（如表4-12）。应该说，儿童在课后之余只有较少的时间用来提升自己的学业，而其他家庭杂事、看电视、玩耍的时间占据了主要的精力。

表4-12　调查地儿童每天的主要时间安排（单位：分钟）

活动内容	上学时	周末
a. 家务劳动（如做饭、做清洁）	59.38	103.93
b. 帮家里干农活	53.63	100.46
c. 照顾家人（如小孩子，老人，或者病人）	59.30	119.83
d. 上下学路途	38.78	
e. 课后学习时间（如做作业和阅读）	57.83	113.13
f. 看课外书	59.23	99.65

活动内容	上学时	周末
g. 看电视	75.75	167.29
h. 在室内玩游戏（如扑克、下棋、电脑游戏）	50.22	105.22
i. 锻炼或户外玩耍	56.34	102.54
j. 使用互联网络（如聊天、浏览网页）	34.10	67.27

第四节 儿童的心理健康状况

统计数据表明，调查地儿童的抑郁问题并不严重。在取值介于"14—42"之间的抑郁感变量中，儿童的抑郁感得分均值仅为19.15。同样，儿童的孤独感问题也不严重。在取值介于"10—50"之间的孤独感变量中，儿童的孤独感得分均值仅为17.74。但是，调查地儿童具有较高的自我认同感。在取值介于"6—30"之间的自我认同感变量中，儿童自我认同感得分均值为22.71。

（一）分性别的状况

在下述差异比较分析中发现，儿童性别变量在三个因变量检验的 t 统计量中，仅有儿童抑郁感和儿童孤独感在0.10的水平上达到显著。表明男性和女性儿童在抑郁感、孤独感方面具有相对显著的差别。男性儿童的抑郁感（M = 19.35）显著高于女性儿童（M = 18.95），男性儿童的孤独感（M = 18.15）显著高于女性儿童（M = 17.33）。在儿童自我认同感方面，尽管得分的绝对值女性儿童（M = 22.92）略高于男性儿童（M = 22.50），但是并不在统计意义上具有显著差别（如表4-13）。

表4-13　不同性别的儿童在抑郁感、孤独感和自我认同感差异

变量	性别	个数	平均值	标准差	t 值
儿童抑郁感	女性	647	18.95	3.846	−1.816[+]
	男性	675	19.35	3.981	
儿童孤独感	女性	550	17.33	7.144	−1.878[+]
	男性	562	18.15	7.538	

续表

变量	性别	个数	平均值	标准差	t 值
儿童自我认同感	女性	550	22.92	5.164	-1.306
	男性	562	22.50	5.461	

注：$^+$p<0.05；*p<0.05；**p<0.01；***p<0.001

（二）不同社会经济地位家庭的差异

第一，不同家庭经济状况的差异。家庭经济状况的两个变量在三个因变量检验的 t 统计量中仅有儿童孤独感和儿童自我认同感在 0.10 的水平上达到显著。表明具有不同社会经济地位的家庭中儿童的孤独感和自我认同感方面具有明显的差别。家庭中无 5 万及以上大额存款的儿童的孤独感（M＝15.35）微弱高于家庭中有大额存款的儿童（M＝16.66）。另一方面，家庭中有 5 万及以上大额存款的儿童的自我认同感（M＝24.45）显著高于家庭中无大额存款的儿童（M＝23.21）。而在儿童抑郁感方面，家庭中无 5 万及以上大额存款的儿童的得分均值也略低于家庭中有大额存款的儿童，但是并不在统计意义上具有显著差别（如表4-14）。综合来看，家庭经济状况较好的家庭，儿童的抑郁感和孤独感较低，且拥有更高的自我认同感。

表4-14 不同社会经济地位家庭中的儿童心理状况（变量均值）

	儿童抑郁感	儿童孤独感	儿童自我认同感
家庭经济状况			
无 5 万及以上大额存款	18.75	16.66	23.21
有 5 万及以上大额存款	18.34	15.35	24.50
T 检验（t 值）	1.193	2.060$^+$	-2.586**
父母职业类型			
管理或技术者	18.77	16.32	21.84
普通工人	18.73	16.24	23.52
个体劳动者	18.44	16.50	24.39
在家务农者	18.68	16.18	23.18
F 检验（方差分析）	0.238	0.066	2.781*

	儿童抑郁感	儿童孤独感	儿童自我认同感
父母受教育程度			
未受过教育	19.18	17.60	22.92
小学程度	18.81	16.67	22.91
初中程度	18.56	16.23	23.93
高中、中专或职高	18.10	14.48	24.40
大专及以上	18.29	16.83	22.17
F 检验（方差分析）	0.946	2.022[+]	1.151

注:[+] $p<0.05$;[*] $p<0.05$;[**] $p<0.01$;[***] $p<0.001$

　　第二，父母不同的职业类型上的差异。上表显示了父母职业不同的儿童下儿童抑郁感、孤独感和自我认同感的得分。方差分析表明，尽管父母的职业不同，儿童心理健康在抑郁感和孤独感方面的得分并未显示出显著的差异。但是，在自我认同感方面显示出显著的差异，模型整体检验的 F 值分别为 2.781（p＝0.041），在 0.05 的水平上显著。进一步通过最小显著差异法（LSD 法）进行事后检验，结果显示，一方面父母职业为普通工人的儿童自我认同感微弱地高于父母职业为管理或技术的儿童。另一方面，父母职业为个体劳动者的儿童的自我认同感显著高于父母职业为管理或技术、在家务农的儿童（如表 4-14）。综上而言，从绝对分值来看，父母职业为个体劳动者的儿童在自我认同感方面具有明显的优势。

　　第三，父母不同的受教育程度的差异。方差分析表明，由于父母受教育程度不同，儿童在抑郁感和自我认同感方面并未表现出统计意义上的差异。但是，在孤独感方面的得分显示出了微弱的差异，模型整体检验的 F 值分别为 2.022（p＝0.090），在 0.10 的水平上显著。进一步通过最小显著差异法（LSD 法）进行事后检验。结果显示，父母未接受过任何教育的儿童孤独感显著地高于父母接受过高中或中专教育的儿童。另一方面，父母接受过小学教育的儿童的孤独感显著高于接受过高中或中专的儿童。此外，父母接受过初中教育的儿童的孤独感显著高于接受过高中或中专的儿童。由于接受过大学及以上的样本不足 10位，不具有可比性。除去这一因素，可以明显看出，父母受教育程度越高的儿童孤独感越低（如表 4-14）。值得注意的是，尽管没有统计意义上的显著性，但是从绝对值分数来看，儿童的抑郁感仍具有相同的趋势。而父母受教育程度越高的儿童，在自我认同感方面的得分也越高。

第五节　儿童的社会行为状况

统计数据表明，调查地儿童的利他行为并不频繁。在取值介于"4—24"之间的利他行为变量中，利他行为的得分均值仅为 13.52。同样，儿童的越轨行为问题不严重。在取值介于"6—30"之间的越轨行为变量中，儿童的越轨行为得分均值仅为 8.21。此外，儿童的自主行为和积极性较为突出。在取值介于"7—42"之间的自主行为变量中，儿童的自主行为得分均值为 29.37。调查地儿童积极健康交友行为也较为普遍。在取值介于"11—33"之间的交友行为变量中，儿童交友行为得分高达 29.12。

（一）分性别的状况

在下述差异比较分析中发现，儿童性别变量在四个因变量检验的 t 统计量均在 0.001 的水平上达到显著。表明男性和女性儿童在利他行为、越轨行为、自主行为和交友行为方面均具有显著的差别（如表 4-15）。具体而言，女性儿童的利他行为得分（M = 14.11）显著高于男性儿童（M = 12.94），男性儿童的越轨行为得分（M = 8.56）显著高于女性儿童（M = 7.83），女性儿童的自主行为得分（M = 30.18）显著高于男性儿童（M = 28.60），女性儿童的健康交友行为得分（M = 30.03）显著高于男性儿童（M = 28.23）。

表 4-15　不同性别的儿童在不同社会行为方面的差异

检验变量	性别	个数	平均值	标准差	t 值
利他行为	女性	550	14.11	4.075	4.722***
	男性	562	12.94	4.207	
越轨行为	女性	647	7.83	3.135	-3.943***
	男性	675	8.56	3.588	
自主行为	女性	647	30.18	5.268	4.985***
	男性	675	28.60	6.249	
交友行为	女性	550	30.03	2.228	12.298***
	男性	562	28.23	2.657	

注：* p<0.05；** p<0.01；*** p<0.001

（二）不同社会经济地位家庭的差异

第一，不同家庭经济状况的差异。家庭经济状况的两个变量在四个因变量检验的 t 统计量均没有在达到统计上的显著性，表明具有不同社会经济地位的家庭中儿童的社会行为状况没有明显的差别。但是，从各变量的均值来看，家庭中拥有 5 万及以上大额存款的儿童在利他行为、自主行为和交友行为方面均具有微弱的优势（如表4-16）。

表 4-16　不同社会经济地位家庭中的儿童社会行为状况（变量均值）

	利他行为	越轨行为	自主行为	交友行为
家庭经济状况				
无 5 万及以上大额存款	13.79	7.94	29.30	29.39
有 5 万及以上大额存款	14.03	8.22	30.09	29.46
T 检验（t 值）	−0.593	−0.956	−1.461	−0.274
父母职业类型				
管理或技术者	13.52	8.23	27.63	29.23
普通工人	13.86	7.89	29.73	29.26
个体劳动者	13.80	8.14	29.99	29.69
在家务农者	13.99	8.03	29.12	29.37
F 检验（方差分析）	0.130	0.256	1.942	0.817
父母受教育程度				
未受过教育	14.08	8.62	29.55	28.73
小学程度	13.98	7.73	29.21	29.66
初中程度	13.81	8.08	29.50	29.31
高中、中专或职高	13.68	7.98	30.24	30.05
大专及以上	12.33	6.71	28.57	27.50
F 检验（方差分析）	0.326	1.267	0.457	3.226*

注：+p<0.05；*p<0.05；**p<0.01；***p<0.001

第二，父母不同的职业类型上的差异。上表显示了父母职业不同的儿童在利他行为、越轨行为、自主行为和交友行为方面分数的均值。方差分析表明，尽管父母的职业不同，儿童社会行为并未显示出统计意义上的显著差异。仅仅在自主行为方面表现出了一定的差异，即父母职业为普通工人或个体劳动者的儿童，自主行为要明显高于父母职业为管理或技术人员的儿童。

第三，父母不同的受教育程度的差异。上表显示了父母受教育程度不同的儿童在利他行为、越轨行为、自主行为和交友行为方面分数的均值。方差分析表明，父母受教育程度不同的儿童在利他行为、越轨行为、自主行为三个方面并未表现出明显的差异。但是，在交友行为方面的得分均值显示出了显著的差异，模型整体检验的 F 值分别为 3.226（p＝0.012），在 0.05 的水平上显著。进一步通过最小显著差异法（LSD 法）进行事后检验。由于父母接受过高等教育的儿童样本量极少，除去这一因素的结果显示，父母接受过小学教育的儿童的积极交友行为要高于父母未受过教育的儿童，父母接受过高中或中专教育的儿童在积极的交友行为方面的明显优于父母未上过学、父母仅接受过初中教育的儿童。可以看出，父母受教育程度越高的儿童在积极的交友行为方面具有一定的优势。

第六节　本章总结

本章梳理了儿童的个体特征、监护人特征、家庭生活状况、社区和邻里关系，以及儿童的身体、学业、心理健康和社会行为的基本状况。研究表明，调查地儿童的家庭生活条件比较理想。家庭住房自有率高，居住条件明显改善。家庭基础设施齐全，通电率、独立厨房拥有率、燃气开通率、自来水通水率较高。电视机、洗衣机、手机、热水器等重要生活用品得到了全面普及。家庭之外的生活设施，如超市、邮局、银行、医院、交通工具等配置也较为齐全。儿童的身体发育大多处于健康状态，儿童的 BMI 平均指数为 17.27。大多数儿童拥有健康的营养进食状况，非健康食品的进食量较低。儿童的学业成绩与城镇地区还有较大差距，不同的学科之间的成绩不均衡，英语学科的整体成绩并不理想。儿童心理健康状况良好，抑郁、孤独问题并不严重，自我认同感处于较高水平。一方面，儿童的利他行为并不频繁；另一方面，儿童的越轨行为并不严重。而儿童的自主行为较为突出，积极的健康交友行为较为普遍。值得注意的是，分析表明，家庭社会经济地位对于儿童学业成就具有较大的影响，但是对于心理健康和社会行为的影响不大。

第五章 家庭结构对儿童发展的影响

第一节 变量选取与模型选择

一、变量选取

（一）因变量

衡量儿童发展的指标包括儿童的学业成就、心理健康（抑郁感、孤独感与自我认同感）、社会行为（利他行为、越轨行为、自主行为与交友行为），其具体的操作理念与方法详见第三章。

第一，儿童学业成就指标。选取了四年级下学期、五年级上学期两次期末的语文、数学和英语三科的平均成绩作为衡量儿童学业成就的主要指标。

第二，儿童心理健康。使用"青少年问卷"中对应的量表进行测量。儿童抑郁感采用"儿童抑郁量表（Children's Depression Inventory，CDI）"，孤独感采用"儿童孤独感量表（Children's Loneliness Scale，CLS）"，自我认同感采用"儿童自我认同感量表（Children's Self-Identity Scale，CSIS）"。儿童抑郁感是一个取值为"14—42"之间的连续变量，数值越大表明儿童的抑郁感越强烈。儿童孤独感是一个取值介于为"10—50"之间的连续变量，数字越大表明儿童孤独感越强烈。儿童自我认同感是一个取值介于"6—30"之间的连续变量，数字越大表明儿童自我认同感越强烈。三个指标均具有较高的信度，儿童抑郁感的Cronbach α 系数为 0.764，儿童孤独感的 Cronbach α 系数为 0.846，儿童自我认同感的 Cronbach α 系数为 0.805。

第三，儿童社会行为。儿童利他行为是一个取值在"4—24"之间的连续变量，数字越大表明儿童的利他行为次数越多。儿童的越轨行为是一个取值在

"6—30"之间的连续变量，数字越大表明儿童的越轨行为越严重。儿童的自主行为是一个取值介于"7—42"的连续变量，分数越高表明儿童的自主行为越强。儿童交友行为是一个取值为"11—33"之间的连续变量，数字越大表明儿童交往的积极朋辈数量越多。信度检验表明，儿童的利他行为、越轨行为、自主行为和交友行为量表均具有较高的信度，Cronbach α 系数均大于 0.6。

（二）自变量

本研究摒弃通过父母的婚姻状态来区分家庭结构的常规做法，通过儿童与父母的居住安排来测量家庭结构。在"青少年问卷"中，本研究通过设置"你和妈妈住在一起吗？"和"你和爸爸住在一起吗？"两个问题来识别儿童是否与父母居住，其中对应两个选项（1"是"，2"不是"）。根据上述问题可将儿童是否与父母共同居住而将家庭结构区分为四种类型。这四种类型分别是：（1）双亲完整家庭（即儿童与父母双方共同居住）；（2）单亲母亲家庭（即儿童仅与母亲一方共同居住）；（3）单亲父亲家庭（即儿童仅与父亲一方共同居住）；（4）双亲缺位家庭（即儿童与不与父母任何一方共同居住）。

衡量家庭社会经济地位的三个自变量。家庭经济状况通过家庭中有无 5 万及以上大额存款的二分类变量来代理（1 代表有，0 代表无）。父母的受教育年限是将家长的"受教育程度"对应的不同受教育阶段进行赋值，没有受过教育=0，小学=6，初中=9，高中=12，大学及以上=16，得到一个取值区间为0—16 之间的连续变量，数字越高表明父母的受教育程度越高。家长的职业类型通过询问家长"目前的职业类别"来获取，对应 17 个选项［1"单位领导/高级管理人员"、2"单位中层管理人员"、3"高级专业技术人员"、4"中级专业技术人员"、5"初级专业技术人员"、6"办事人员"、7"领班/组长/工头/监工"、8"服务人员"、9"私营业主"、10"个体经营（开店、经商、运输）"、11"个体（流动摊贩）"、12"技术工人"、13"体力工人/勤杂/工搬运工"、14"村委会或居委会负责人"、15"农林牧副渔劳动者"、16"自由职业者"、17"军人"］，将 1—4、14、17 归并为"管理或技术人员"，5—8、12、13 归并为"普通工人"，将 9—11、16 归并为"个体劳动者"，第 15 类为"在家务农者"，形成一个四分类变量。

衡量父母教育参与的四个自变量。父母教育期望通过询问父母认为子女至少念到哪种教育程度，对应的选项共有小学、初中、高中（中专/职高）、大学及以上。根据各教育阶段对应的教育年限进行赋值，小学=6，初中=9，高中=12，大学及以上=16，得到一个取值区间为"6—16"年的连续变量。对于家长的教育干预的指标，通过设置三道题目询问学生家长"是否询问其在学校的情况""是否检查家庭作业""是否辅导家庭作业"，每道题目对应五个选项（1"从不"，2"极少"，3"有时"，4"经常"，5"总是"），加总各题分数后得到一个取值为"3—15"的连续变量，数字越大表示家长的教育干预程度越高。对于父母对子女的鼓励行为，通过设置五道题目询问学生家长"是否在子女做得不对时与其讨论并问清楚原因""是否鼓励子女努力去做事情""与子女说话是否和气""是否鼓励子女独立思考""在安排子女做事时是否讲清原因""是否喜欢与子女说话交谈""是否表扬子女"等六个方面的问题，每道题目对应五个选项（1"从不"，2"极少"，3"有时"，4"经常"，5"总是"），加总各题分数后得到一个取值为"6—30"的连续变量，数字越大表示父母对子女的鼓励行为程度越高。对于亲子互动频率指标，本研究中设置了九道题目来询问家长"过去30天是否经常与孩子一起买东西、做饭、做手工、做运动或户外活动、打扫卫生、建造或维修东西、用电脑学习或玩游戏、一起做功课、一起看书或与孩子讨论书"每道题目对应五个选项（1"没有"，2"1—2次"，3"一星期大概1次"，4"一星期几次"，5"每天"），将每道题目分数加总后得到一个取值为"9—45"的连续变量，数字越大表示亲子互动频率越高。

（三）控制变量

除以上提到的核心变量以外，本研究还加入了其他可能影响儿童学业表现、心理健康、社会行为的特征变量。这些变量具体包括：儿童性别（男性 = 1，女性 = 0）为二分类变量。儿童年龄是取值为"10—16"的连续变量。儿童健康通过儿童自评健康来衡量，为取值为"1—5"之间的次序变量，数字越大表明儿童越健康。

二、模型选择

本章的数据分析一共分为两个部分。首先，利用描述、统计分析、方差分析相结合的方法考察家庭结构在不同的儿童群体间、不同社会经济地位的家庭间的分布，以及不同家庭结构与父母对于子女的教育参与之间的关联性。其次，利用多元线性回归方法来估计家庭结构对儿童发展的影响。通过家庭社会经济地位、父母的教育参与两个变量组来检验家庭结构对于儿童发展的作用机制。基本的回归方程如下：

$$Y = B_0 + B_1X_1 + B_2X_2 + B_3X_3 + B_4X_4 + \sum B_kX_k + \varepsilon$$

其中，Y 表示儿童学业成绩（心理健康、社会行为对应指标），X_1 表示双亲完整家庭，X_2 表示单亲父亲家庭，X_3 表示单亲母亲家庭，X_4 表示双亲缺位家庭，X_k 表示其他控制变量，ε 表示误差项。

第二节 家庭结构的分布与特征

一、在不同儿童人口属性间的分布

下表报告了四种不同家庭结构在不同的儿童性别和健康程度中的分布状况（如表5-1）。数据表明，在所有调查对象中，双亲完整家庭在总家庭中的占比最高（39.5%），单亲父亲家庭的占比最低（6.0%），单亲母亲家庭占比为22.6%，双亲缺位家庭占比为31.9%。因此，调查地绝大多数儿童均仅与父母一方或者不与父母任何一方共同居住。由此可见，在西部农村地区由儿童居住安排决定的家庭结构呈现出了多样化的形式。由于调查地属于外出务工大县，因此父母双方均外出务工的比重也比较高，导致父母双亲缺位家庭的比重较高，这种情况在我国其他外出务工较多的农村地区也较为常见。

下表还呈现了不同的家庭结构在不同儿童性别上的分布状况。可以发现，在所有家庭结构中，双亲完整家庭在男性和女性儿童中的比重均是最高的，分别为40.5%和38.3%。其次是双亲缺位家庭，在男性和女性儿童中的比重分别为32.7%和31.3%。而单亲父亲家庭在两性儿童中的比重均是最低的。值得注意的是，单亲母亲家庭在女性儿童中的比重比男性更高。而在其他家庭结构类型中，在男性儿童中的比重均比女性儿童中的比重更高。这一现象表明，相比于男性儿童，女性儿童可能更加依赖于自己的母亲。

此外，从家庭结构在儿童不同的健康程度中的分布可以发现，在儿童健康程度为"差"的儿童中，大多数都生活在双亲缺位家庭中。在健康程度为"一般""好""很好""极好"的儿童，则生活在双亲完整家庭的比重最高。一定程度上表明，不与父母任何一方居住的儿童在身体健康方面更有劣势，因为这些儿童往往与自己的祖父母、外祖父母或其他亲属居住，父母疏于对他们进行有效的照料和管教。

表 5-1 四种家庭结构在不同类型的儿童中的分布（单位:%）

	双亲完整家庭	单亲父亲家庭	单亲母亲家庭	双亲缺位家庭	总计
总体	39.5	6.0	22.6	31.9	100
儿童性别					
女性	38.3	4.7	25.7	31.3	100.0
男性	40.5	7.3	19.5	32.7	100.0
儿童健康程度					
差	22.7	13.7	22.7	40.9	100.0
一般	40.2	5.9	20.8	33.1	100.0
好	37.5	6.9	25.0	30.6	100.0
很好	39.6	5.1	25.2	30.1	100.0
极好	41.4	6.1	19.3	33.2	100.0

二、不同家庭社会经济地位间的分布

下表则显示了家庭结构的分布因家庭经济状况不同而有所差异（如表 5-2）。首先，家庭经济状况不好的儿童更有可能生活在父母双方均不在或者父母中任意一方不在的家庭中。在拥有 5 万及以上大额存款家庭中生活的儿童，在双亲完整家庭生活的比重为 50.0%，这一比重明显高于家中无大额存款的家庭儿童 37.0% 的比重。卡方检验的结果显示，$\chi^2(3, N=504) = 12.533$，$p<0.01$，Phi$=0.158$。其次，不同的家庭结构类型由于父母的职业类型不同而具有差异。在父母为普通工人的家庭中，仅有 33.3% 的儿童生活在双亲完整家庭中，明显低于生活在双亲缺位家庭中 37.5% 的比重。而父母为管理或技术人员、个体劳动者和在家务农者的家庭中，生活在双亲完整家庭的比重最高，分别为 41.9%、44.4% 和 46.0%。另一方面，在父母为管理或技术人员的家庭中，有 38.7% 的儿童均不与父母双方同住，而普通工人家庭为 37.5%，个体劳动者家庭为 30.3%，在家务农者家庭为 20.1%。可以看出，父母的职业地位越高的家庭，儿童与父母双方完全分离的可能性越小。卡方检验的结果显示，$\chi^2(9, N=504) = 22.071$，$p<0.01$，Phi$=0.209$。再次，家庭结构的分布会因儿童父母的受教育程度而有所差异。考虑到调查地儿童的父母受教育程度不高，尤其是拥有大专及以上学历的样本量极小，不具有代表性。但依然可以发现，在父母拥

有高中（或同等学力）的家庭中，双亲完整家庭的比重高于父母未上过学、上过小学或初中的家庭。而父母上过学的家庭中，双亲完整家庭的比重明显高于父母没有上过学的家庭。另一方面，在父母没有上过学的家庭中，双亲缺位家庭的分布比重（37.3%）明显高于父母上过小学的家庭（26.6%）、父母上过初中的家庭（32.4%）和父母上过高中的家庭（25.8%）。显然，父母受教育程度越低的家庭，造成儿童与父母双方亲子分离的可能性越大。

综合而言，在衡量父母社会经济地位的家庭经济状况、父母职业类型和父母受教育程度的指标中，社会经济地位越低的儿童，生活在父母与子女双方亲子分离的家庭中的可能性越高，同时生活在双亲完整家庭中的可能性也就越高。

表5-2 四种家庭结构在不同的社会经济地位家庭中的分布状况（单位：%）

	双亲完整家庭	单亲父亲家庭	单亲母亲家庭	双亲缺位家庭	总计
家庭经济状况					
无大额存款	37.0	8.2	23.9	31.0	100.0
有大额存款	50.0	1.5	18.4	30.1	100.0
父母职业类型					
管理或技术者	41.9	3.2	16.1	38.7	100.0
普通工人	33.3	8.9	20.3	37.5	100.0
个体劳动者	44.4	6.3	19.0	30.3	100.0
在家务农者	46.0	3.6	30.2	20.1	100.0
父母受教育程度					
未受过教育	32.2	6.8	23.7	37.3	100.0
小学程度	44.6	7.2	21.6	26.6	100.0
初中程度	39.5	6.3	21.8	32.4	100.0
高中、中专或职高	45.2	4.8	24.2	25.8	100.0
大专及以上	16.7	0.0	33.3	50.0	100.0

第三节 家庭结构与父母的教育参与

四种不同类型的家庭结构之间父母的教育参与状况是否具有明显的差异？下表显示了四种不同类型的家庭结构中父母对子女教育参与的状况（如表

5-3）。数据显示，从父母对子女的教育参与状况的平均值来看，双亲完整家庭和单亲母亲家庭中的父母的教育期望明显高于单亲父亲家庭和双亲缺位家庭。而在父母教育干预、父母的鼓励行为、亲子互动频率方面，双亲完整家庭的均值明显高于其他三类家庭。但是，这种差异是否具有统计意义上的显著性，可继续通过方差分析进一步检验。

表5-3　家庭结构与父母教育参与（变量均值）

	双亲完整家庭	单亲父亲家庭	单亲母亲家庭	双亲缺位家庭
父母教育期望	16.40	16.09	16.64	16.30
父母教育干预	10.11	9.02	9.73	8.77
父母鼓励行为	20.95	19.16	20.80	19.39
亲子互动频率	24.70	21.65	23.40	21.77

下表报告了不同的家庭结构中父母在教育参与方面的方差分析结果（如表5-4）。结果表明，就"父母教育期望""父母教育干预""父母鼓励行为"和"儿亲子互动频率"四个因变量而言，模型整体检验的 F 值分别为 0.454（p = 0.714）、10.249（p = 0.000）、6.191（p = 0.000）、4.546（p = 0.004），即后三个因变量在 0.01 的水平上显著。表明不同的家庭结构中，"父母教育干预""父母鼓励行为"和"亲子互动频率"方面的均值具有显著的差别。至于到底是哪些配对组别间的差异达到显著，则进一步通过事后检验方法进行验证。由于在方差的同质性检验中，家庭结构的四组样本的方差符合方差同质性的假定（方差检定的 p 值>0.05），因而在事后比较中选择最小显著差异法（LSD 法）进行事后多重比较，事后比较结果如下：

首先，就"父母教育干预"在不同家庭结构中的差异而言，双亲完整家庭结构中父母对于子女的教育干预程度显著高于单亲父亲家庭、双亲缺位家庭。此外，单亲母亲家庭中的父母在子女教育中的干预程度明显高于双亲缺位家庭。

其次，就"父母鼓励行为"在不同家庭结构中的差异而言，双亲完整家庭结构中父母对于子女的鼓励行为程度显著高于单亲父亲家庭和双亲缺位家庭。此外，单亲母亲家庭中父母对于子女的鼓励行为程度显著高于单亲父亲家庭和双亲缺位家庭。

再次，就"亲子互动频率"在不同家庭结构中的差异而言，双亲完整家庭结构中父母与子女之间的互动程度显著高于单亲父亲家庭、双亲缺位家庭。此外，单亲母亲家庭中父母与子女之间的互动程度明显高于双亲缺位家庭。

综合而言，双亲完整家庭中父母的教育参与程度明显高于其他家庭结构类型。即如果儿童与父母的双亲或者父母任何一方分开居住，儿童的父母对他们的教育干预、鼓励行为和亲子互动频率均会处于一定的劣势地位。此外，在三类非双亲完整家庭结构中，单亲母亲家庭与双亲完整家庭在教育参与方面的差异最小。除了父母教育干预这一变量，教育参与的其余三个方面，单亲父亲家庭与双亲完整家庭的差异最大。因此，从这一角度表明，母亲在子女的教育参与过程中发挥了不可替代的教养作用。如果母亲教养角色缺失，可能会严重影响儿童的教养效果，从而对子女的教育造成一定的剥夺。这一发现与吴愈晓、王鹏、杜思佳（2018）的研究结论相一致①。

表5-4 不同家庭结构下父母教育参与的差异

		平方和（SS）	自由度（Df）	平均平方和（MS）	F 检验	事后比较 LSD 法
父母教育期望	组间	10.807	3	3.602	n. s.	0.454
	组内	3964.429	500	7.929		
	总计	3975.236	503			
父母教育干预	组间	338.513	3	112.838	10.249***	A>B，A>D C>D
	组内	11109.197	1009	11.010		
	总计	11447.710	1012			
父母鼓励行为	组间	627.762	3	209.254	6.191***	A>B，A>D C>B，C>D
	组内	37280.094	1103	33.799		
	总计	37907.855	1106			
亲子互动频率	组间	852.979	3	284.326	4.546**	A>B，A>D C>D
	组内	31271.556	500	62.543		
	总计	32124.535	503			

注：n. s. >0.1；* p<0.05；** p<0.01；*** p<0.001，表中，A 为双亲完整家庭、B 为单亲父亲家庭、C 为单亲母亲家庭、D 为双亲缺位家庭。

---

① 吴愈晓，王鹏，杜思佳. 变迁中的中国家庭结构与青少年发展 [J]. 中国社会科学，2018（2）：98-120.

第四节　实证分析

一、家庭结构对儿童学业成就的影响

（一）家庭结构与儿童学业成绩

在不同家庭结构类型中，儿童的综合成绩和不同学科的期末成绩是否具有不同的表现？如图5-1所示，显示了四种不同家庭结构中儿童综合成绩的表现。可以看出，生活在双亲完整家庭中的儿童综合成绩表现显著高于其他三类家庭。其次，在其他三类非双亲完整家庭中，单亲母亲家庭中的儿童的综合成绩表现最好。

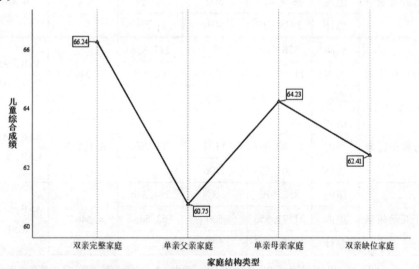

图5-1　不同家庭结构中儿童综合成绩

生活在不同家庭结构中的儿童在不同的学科中的成绩表现与综合成绩表现大体一致。双亲完整家庭中的儿童在语文、数学、英语和科学四个学科上的成绩均高于其他三类非双亲完整家庭。其次，单亲父亲家庭和双亲缺位家庭中的儿童学业成绩表现最差。在三类非双亲完整家庭中，单亲母亲家庭中儿童四科学业成绩与双亲完整家庭中的儿童差距最小（如表5-5）。

表 5-5　家庭结构与不同科目的学业成绩（变量均值）

	双亲完整家庭	单亲父亲家庭	单亲母亲家庭	双亲缺位家庭
语文成绩	71.26	67.42	69.35	66.98
数学成绩	69.83	63.56	68.90	66.43
英语成绩	57.77	52.83	54.46	52.31
科学成绩	67.67	66.05	66.75	65.26

　　但是，这种差异是否具有统计意义上的显著性？表 5-6 报告了不同家庭结构中儿童的综合成绩和不同学科之间的方差分析结果。结果表明，在不同家庭结构中，儿童的"综合成绩""语文成绩""数学成绩"和"英语成绩"方面，模型整体检验的 F 值均在 0.05 的水平上显著。通过事后检验方法继续进行验证。由于在方差的同质性检验中，家庭结构的四组样本的方差符合方差同质性的假定（方差检定的 p 值 > 0.05），因而在事后比较中选择最小显著差异法（LSD 法）进行事后多重比较，事后比较结果如下：

　　首先，双亲完整家庭结构中儿童的综合成绩显著高于其他三类家庭。此外，单亲母亲家庭中儿童成绩明显高于单亲父亲家庭。其次，双亲完整家庭结构中儿童的语文成绩显著高于其他三类家庭。此外，单亲母亲家庭中的语文成绩也显著高于双亲缺位家庭。再次，双亲完整家庭结构中儿童的数学成绩显著高于单亲父亲家庭和双亲缺位家庭。此外，单亲母亲家庭中儿童数学成绩明显高于单亲父亲家庭。最后，双亲完整家庭结构中儿童的英语成绩显著高于其他三类家庭。值得注意的是，在科学成绩中，仅有双亲完整家庭中的成绩显著高于双亲缺位家庭。

　　综上所述，相对于双亲完整家庭，三类非双亲完整家庭中的儿童在学业成绩方面具有明显劣势。这表明如果儿童与父母双方或者任何一方的亲子分离将对儿童的学业成绩造成消极影响。儿童与父母双方共同居住，父母双方共同参与到儿童成长的关爱和监督管理中，将非常有助于儿童学业成就的提升。与此同时，在亲子分离的家庭结构中，母亲的教育参与和管教将会一定程度上弥补由于亲子分离造成的消极影响，母亲的缺位将会直接造成孩子遭遇学业成就上的明显劣势。

表5-6 不同家庭结构下儿童学业成绩的差异

		平方和（SS）	自由度（Df）	平均平方和（MS）	F检验	事后比较 LSD法
综合成绩	组间	3235.926	3	1078.642	5.542**	A>B, A>C, A>D, C>B
	组内	183927.515	945	194.632		
	总计	187163.441	948			
语文成绩	组间	3636.134	3	1212.045	6.812***	A>B, A>C, A>D, C>D
	组内	187705.263	1055	177.920		
	总计	191341.397	1058			
数学成绩	组间	3639.901	3	1213.300	2.802*	A>B, A>D, C>B
	组内	456753.417	1055	432.942		
	总计	460393.319	1058			
英语成绩	组间	6009.333	3	2003.111	8.322***	A>B, A>C, A>D
	组内	253953.488	1055	240.714		
	总计	259962.821	1058			
科学成绩	组间	1104.030	3	368.010	1.696	A>D
	组内	228973.296	1055	217.036		
	总计	230077.327	1058			

注：n. s. >0.1；* p<0.05；** p<0.01；*** p<0.001，表中，A为双亲完整家庭、B为单亲父亲家庭、C为单亲母亲家庭、D为双亲缺位家庭。

（二）家庭结构对儿童学业成就的影响及其作用机制

为了进一步验证家庭结构对于儿童学业成就的影响，以及检验家庭结构到底通过何种作用机制影响了学业成就，则使用了多元线性回归模型进行结果估计。如表5-7所示，呈现了回归模型估计结果。

在模型1中，在不考虑控制变量的情况下单独考察家庭结构对于儿童学业成绩的单一影响效果。回归结果表明，单亲父亲家庭、单亲母亲家庭和双亲缺位家庭变量的回归系数均为负，除了单亲母亲家庭虚拟变量的回归系数在0.1的水平上显著外，另两个变量的回归系数在0.01的水平上显著。即相对于双亲完整家庭，其他三类家庭结构与儿童综合学业成绩之间呈现明显的负向关系，双亲完整家庭中的儿童学业成绩显著高于三类非双亲家庭。根据回归系数可以看出，单亲父亲家庭、单亲母亲家庭和双亲缺位家庭子女的综合成绩平均比双亲完整家庭低 5.46 分、1.99 分和 3.80 分。

模型 2 则在模型 1 的基础上加入儿童个体特征变量。结果显示，单亲父亲家庭和双亲缺位家庭变量的回归系数的绝对值仅有微弱的减小，且在 0.05 的水平上显著。而单亲母亲家庭变量的回归系数依然在 0.1 的水平上显著。即三类非双亲完整家庭与儿童综合成绩之间呈现显著的负面影响。父母双方或者一方不与儿童共同居住的儿童的学业成绩显著落后于双亲完整家庭的儿童。与双亲完整家庭中的儿童相比，其他三类非双亲完整家庭中生活的儿童的综合成绩平均要落后 2—4.8 分。

表 5-7　家庭结构对儿童综合成绩的影响

	模型 1	模型 2	模型 3	模型 4	模型 5
	β（t 值）	β（t 值）	β（t 值）	β（t 值）	β（t 值）
家庭结构（双亲完整家庭）					
单亲父亲家庭	−0.092** (−2.757)	−0.090* (−2.689)	−0.089* (−2.501)	−0.084* (−1.199)	−0.082* (−2.204)
单亲母亲家庭	−0.058+ (−1.651)	−0.058+ (−1.652)	−0.036 (−0.987)	−0.044 (−1.010)	−0.032 (−0.885)
双亲缺位家庭	−0.125*** (−3.521)	−0.116** (−3.293)	−0.112** (−2.612)	−0.101* (−2.167)	−0.100* (−2.190)
家庭社会经济地位					
家庭经济状况			0.154** (3.446)		0.125** (2.998)
父母受教育年限			0.124** (2.816)		0.117** (2.863)
父母职业类型（务农）					
管理与技术			−0.002 (−0.032)		0.005 (0.108)
普通工人			0.076 (1.410)		0.049 (0.985)
个体劳动者			0.143** (2.653)		0.117* (2.360)

	模型 1	模型 2	模型 3	模型 4	模型 5
	β（t 值）	β（t 值）	β（t 值）	β（t 值）	β（t 值）
父母教育参与					
父母教育期望				0.082* (1.995)	0.079+ (1.934)
父母教育干预				-0.112* (-2.016)	-0.139* (-2.541)
父母鼓励行为				0.430*** (7.633)	0.426*** (7.699)
亲子互动频率				0.108* (2.536)	0.093* (2.222)
控制变量	未控制	已控制	已控制	已控制	已控制
F 值	5.437**	7.632***	4.932***	11.718***	10.069***
R^2	0.017	0.046	0.102	0.197	0.242
ΔF 值		9.677	6.782	23.595	5.632
ΔR^2		0.029	0.064	0.159	0.045

注：+ $p<0.10$；* $p<0.05$；** $p<0.01$；*** $p<0.001$

　　此外，为了检验家庭资源的缺乏是否是影响非双亲完整家庭儿童的学业成就落后的主要原因，模型 3 在模型 2 的基础上继续加入衡量家庭社会经济地位的主要变量。回归结果显示，在衡量家庭社会经济地位的三个变量中，家庭经济状况、父母受教育年限对儿童的学业成绩具有显著的正向影响，回归系数在 0.01 的水平上显著。而与儿童父母在家庭务农的群体相比，父母职业为个体劳动者的儿童的学业成绩表现更加理想，而其余职业类型中的儿童成绩没有显著差异。表明家庭社会经济地位对儿童的学业发展具有重要的影响，能够解释儿童学业发展的部分效应。与模型 2 相比而言，模型 3 中三个不同的家庭结构的虚拟变量的回归系数全部为负，但绝对值均出现了不同程度的减弱。而单亲母亲家庭变量的回归系数已经下降至不具有统计意义上的显著性，意味着在家庭社会经济地位一致的前提下，仅与母亲共同居住的儿童的综合成绩已经与那些与父母双方同住的儿童没有显著的差别。而单亲父亲家庭和双亲缺位家庭两个虚拟变量的回归系数仍然在 0.01 的水平上显著。这在一定程度上说明，家庭社会经济地位的差别并不能消除单亲父亲家庭和双亲缺位家庭中学业发展的差距。但是，单亲母亲家庭中的儿童与双亲完整家庭中儿童间的学业成绩的差距，可能主要是由于这类家庭中社会经济地位的差别所造成的。这一结论表明，家庭结构对于儿童学业成就的影响，确实在一定程度上是通过家庭社会经济地位的作用机制来实现的。

为了检验父母教育参与和监管的缺失、父母对于子女的鼓励和父母与子女之间的亲子互动是否是造成非双亲完整家庭的儿童学业落后的主要原因，模型 4 在模型 2 的基础上加入了衡量父母的参与的四个变量。回归结果显示，父母教育期望、父母教育干预、父母鼓励行为和亲子互动频率四个变量的回归系数均在 0.05 的水平上显著，表明父母对子女的教育参与、对儿童的学业成就具有显著的影响效应。但是应当注意，父母教育干预变量的回归系数为负数，表明父母的教育干预程度与儿童学业成绩呈现出显著的负向关系。但是，其余的三个变量的回归系数为正数，表明父母教育期望、父母鼓励行为和亲子互动频率对儿童学业成绩具有积极的正面影响。父母的干预与儿童学业成绩之间的负向关系可能是因为学习成绩越差的儿童受到父母的学业干预较多，而干预多也会产生逆反效应，同样不利于儿童成绩的提高（这一猜想将在下一章节中进一步进行验证）。

同样，父母教育参与变量加入后，家庭结构中的三个虚拟变量的回归系数仍然为负数，但是绝对值均出现了下降。单亲母亲家庭变量的回归系数已经下降至不具有统计意义上的显著性，意味着在父母教育参与一致的前提下，仅与母亲共同居住的儿童的综合成绩已经与那些与父母双方同住的儿童没有显著的差别。而单亲父亲家庭和双亲缺位家庭两个虚拟变量的回归系数仍然在 0.05 的水平上显著。表明在父母教育参与一致的前提下，并不能消除那些仅与父亲单独居住或者不与父母任何一方居住的儿童的负面效应。总体而言，在控制了父母对子女的教育参与状况后，与其他三类家庭结构相比，双亲完整家庭中的儿童综合成绩的优势仍然是非常明显的。尽管家庭结构中的三个虚拟变量的回归系数仍然为负数，但是不同的家庭结构在一定程度上通过父母的教育参与机制作用于儿童的学业成就的路径是显而易见的。

为了检验家庭社会经济地位和父母教育参与两个机制如何共同影响非双亲完整家庭的儿童的学业成就与双亲完整家庭中的儿童的差距，模型 5 在模型 2 的基础上同时加入了衡量家庭社会经济地位和父母教育参与的变量。回归结果表明，尽管家庭结构中的三个虚拟变量的回归系数的绝对值均出现了下降。且单亲母亲家庭变量的回归系数已经下降至具有统计意义上的显著性，意味着在家庭社会经济地位和父母教育参与一致的前提下，仅与母亲共同居住的儿童的学业成就已经与那些与双亲完整家庭中的儿童没有显著的差别。单亲父亲家庭和双亲缺位家庭两个虚拟变量的回归系数仍然在 0.05 的水平上显著。即在家庭社会经济地位、父母教育参与情况一致的情况下，这两类非双亲完整家庭中的儿童在学业成就方面依然与双亲完整家庭具有显著的劣势，分数明显落后于后者。由此表明，家庭社会经济地位和父母的教育参与能够一定程度上缓解三类非双亲家庭与双亲完整家庭中儿童学业的差距，但不能完全消除家庭结构的不同所引起的儿童学业成就的差异。

综上所述，由儿童与父母的不同居住形式所决定的家庭结构对于儿童的学业成就的影响是显著的，父母双方或者父母任意一方的缺位都将会对儿童的学业成就造成负面影响，使得非双亲家庭中儿童的学业成绩明显落后于双亲完整家庭。另一方面，在三类非双亲家庭中儿童的学业表现也具有显著的差异。在家庭社会经济地位和父母教育参与一致的情况下，与母亲单独居住的儿童在学业成绩与双亲完整家庭的并无明显差距。可见，母亲的教养角色在儿童的教育过程中扮演着不可替代的独特作用。而与父亲单独居住的儿童的学业发展不单单是落后于双亲完整家庭，且明显落后于单亲母亲家庭。这并不是说，父亲在教育发展中的角色不重要，而是父亲扮演的教育角色是明显区别于母亲。而现实情况更加复杂，尽管单亲母亲家庭中社会经济地位的作用非常重要，但是单亲母亲在劳动力市场中往往不具备优势，使得单亲母亲家庭往往面临着家庭收入和支出方面的困扰。虽然社会经济地位的改变可以让单亲母亲家庭的儿童可以获得和双亲家庭儿童一样出色的学业表现，但是现实状况则阻碍了社会经济地位的获得。因此，单亲母亲家庭中儿童学业的负面影响主要来自社会经济地位的差别。

二、家庭结构对儿童心理健康的影响

（一）家庭结构与儿童心理健康

不同家庭结构类型中儿童心理健康水平有何不同？如表 5-8 所示，对于儿童的抑郁感而言，在四种家庭结构中，双亲缺位家庭中儿童的抑郁感（均值为 19.31）明显高于其他三类家庭结构，双亲完整家庭中的儿童抑郁感最低（均值为 18.47）。显然，父母一方或者双方的缺位，确实对儿童的抑郁感造成了影响。对于儿童的孤独感而言，依然呈现出相同的特征，双亲完整家庭中的儿童孤独感均值（均值为 16.54）明显低于其他三类非双亲完整家庭结构。而在三类非双亲家庭结构中，双亲缺位家庭中儿童的孤独感最高（均值为 18.65）。对儿童的自我认同感而言，双亲缺位家庭中的儿童自我认同感（均值为 22.60）低于其他三类家庭结构，但是总体上差距不大。显然，父母双方与子女的分离状态下的儿童的抑郁感、孤独感高于其他家庭结构，自我认同感低于其他三类家庭结构。

表5-8　家庭结构与儿童心理健康（变量均值）

	双亲完整家庭（A）	单亲父亲家庭（B）	单亲母亲家庭（C）	双亲缺位家庭（D）
抑郁感	18.47	19.02	18.98	19.31
孤独感	16.54	18.08	17.36	18.65
自我认同感	23.15	23.23	22.67	22.60

上述数据表明不同家庭结构中的儿童抑郁感、孤独感和自我认同感的均值存在差异。为了检验这些差异是否具有统计意义上的显著性，因而采用多变量方差分析（MANOVA）进行检验。如表5-9所示，呈现了单因子多变量的显著性检验结果，多变量的统计量 Wilk's Λ值等于 0.982，其 p 值（0.028<0.05）达到显著水平。表明在不同的家庭结构的三个变量上的差异比较中，至少有一个因变量的平均数有显著的差异。为了考察抑郁感、孤独感和自我认同感中到底哪些因变量在不同家庭结构中存在差异，本研究则进一步通过单因子方差分析，并进行事后结果比较。

表5-9　不同家庭结构类型在儿童心理健康三个层面的多变量方差分析

变异来源	Df	SSCP			多变量 Wilk's Λ	单变量 F 值 抑郁感	孤独感	自我认同感
组间	3	130.306	315.673	−84.454	0.982*	2.994*	5.222**	0.859
		315.673	807.226	−185.048				
		−84.454	−185.048	71.448				
组内	1009	14639.327	16084.008	−11004.408				
		16084.008	51989.721	−17076.163				
		−11004.408	−17076.163	27990.378				

注：* p<0.05；** p<0.01；*** p<0.001

表 5-10 所示，呈现了不同家庭结构中儿童心理健康水平三个层面的单变量方差分析结果，四组样本在三个因变量上的单变量方差分析检验的 F 值分别为 2.994（p=0.030<0.05）、5.222（p=0.001<0.05）、0.859（p=0.462>0.05）。表明不同家庭结构类型在儿童的抑郁感、孤独感层面具有显著的差异，多变量显著性的检验在 0.05 的水平上显著，同时由以上两个层面的心理健康水平共同引起。但是，总的来看不同家庭结构在三个因变量的关联强度系数 ω^2 值较低，说明家庭结构与儿童抑郁感、孤独感和自我认同感之间的关联性较弱。

表 5-10　不同家庭结构类型在儿童心理健康三个层面的单变量方差分析

变异来源	层面名称	平方和（SS）	自由度（Df）	平均平方和（MS）	F 检验	事后比较（LSD 法）	ω^2
家庭结构（组间）	抑郁感	130.306	3	43.435	2.994*	D>A	0.006
	孤独感	807.226	3	269.075	5.222**	D>A，D>C	0.012
	自我认同感	71.448	3	23.816	0.859	n.s.	0.000
Error（误差）	抑郁感	14639.327	1009	14.509			
	孤独感	51989.721	1009	51.526			
	自我认同感	27990.378	1009	27.741			

注：n.s. p>0.05；* p<0.05；** p<0.01；*** p<0.001，表中，A 为双亲完整家庭、B 为单亲父亲家庭、C 为单亲母亲家庭、D 为双亲缺位家庭。

BOX 多变量的方差同质性检验和单变量个别方差同质性检验的 p 值>0.05，表明自变量的四个组分别在三个因变量的多变量方差、四个自变量均未违反同质性假定，因而选择最小显著差异法（LSD 法）进行事后多重比较。结果显示：首先，双亲缺位家庭中的儿童抑郁感显著高于双亲完整家庭中的儿童，而其他类型的家庭结构中的儿童抑郁感则没有达到统计意义上的差异。其次，双亲缺位家庭中的儿童孤独感显著高于双亲完整家庭和单亲母亲家庭中的儿童。而在自我认同感方面，四类家庭结构中的差异都未达到统计意义上的显著性。

因此，在考察家庭结构对于儿童心理健康的影响效应和机制时，不再考察儿童自我认同感方面，仅考察儿童抑郁感和孤独感两个层面的作用机制。

（二）家庭结构对儿童抑郁感和孤独感的影响及其作用机制

通过下表继续验证家庭结构对于儿童心理健康的影响效应，以检验家庭结构到底通过何种作用机制影响了心理健康，本部分依然采用多元线性回归模型进行结果估计。如表 5-11 所示，呈现了回归模型估计的结果，模型 1—4 考察家庭结构对儿童抑郁感的影响，模型 5—8 考察了家庭结构对儿童孤独感的影响。

模型 1 加入了儿童个体特征变量后考察家庭结构对儿童抑郁感的单独效应。回归结果显示，双亲缺位家庭变量的回归系数为 0.111，且在 0.001 的水平上显著。表明双亲缺位家庭中儿童的抑郁感显著高于双亲完整家庭。而单亲父亲家庭和单亲母亲家庭变量的回归系数并没有达到统计意义上的显著性。表明双亲完整家庭、单亲父亲家庭和单亲母亲家庭中儿童的抑郁感并没有显著的区别。很显然，父母双方共同缺位造成的亲子分离对儿童的抑郁感具有显著的正面效应。

为了检验家庭资源的缺乏是否是造成非双亲完整家庭儿童抑郁感更强的主要原因，模型 2 在模型 1 的基础上继续加入衡量家庭社会经济地位的主要变量。回归结果显示，在衡量家庭社会经济地位的变量中，家庭经济状况、父母受教育年限和父母的职业类型虚拟变量的回归系数均没有达到统计意义上的显著性。而家庭结构的各个虚拟变量的回归系数均没有出现较大的变化，表明家庭社会经济地位对儿童的抑郁感没有显著的影响。尽管如此，我们应当注意，衡量家庭社会经济地位的所有变量的回归系数均为负数，表明家庭社会经济地位与儿童的抑郁感之间的负向关系是较为明确的。因此，家庭结构对于儿童抑郁感的影响，并未通过社会经济地位这一机制来实现。

为了检验父母教育参与和监管的缺失、父母对于子女的鼓励和父母与子女之间的亲子互动是否是造成非双亲完整家庭的儿童抑郁感更高的主要原因，模型 3 在模型 1 的基础上加入了衡量父母的参与的四个变量。回归结果显示，除了亲子互动频率变量，父母教育期望、父母教育干预、父母鼓励行为三个变量的回归系数为负，且均在 0.05 的水平上显著。表明父母对于子女的教育参与和儿童的抑郁感之间具有显著的负向关系，父母对于子女的教育参与能够显著降低儿童的抑郁程度。当加入父母教育参与的变量后，家庭结构的三个虚拟变量的回归系数出现了较大幅度的下降，尤其是双亲缺位家庭表现得尤为明显。尽管仍不能消除差距的存在，但是表明父母的教育参与程度已在较大程度上缓解双亲缺位家庭和双亲完整家庭中儿童抑郁感。可见，父母对于子女的教育参与解释了部分家庭结构对于儿童抑郁感的影响，表明父母的教育参与是家庭结构和儿童抑郁感之间作用关系的主要机制。

表5-11　家庭结构对儿童抑郁感和孤独感的影响

| | 儿童抑郁感 | | | | | | | | 儿童孤独感 | | | | | | | |
| | 模型1 | | 模型2 | | 模型3 | | 模型4 | | 模型5 | | 模型6 | | 模型7 | | 模型8 | |
	β	（t值）	β	（t值）	β	（t值）	β	（t值）	β	（t值）	β	（t值）	β	（t值）	β	（t值）
家庭结构（双亲家庭）																
单亲父亲家庭	0.032	(1.080)	0.026	(0.617)	-0.011	(-0.301)	-0.009	(-0.237)	0.043	(1.340)	0.017	(0.359)	0.003	(0.073)	-0.010	(-0.246)
单亲母亲家庭	0.036	(1.151)	0.033	(0.711)	0.026	(0.589)	0.025	(0.556)	0.048	(1.407)	0.057	(1.174)	0.058	(1.330)	0.057	(1.296)
双亲缺位家庭	0.111***	(3.510)	0.109***	(2.113)	0.082*	(2.079)	0.080*	(1.999)	0.134***	(3.937)	0.122**	(3.102)	0.085	(1.589)	0.073	(1.514)
家庭社经地位																
家庭经济状况			-0.046	(-1.063)			-0.010	(-0.244)			-0.093*	(-2.066)			-0.054	(-1.313)
父母受教育年限			-0.052	(-1.213)			-0.038	(-0.945)			-0.081+	(-1.826)			-0.062	(-1.553)
父母职业类型（务农）																
管理与技术			-0.023	(-0.509)			-0.021	(-0.490)			-0.002	(-0.049)			-0.004	(-0.087)
普通工人			-0.040	(-0.771)			-0.009	(-0.186)			0.000	(0.008)			0.038	(0.766)

续表

| | 儿童抑郁感 | | | | 儿童孤独感 | | | |
| | 模型 1 | 模型 2 | 模型 3 | 模型 4 | 模型 5 | 模型 6 | 模型 7 | 模型 8 |
	β（t 值）	β（t 值）	β（t 值）	β（t 值）	β（t 值）	β（t 值）	β（t 值）	β（t 值）
个体劳动者		-0.025 (-0.488)		0.000 (-0.003)		0.044 (0.816)		0.074 (1.527)
父母教育参与								
父母教育期望			-0.080* (-2.028)	-0.079* (-1.977)			-0.128** (-3.225)	-0.130** (-3.249)
父母教育干预			-0.107* (-2.023)	-0.102* (-1.908)			-0.084 (-1.584)	-0.076 (-1.438)
父母鼓励行为			-0.254*** (-4.711)	-0.255*** (-4.704)			-0.343*** (-6.383)	-0.345*** (-6.402)
亲子互动频率			-0.032 (-0.779)	-0.030 (-0.738)			-0.033 (-0.818)	-0.030 (-0.728)
控制变量	已控制	已控制	已控制	已控制	已控制	已控制	已控制	已控制
F 值	23.287***	6.442***	15.366***	10.255***	9.804***	3.684***	15.630***	10.869***
R^2	0.113	0.146	0.238	0.242	0.055	0.077	0.241	0.251

注：+ $p<0.10$；* $p<0.05$；** $p<0.01$；*** $p<0.001$

为了检验家庭社会经济地位和父母教育参与两个机制如何共同影响非双亲完整家庭与双亲完整家庭中儿童抑郁感的差距，模型4在模型1的基础上同时加入了衡量家庭社会经济地位和父母教育参与的变量。回归结果显示，家庭结构中的三个变量的回归系数与模型3的结果并没有太大的差别。即家庭结构中的三个虚拟变量的回归系数的绝对值均出现了较大幅度的下降，而双亲缺位家庭变量的回归系数仍在0.05的水平上显著。即在家庭社会经济地位、父母教育参与情况一致的情况下，与双亲完整家庭中的儿童相比，双亲缺位家庭中儿童的抑郁感显著高于前者。表明，家庭社会经济地位和父母的教育参与能够一定程度上缓解了双亲缺位家庭与双亲完整家庭中儿童抑郁感之间的差距，但是不能完全消除父母双方均与儿童分离这类特殊家庭所引起的儿童抑郁感更高的事实。

模型5加入了儿童个体特征变量后考察家庭结构对于儿童孤独感的单独效应。回归结果显示，双亲缺位家庭变量的回归系数为0.134，且在0.001的水平上显著。表明双亲缺位家庭中儿童的孤独感显著高于双亲完整家庭。而单亲父亲家庭和单亲母亲家庭变量的回归系数并没有达到统计意义上的显著性。表明双亲完整家庭、单亲父亲家庭和单亲母亲家庭中儿童的孤独感并没有显著的区别。

模型6则加入衡量家庭社会经济地位的主要变量，以检验家庭资源的缺乏是否是影响非双亲完整家庭的儿童孤独感更高的主要原因。回归结果表明，尽管双亲缺位家庭虚拟变量的回归系数依然在0.05的水平上显著，但是系数出现了小幅下降。且在衡量家庭社会经济地位的变量中，除了父母的职业类型变量的回归系数不显著外，家庭经济状况、父母受教育年限的回归系数（负数）分别在0.05和0.10的水平上显著。表明家庭社会经济地位能够解释一部分家庭结构对于儿童孤独感的影响效应，但是家庭社会经济地位作为家庭结构与儿童孤独感之间的作用机制的效应是微弱的。

模型7则加入了衡量父母的参与的四个变量，以检验父母教育参与和监管的缺失、父母对于子女的鼓励和父母与子女之间的亲子互动是否是造成非双亲完整家庭的儿童孤独感更高的主要原因。回归结果显示在衡量父母教育参与的四个变量中，父母教育期望和父母鼓励行为两个变量的回归系数均在0.01的水平上显著。表明父母的教育参与对儿童的孤独感具有重要的影响，能够解释儿童孤独感的部分效应。与模型5相比而言，模型7中双亲缺位家庭的回归系数绝对值出现了明显的下降，且已不具有统计意义上的显著性。意味着在父母教育参与一致的前提下，与父母双方相分离的儿童的孤独感已经与那些与父母双方同住的儿童没有显著的差别。可以看出，双亲缺位家庭中的儿童的孤独感比双亲完整家庭中儿童更高，可能主要是由于双亲缺位家庭中父母的教育参与的缺失所造成的。这一结论表明，家庭结构对于儿童孤独感的影响，确实在一定程度上是通过父母对于子女的教育参与这一机制来实现的。

模型8则是同时将家庭社会经济地位和父母教育参与的变量纳入模型，以检验家庭社会经济地位和父母教育参与两个机制如何共同影响双亲缺位家庭与双亲完整家庭中儿童孤独感的差异。回归结果显示，当纳入所有的因素后，家庭社会经济地位的变量的回归系数已经不再显著，而父母教育参与中父母教育期望和父母鼓励行为两个变量的回归系数反而增加了，表明父母教育参与对于儿童孤单感的显著的抑制效应是非常稳健的。而家庭结构中的三个虚拟变量的回归系数均已不再显著。表明在家庭社会经济地位和父母教育参与一致的情况下，双亲缺位家庭与双亲完整家庭中儿童孤独感已经没有显著差异。这种差异的消除主要是由父母教育参与这一机制来实现的。

综上所述，儿童与父母的不同居住形式所决定的家庭结构对于儿童的心理健康的影响是显著的，主要表现在儿童抑郁感和孤独感两个方面。父母双方与儿童共同居住或者父母任何一方与儿童居住均不会对儿童的心理健康水平造成显著的负面影响。但是，父母双方的缺位对儿童的抑郁感和孤独感均有正面影响效应，使得双亲缺位家庭中儿童的抑郁感和孤独感显著高于双亲完整家庭。在家庭社会经济地位一致的情况下，家庭结构的回归系数没有明显的变化，双亲缺位家庭的儿童抑郁感和孤独感没有得到明显的抑制，仍然显著高于双亲完整家庭。而在父母教育参与一致的情况下，家庭结构的回归系数下降明显，尽管双亲缺位家庭的儿童抑郁感仍然高于双亲完整家庭，但是儿童的孤独感已经与双亲完整家庭没有显著差异。可见，家庭结构对于儿童抑郁感和孤独感的影响的负面效应主要来自父母疏于对子女有效的教育参与，父母的有效参与可以消除儿童心理的部分负担。但是，在现实生活中，父母双方均不在家，孩子往往由他们的祖父母、外祖父母或者其他亲属管教。亲子的远距离分离使父母难以真正有效参与儿童的心理发展和变化，通过电话、网络等沟通形式依然难以解决父母"不在场"的尴尬局面，当子女面对心理情绪的问题时，很难在短时间内消除子女的心理危机。

三、家庭结构对儿童社会行为的影响

（一）家庭结构与儿童社会行为

如表5-12所示，呈现了不同家庭结构类型下儿童的利他行为、越轨行为、自主行为与交友行为表现出的差异。第一，儿童利他行为。与父母双方或者与父母任何一方共同居住家庭中的儿童的利他行为的平均值高于不与父母任何一方共同居住家庭（双亲缺位家庭）中的儿童。而且，单亲父亲家庭中的儿童在利他行为表现最好。第二，儿童越轨行为。双亲完整家庭中的儿童越轨行为的平均值低于三类非双亲完整家庭。而在三类非双亲家庭中，单亲母亲家庭和双亲缺位中的儿童越轨行为最为严重。第三，儿童自主行为。双亲完整家庭中的儿童自主行为的平均值明显高于三类非双亲完整家庭。而在三类非双亲家庭中，双亲缺位家庭中的儿童自主行为最差。第四，儿童交友行为。双亲完整家庭中的儿童积极健康的行为的平均值明显高于三类非双亲完整家庭。而在三类非双亲家庭中，双亲缺位家庭中的儿童最不容易交到积极健康的同辈。

表 5-12　家庭结构与儿童社会行为（变量均值）

	双亲完整家庭（A）	单亲父亲家庭（B）	单亲母亲家庭（C）	双亲缺位家庭（D）
利他行为	13.80	14.21	13.91	12.99
越轨行为	8.07	8.33	8.25	8.26
自主行为	29.51	29.46	29.73	29.15
交友行为	29.40	29.20	29.28	28.85

上述的分析表明，从衡量儿童的社会行为的均值来看，不同家庭结构类型中儿童的社会行为是具有明显差异的，非双亲完整家庭中的儿童更容易做出出轨行为，而在利他行为、自主行为和交友行为方面具有明显的劣势。但是不同的家庭结构中的社会行为差异是否具有统计上的显著性？为了验证这些差异在统计学意义上是否显著，则采用了方差分析方法进行检验。方差分析摘要结果中可知，就儿童"利他行为""越轨行为""自主行为"和"交友行为"四个因变量而言，模型整体检验的 F 值分别为 3.434（p=0.017）、0.287（p=0.835）、0.509（p=0.676）和 2.715（p=0.044），仅有利他行为和交友行为在 0.05 的水平上显著。表明不同的家庭结构类型中，儿童利他行为和交友行为具有显著

的差别，而儿童越轨行为和自主行为方面，各类家庭中的儿童均没有显著的差异。至于到底是哪些配对组的差异达到显著，则进一步通过事后检验方法进行验证。由于在方差的同质性检验中，家庭结构类型的四组样本的方差符合方差同质性的假定（方差检定的 p 值>0.05），因而选择最小显著差异法（LSD 法）进行事后多重比较，结果如下（如表 5-13）：

表 5-13　不同家庭结构类型在儿童社会行为方面的差异

检验变量		平方和（SS）	自由度（Df）	平均平方和（MS）	F 检验	事后比较（LSD 法）
利他行为	组间	177.569	3	59.190	3.434*	A>D
	组内	17389.511	1009	17.234		B>D
	总计	17567.080	1012			C>D
越轨行为	组间	10.131	3	3.377	0.287	n. s.
	组内	12964.786	1103	11.754		
	总计	12974.918	1106			
自主行为	组间	52.966	3	17.655	0.509	n. s.
	组内	38236.967	1103	34.666		
	总计	38289.933	1106			
交友行为	组间	56.158	3	18.719	2.715*	A>D
	组内	6957.579	1009	6.896		C>D
	总计	7013.737	1012			

注：n. s. $p>0.05$；* $p<0.05$；** $p<0.01$；*** $p<0.001$，表中，A 为双亲完整家庭、B 为单亲父亲家庭、C 为单亲母亲家庭、D 为双亲缺位家庭。

首先，就儿童"利他行为"在不同家庭结构中的差异而言，双亲完整家庭、单亲父亲家庭和单亲母亲家庭中的儿童显著高于双亲缺位家庭。其次，就儿童"交友行为"在不同家庭结构中的差异而言，双亲完整家庭和单亲母亲家庭中的儿童显著高于双亲缺位家庭。而单亲父亲家庭与其他类型的家庭中的儿童没有显著的差异。

因此，在考察家庭结构对于社会行为的影响效应和机制时，不再考察儿童越轨行为和自主行为，仅考察儿童利他行为和交友行为两个层面的作用机制。

（二）家庭结构对儿童社会行为的影响效应与机制

通过下表继续验证家庭结构对于儿童社会行为的影响效应，以检验家庭结构对于儿童行为的影响机制。方差分析结果表明，在不同家庭结构中，儿童在越轨行为和自主行为方面没有显著的差距，故此部分舍弃这两个变量。由于利他行为和交友行为均由量表得分衡量，即因变量均为连续型变量，该部分依然采用多元线性回归模型进行结果估计。如表5-14所示，呈现了回归模型估计的结果，模型1—4考察家庭结构对儿童利他行为的影响，模型5—8考察了家庭结构对儿童交友行为的影响。

模型1加入了影响儿童利他行为的特征变量后，考察家庭结构对于儿童利他行为的单独效应。回归结果显示，双亲缺位家庭变量的回归系数为-0.106，且在0.01的水平上显著。表明双亲缺位家庭中儿童的利他行为显著低于双亲完整家庭。单亲父亲家庭和单亲母亲家庭变量的回归系数并没有达到统计意义上的显著性。表明双亲完整家庭、单亲父亲家庭和单亲母亲家庭中儿童利他行为并没有显著的区别。可以看出，儿童与父母双方居住的分离将对儿童的利他行为表现具有显著的负面效应。

模型2在模型1的基础上继续加入衡量家庭社会经济地位的主要变量，以检验家庭社会经济地位的剥夺机制。回归结果显示，所有衡量家庭社会经济地位的变量的回归系数均不显著。表明家庭经济地位的因素并没有对儿童利他行为产生显著的影响。而家庭结构变量的回归系数变化较小，且双亲缺位家庭虚拟变量的回归系数在0.05的水平上显著。表明在家庭社会经济地位保持一致的情况下，双亲缺位家庭中的儿童利他行为仍然显著低于双亲完整家庭。可以看出，家庭结构对于儿童利他行为的影响，并未通过家庭社会经济地位这一机制来实现。

模型3在模型1的基础上加入了衡量父母的参与的四个变量，以检验父母教育参与的剥夺机制。回归结果显示，在衡量父母教育参与的变量中，父母教育干预、父母鼓励行为和亲子互动频率三个变量的回归系数（正数）均在0.05的水平上显著。表明父母对于子女的教育参与和儿童的利他行为之间具有显著的正向关系，父母对于子女的教育参有助于提高儿童的利他行为。当加入父母教育参与的变量后，一方面，单亲母亲家庭和双亲缺位家庭的回归系数均出现了较大幅度的下降，且双亲缺位家庭的回归系数不再显著。表明在模型1中观测到的双亲缺位家庭中儿童利他行为表现较差的主要原因就在于这些儿童的父母的教育参与的缺失。另一方面，单亲父亲家庭变量的回归系数反而在增加，

表5-14　家庭结构对于儿童利他行为和交友行为的影响

	利他行为				交友行为			
	模型 1	模型 2	模型 3	模型 4	模型 5	模型 6	模型 7	模型 8
	β（t 值）	β（t 值）	β（t 值）	β（t 值）	β（t 值）	β（t 值）	β（t 值）	β（t 值）
家庭结构（双亲家庭）								
单亲父亲家庭	0.043 (0.96)	0.050 (1.074)	0.071+ (1.668)	0.073+ (1.672)	0.018 (0.399)	-0.009 (-0.205)	0.006 (0.163)	0.012 (0.291)
单亲母亲家庭	0.038 (0.789)	-0.034 (-0.713)	-0.020 (-0.448)	-0.023 (-0.508)	-0.047 (-1.274)	-0.018 (-0.373)	-0.018 (-0.429)	-0.019 (-0.442)
双亲缺位家庭	-0.106** (-2.453)	-0.098* (-2.014)	-0.059 (-1.048)	-0.035 (-0.748)	-0.101** (-3.059)	-0.097* (-2.806)	-0.063 (-1.408)	-0.024 (-0.526)
家庭社经地位								
家庭经济状况		0.045 (1.011)		-0.005 (-0.112)		0.011 (0.240)		-0.037 (-0.946)
父母受教育年限		-0.052 (-1.173)		-0.060 (-1.445)		0.057 (1.320)		0.044 (1.138)
父母职业类型（务农）								
管理与技术		0.003 (0.072)		-0.005 (-0.114)		0.020 (0.444)		0.015 (0.369)
普通工人		-0.012 (-0.225)		-0.041 (-0.808)		-0.028 (-0.535)		-0.074 (-1.569)

续表

	利他行为				交友行为			
	模型 1	模型 2	模型 3	模型 4	模型 5	模型 6	模型 7	模型 8
	β（t 值）	β（t 值）	β（t 值）	β（t 值）	β（t 值）	β（t 值）	β（t 值）	β（t 值）
个体劳动者		-0.025 (-0.458)		-0.049 (-0.973)		0.047 (0.901)		0.016 (0.353)
父母教育参与								
父母教育期望			-0.017 (-0.413)	-0.011 (-0.266)			0.073[+] (1.915)	0.066[+] (1.719)
父母教育干预			0.108[*] (1.988)	0.115[*] (2.098)			0.141[**] (2.784)	0.141[**] (2.769)
父母鼓励行为			0.247[***] (4.449)	0.247[***] (4.436)			0.338[***] (6.546)	0.347[***] (6.715)
亲子互动频率			0.113[**] (2.685)	0.115[**] (2.720)			-0.029 (-0.750)	-0.034 (-0.866)
控制变量	已控制	已控制	已控制	已控制	已控制	已控制	已控制	已控制
F 值	6.198[***]	3.588[***]	11.602[***]	7.951[***]	9.979[***]	5.955[***]	21.002[***]	14.498[***]
R^2	0.070	0.075	0.191	0.198	0.108	0.118	0.299	0.309

注：[+] $p<0.10$；[*] $p<0.05$；[**] $p<0.01$；[***] $p<0.001$

且已在 0.1 的水平上显著。表明模型 1 中观测到的单亲父亲家庭与双亲完整家庭中儿童的利他行为不具有差异是由于父母教育参与的缺失所致。当父母教育参与的因素一致时，单亲父亲家庭中的儿童利他行为表现最为突出。总之，家庭结构对儿童的利他行为表现的影响，主要是通过父母的教育参与机制来实现的。

模型 4 在模型 1 的基础上同时加入了衡量家庭社会经济地位和父母教育参与的变量，以检验家庭社会经济地位和父母教育参与两个机制对于儿童利他行为的共同影响。回归结果显示，家庭结构中的三个变量的回归系数与模型 3 的结果并没有太大的差别。即在所有因素保持一致的情况下，单亲母亲家庭与双亲缺位家庭中儿童的利他行为与双亲完整家庭中的儿童无异。但是，单亲父亲家庭中儿童利他行为微弱地高于双亲完整家庭（回归系数在 0.1 的水平上显著）。

与对儿童利他行为的检验方式一样，模型 5 加入了儿童个体特征变量后考察家庭结构对于交友行为影响效应。回归结果显示，双亲缺位家庭变量的回归系数为 -0.101，且在 0.01 的水平上显著。表明双亲缺位家庭中儿童的积极健康的交友行为显著落后于双亲完整家庭。同样，单亲父亲家庭、单亲母亲家庭变量的回归系数并没有达到统计意义上的显著性。表明双亲完整家庭、单亲父亲家庭和单亲母亲家庭中儿童的健康交友行为并没有显著的差别。

模型 6 加入衡量家庭社会经济地位的主要变量，以检验家庭资源的缺乏是否是影响非双亲完整家庭的儿童健康交友行为落后的主要原因。回归结果显示，衡量家庭社会经济地位变量的回归系数均不显著。表明家庭的社会经济地位并不会对儿童的健康交友行为产生影响。同时，尽管双亲缺位家庭虚拟变量的回归系数在减小，但是依然在 0.05 的水平上显著。表明家庭社会经济地位并不是家庭结构影响儿童健康交友行为的主要作用机制。

模型 7 则加入了衡量父母教育参与的四个变量，以检验父母教育参与和监管的缺失、父母对于子女的鼓励和父母与子女之间的亲子互动是否是造成双亲缺位家庭中儿童健康交友行为更加落后的主要原因。回归结果显示，在衡量父母教育参与的四个变量中，除亲子互动频率以外，其余三个变量的回归系数均在 0.10 的水平上显著。表明父母的教育参与对儿童的健康交友行为具有重要的影响，能够一定程度上解释儿童交友行为的变化效应。与此同时，双亲缺位家庭的回归系数绝对值出现了明显的下降，且已不具有统计意义上的显著性。意味着在父母教育参与一致的前提下，双亲缺失家庭中的儿童的健康交友行为已经与那些与父母双方同住的儿童没有显著的差别。也意味着，在模型 5 中观测到的双亲缺位家庭中儿童健康交友行为的劣势主要是由于父母教育参与的缺失所造成的。可以看出,父母对于子女的教育参与确实是家庭结构对儿童交友行为产生影响的主要实现机制。

模型8则是同时将家庭社会经济地位和父母教育参与的变量纳入模型,以检验家庭社会经济地位和父母教育参与两个机制如何共同影响家庭结构与儿童的健康交友行为之间的关系。回归结果显示,在纳入所有因素后,回归结果与模型7的结果没有明显区别。家庭社会经济地位变量的回归系数依然不显著,父母教育参与中父母教育期望、父母教育干预和父母鼓励行为变量的回归依然在0.1的水平上显著。而家庭结构变量的回归系数依然不具有统计意义上的显著性。表明在家庭社会经济地位和父母教育参与一致的情况下,四类家庭中儿童的健康交友行为已经没有显著差异。即通过父母教育参与这一机制,能够消除双亲缺位家庭中儿童健康交友行为的负面效应。

综上所述,儿童与父母的不同居住形式所决定的家庭结构对于儿童的社会行为的影响是显著的,主要表现在儿童利他行为与儿童交友行为两方面。父母双方与儿童共同居住或者父母任何一方与儿童居住均不会对儿童的利他行为与交友行为产生显著的负面影响。但是,父母双方的缺位对儿童的利他行为与交友行为产生了显著的负向效应。在家庭社会经济地位一致的情况下,双亲缺位家庭中儿童的利他行为与交友行为显著落后于双亲完整家庭。而在父母教育参与一致的情况下,双亲缺位家庭中儿童的利他行为与交友行为已经与双亲完整家庭没有显著差异。可以看出,双亲缺位家庭对于儿童利他行为与交友行为的负面效应主要是通过父母教育参与这一机制来实现的。父母双方的共同缺位才是影响儿童利他行为与交友行为的关键因素。但是,在现实生活中,由于父母亲都外出所造成的亲子分离是一个较为普遍的社会现象,而父母的共同缺席必然会影响对于子女的教育参与频率和程度。

第五节　本章总结

当前,在全球化、工业化和城镇化的深刻影响下,中国农村家庭正在经历着剧烈的转型和变迁。一方面,大量的农村劳动力外出务工,人口的流动已经常态化,父母的外出造成了父母与子女之间短暂或者长久的分离;另一方面,婚姻观念逐渐改变,传统农村社会中的婚姻模式遭遇了挑战,离婚的现象在农村地区也越来越普遍。婚姻的解体改变了原有的家庭结构,在人口流动日益频繁的社会背景下，婚姻变故也会成为影响父母是否在家庭居住的重要因素。研究者在四川农村调查地的调查表明，父母与儿童的分离现象已经到了不容忽视的地步，以父母是否与儿童共同居住作为划分标准的家庭结构中，尽管双亲完整家庭依然在总的家庭中占有最高的比重（39.5%），但是单亲父亲家庭、单亲母亲家庭占比已较高。尤其值得关注的是，调查地已有三分之一的家庭属于双亲缺位家庭。相关的研究早已表明，在儿童成长与发展的过程，家庭是儿童人生的第一所学校，而父母是儿童的第一任老师，父母的共同教养对于儿童的认知、心理健康和社会行为发展具有重要的影响。具体表现在以下几个方面：

第一，家庭结构存在明显的群体分布差异。首先，单亲母亲家庭与女性儿童共同居住的可能性明显高于男性儿童。其次，父母双方均未与儿童共同居住（双亲缺位）的家庭中，儿童健康程度更"差"，与父母双方共同居住（双亲完整家庭）的儿童，健康程度更"好"。再次，社会经济地位越低的儿童，生活在亲子分离家庭中的可能性越高，而生活在双亲完整家庭中的可能性越低。另外，双亲完整家庭中父母的教育参与程度明显高于其他家庭结构类型。父母双方或者任何一方与儿童分开居住的儿童，他们的教育干预、鼓励行为和亲子互动频率均会处于一定的劣势地位。而在非双亲完整家庭结构中，单亲母亲家庭与双亲完整家庭在教育参与方面的差异最小，表明母亲在子女的教育参与过程中的教养作用难以替代。

第二，家庭结构对儿童学业成就具有重要影响。生活在三类非双亲家庭中的儿童，学业成绩显著落后于双亲完整家庭。但是，在家庭社会经济地位或者在父母教育参与一致的情况下，与母亲单独居住的儿童学业成绩与双亲完整家庭的并无明显差距。表明，家庭社会经济地位和父母的教育参与机制均可解释单亲母亲家庭与双亲完整家庭之间儿童学业的差距。

第三，家庭结构对儿童心理健康具有重要影响。但是，这种影响主要表现在儿童抑郁感和孤独感两个方面。双亲缺位家庭中儿童的抑郁感和孤独感显著高于双亲完整家庭。在家庭社会经济地位一致的情况下，双亲缺位家庭的儿童抑郁感和孤独感没得到明显的抑制。而在父母教育参与一致的情况下，双亲缺位家庭的儿童孤独感与双亲完整家庭没有显著差异。即父母教育参与的机制能够解释双亲缺位家庭与双亲完整家庭之间儿童孤独感的差异。

第四，家庭结构对儿童社会行为具有重要影响。这种影响主要表现在儿童利他行为与儿童交友行为方面。双亲缺位家庭中儿童的利他行为和交友行为均明显落后于双亲完整家庭。在控制了家庭社会经济地位变量后，双亲缺位家庭中儿童的利他行为与交友行为依然显著落后于双亲完整家庭。而在父母教育参与一致的情况下，双亲缺位家庭中儿童的利他行为与交友行为已经与双亲完整家庭无异。表明父母的教育参与机制能够解释双亲缺位家庭与双亲完整家庭之间儿童利他行为与交友行为的差异。

研究结果表明，"双系共同抚育"是儿童成长中最理想的形式，双亲完整家庭中的儿童在学业成就、心理健康和社会行为等方面的表现均明显优于双亲缺位家庭。因此，在儿童成长与发展的过程中，由父母儿童之间不同的居住形式所决定的家庭结构对儿童带来的各种影响理应引起社会的普遍关注。

第六章　家庭资本对儿童发展的影响

第一节　变量选取与模型选择

一、变量选取

（一）因变量

因变量的选择与第五章相同，即同时包含儿童学业成就、心理健康和社会行为三个方面。第一，儿童学业成就方面，选取了四年级下学期、五年级上学期两次期末的语文、数学和英语三科的平均成绩作为衡量儿童学业成就的主要指标。第二，儿童的心理健康包含儿童抑郁感、儿童孤独感和自我认同感，均为连续变量。三个指标均具有较高的信度，儿童抑郁感的 Cronbach α 系数为0.764，儿童孤独感的 Cronbach α 系数为0.846，儿童自我认同感的 Cronbach α 系数为0.805。第三，儿童社会行为。包含儿童的利他行为、出轨行为、自主行为、交友行为四个指标，且均为连续变量。儿童的利他行为、越轨行为、自主行为和交友行为量表均具有较高的信度，Cronbach α 系数均大于0.6。

（二）自变量

本文的核心解释变量是家庭资本，且包含了家庭经济资本、家庭社会资本、家庭文化资本三个变量，详细的指标操作方法可见第三章。

第一，家庭经济资本主要是父母能够用于提升子女学业、技能、才艺等方面的经济资源。本研究中选择了三个指标，一是基于家长报告的家庭课外读物支出，为连续变量。二是通过询问儿童一个月是否能够得到零用钱，该指标为二分类变量（1代表有，0代表没有）。三是通过间接询问家庭中是否拥有5万以上的大额存款，可以有效识别家庭经济状况（1 代表有，0 代表没有）。

第二，家庭社会资本作为父母与子女、社区、学校等所构成的社会关系网络的总和。进一步分为内部社会资本（父母与子女之间的互动关系）和外部社会资本（父母与外部的社会关系）。在本研究中，家庭内部资本包括亲子互动频率、家长教育参与和干预程度、家长对子女的鼓励行为三个指标构成。亲子互动频率指标是一个取值为"9—45"的连续变量，数字越大表示亲子互动频率越高。家长的教育参与和干预指标是一个取值为"3—15"的连续变量，数字越大表示家长的教育参与和干预程度越高。家长对子女的鼓励行为是一个取值为"6—30"的连续变量，数字越大表示家长对子女的鼓励行为程度越高。

家庭外部社会资本包括家长与班主任的熟悉程度、家长与教师之间的互动程度、家长与社区之间的互动三个指标。家长与班主任的熟悉程度是一个三分类变量（1 代表不熟悉，2 代表认识，3 代表熟悉）。家长与教师之间的互动程度是一个取值为"1—5"的次序变量，数字越大表明参加家长会的频率越高。家长与社区之间的互动通过是否参与社区活动来衡量，是一个二分类变量（1代表参加，0 代表不参加）。

家庭文化资本包括家庭的藏书数量、儿童的课外读物数量、家长是否重视学习三个指标。家庭的藏书数量通过询问家长"您家大约有多少本书？"来获取，儿童的课外读物数量通过询问儿童"除了教科书，你大约有多少本书？"来获取，两个指标均为连续变量。家长是否重视学习通过询问"父母是否重视你的学习？"获得，是一个二分类变量（1 代表重视，0 代表不重视）。

（三）控制变量

除以上家庭资本的变量以外，本研究还加入了其他可能影响儿童学业表现的家庭和儿童特征变量（如表 6-1）。这些变量具体如下：

儿童性别（男性＝1，女性＝0）为二分类变量。儿童年龄是取值为"10—16"的连续变量。儿童健康通过儿童自评健康来衡量，为取值为"1—5"之间的次序变量，数字越大表明儿童越健康。儿童是否与父母同住（是＝1，否＝0）为二分类变量。父母的受教育年限是指儿童家长的"受教育程度"，对应的选项为：没有受过任何教育、私塾、小学、初中、职业高中、普通高中、中专、技校、大学专科、大学本科、研究生及以上。根据各阶段对应的受教育年限进行赋值，获得一个取值为"0—16"之间的连续变量，数字越高表明父母的受教育程度越高。父母教育期望通过询问父母认为子女至少念到哪种教育程度，对应的选项共有小学、初中、高中（中专/职高）、大学及以上。根据各教育阶段对应的教育年限进行赋值，小学＝6，初中＝9，高中＝12，大学及以上＝16，得到一个取值区间为"6—16"年的连续变量。家长的职业通过询问家长"目前的职业类别"来获取，对应的选项有17个［1"单位领导/高级管理人员"、2"单位中层管理人员"、3"高级专业技术人员"、4"中级专业技术人员"、5"初级专业技术人员"、6"办事人员"、7"领班/组长/工头/监工"、8"服务人员"、9"私营业主"、10"个体经营（开店、经商、运输）"、11"个体（流动摊贩）"、12"技术工人"、13"体力工人/勤杂/工搬运工"、14"村委会或居委会负责人"、15"农林牧副渔劳动者"、16"自由职业者"、17"军人"］，将1—4、14、17归并为"管理或技术人员"，将5—8、12、13归并为"普通工人"，将9—11、16归并为"个体劳动者"，第15类为"在家务农者"，形成一个四分类变量。

除了以上变量以外，还控制了儿童同辈效应。本研究通过设置量表询问儿童是否拥有下列行为的好朋友，考察对儿童的积极影响（好朋友是否成绩优良、是否在心情不好时逗你开心、是否给你关怀和注意）和消极影响（是否逃课旷课和逃学、是否违反学校纪律被批评处分、是否打架、抽烟、喝酒或退学、鼓动不要听父母的话和做危险或父母不希望做的事）。每个问题对应三个选项（1"没有"，2"一到两个这样的"，3"三到五个这样的"），将消极的同辈数量题目进行反向转换以后与积极同辈数量相加，得到一个取值为"11—33"之间的连续变量，数字越大意味着同辈的积极影响越大。表6-1报告了本研究中所有变量的描述性统计结果。

此外，由于已有的研究表明，父母的教育参与和干预程度与学业之间可能会呈现出负向关系[1]，因此也引入"儿童的越轨行为"这一工具变量来检验其真实性。通过询问儿童"在即将过去的这个学期，你在学校对其他同学做过以下事情吗？"中对应的六个题目来衡量，题目主要包含是否给别人起绰号（嘲笑或骂别人）、打（踢、推、撞）其他同学、故意抢或者损坏别人东西、强迫别人做不喜欢的事、散布谣言或说别人坏话、故意排斥别人等，每道题目对应五个选项为（1"从来没有"，2"只有一两次"，3"一个月两到三次"，4"一周一次"，5"一周好几次"）。将每道题目的得分相加得到一个取值为"6—30"之间的连续变量，数字越大表明儿童拥有不良行为习惯越严重。

① 赵延东，洪岩璧. 社会资本与教育获得——网络资源与社会闭合的视角［J］. 社会学研究，2012，27（5）：47-69.

表 6-1 所有变量的描述性统计

变量	平均值	标准差	最小值	最大值
儿童学业成就				
儿童综合成绩	65.24	13.82	0	100
心理健康				
抑郁感	18.51	3.72	14	42
孤独感	16.36	6.47	10	50
自我认同感	23.58	5.05	6	30
社会行为				
利他行为	13.83	4.07	4	24
越轨行为	7.96	3.27	6	30
自主行为	29.61	6.00	7	42
交友行为	29.40	2.63	11	33
家庭经济资本				
儿童是否有零用钱（参照：否）	0.80	0.40	0	1
家庭课外读物支出	68.60	101.28	0	1000
家中有无大额存款（参照：无）	0.27	0.45	0	1
家庭社会资本（内部）				
亲子互动频率	22.40	8.07	9	45
家长教育参与和干预	9.90	3.37	3	15
家长鼓励行为	21.14	5.73	6	30
家庭社会资本（外部）				
家长参加家长会频率	3.75	1.25	1	5
家长社区活动参与（参照：否）	0.33	0.47	0	1
家长与班主任不熟悉（参照：认识）	0.17	0.38	0	1
家长与班主任熟悉（参照：认识）	0.35	0.48	0	1
家庭文化资本				
家庭藏书数量	3.43	1.23	1	5

变量	平均值	标准差	最小值	最大值
儿童课外书籍数量	3.03	1.12	1	4
家长是否重视学习	0.98	0.14	0	1
控制变量				
儿童性别（参照：女性）	0.50	0.50	0	1
儿童年龄	11.33	0.54	10	16
儿童健康	3.63	1.13	1	5
儿童否与父母同住（否）	0.69	0.46	0	1
父母受教育年限	7.60	3.42	0	16
父母教育期望	16.40	2.82	6	19
家长职业—管理与技术（务农）	0.63	0.24	0	1
家长职业—普通工人（务农）	0.39	0.49	0	1
家长职业—个体劳动者（务农）	0.28	0.45	0	1
同辈效应	29.13	2.04	11	33

二、模型选择

一般来说，影响儿童学业成就的因素既包括个体与家庭因素，也包括环境因素。所调查的学校均位于四川省金堂县，辖区内的学校期末成绩均采用同一套试卷，难度系数相同，无需对试卷进行标准化处理。此外，所调查学校均是义务教育较为均衡的学校，各校之间的教学设施、教学水平差异不大，也无需对学校层面进行效应的固定处理。基于此，鉴于本研究中因变量为连续型变量，故采用多元线性回归模型进行分析。基本的回归方程如下：

$$A = \beta_0 + \beta_1 S_1 + \beta_2 S_2 + \beta_3 S_3 + \beta_4 S_4 + \sum a_i X_i + \mu$$

其中，A 表示儿童学业成绩，S_1 表示家庭经济资本，S_2 表示家庭内部资本，S_3 表示家庭外部资本，S_4 表示家庭文化资本，X_i 表示其他控制变量，μ 表示误差项。

第二节　实证分析

一、家庭资本对儿童学业成就的影响

（一）简单回归模型的分析

在未加入控制变量前，基于 OLS 方法的家庭资本的基础回归显示，家庭经济资本、家庭内部社会资本、家庭外部社会资本和家庭文化资本都与学业成绩有显著的正向关系，分别可解释儿童学业成绩 4.9%、17.4%、12.3% 和 15.2% 的变异量（如表 6-2）。多元线性回归模型的整体检验的 F 值分别为 10.320（p=.000）、34.515（p=.000）、17.206（p=.000）和 29.293（p=.000），均在 0.001 的水平上显著。从社会资本的解释力来看，家庭社会资本的解释力最强，家庭文化资本次之，家庭经济资本的解释力相对较小。

家庭经济资本中家庭课外读物支出和家中是否有 5 万及以上大额存款两个指标的回归系数均为正，且分别在 0.01 和 0.001 的水平上显著，表明家庭课外读物支出较高、拥有大额存款的家庭中儿童的学业成绩表现更好。而儿童是否有零用钱这一指标的回归系数为正，但是并不显著，原因可能在于，部分经济条件较好的家庭出于严格管教子女的教育理念，不轻易给学生零用钱，而部分经济条件不是很好的家庭依然会给学生零用钱。因此，不管学业成绩好不好的儿童在零用钱方面可能无法有效反映学业成就的变化。

在家庭内部社会资本中的亲子互动和家长鼓励行为两个指标的回归系数为正，且分别在 0.01 和 0.001 的水平上显著。表明亲子互动有助于提高子女的学业成绩，在子女的生活和学习中家长越是鼓励，子女的学业成绩越好。教育参与和干预指标的回归系数为负数，虽然不在 0.05 的水平上显著，但是在 0.1 的水平上是显著的。意味着家长对于子女的教育参与和干预程度与子女的学业成绩之间具有负向的关系，即父母对于子女的学业干预越多，子女的学业成绩就越不好。

而在家庭外部社会资本中，参加家长会频率和与班主任不熟悉（认识）两个变量的回归系数分别在 0.001 和 0.05 的水平上显著。前者的系数为正，表明子女学业成绩越好的家长越是积极参加学校举办的家长会。而后者的回归系数

表6-2 基础回归

模型变量		模型1 β	t值	模型2 β	t值	模型3 β	t值	模型4 β	t值	模型5 β	t值
家庭经济资本	家庭课外支出	0.118**	2.968								
	儿童是否有零用钱（否）	0.065	1.616								
	家中有无大额存款（无）	0.172***	4.307								
家庭内部社会资本	亲子互动频率			0.121**	2.907			0.118**	2.811		
	教育参与和干预			-0.090+	-1.644			-0.129*	-2.410		
	家长鼓励行为			0.432***	7.797			0.377***	6.877		
家庭外部社会资本	参加家长会频率					0.319***	7.440	0.218***	5.034		
	社区活动参与（否）					-0.037	-0.870	-0.072+	-1.765		
	与班主任不熟悉（认识）					-0.113*	-2.500	-0.091*	-2.108		
	与班主任熟悉（认识）					-0.032	-0.705	-0.027	-0.647		
家庭文化资本	家庭藏书数量									0.144**	3.432
	课外书数量									0.317***	7.527
	家长是否重视学习									0.114**	2.709
控制变量		未控制		未控制		未控制		未控制		未控制	
模型摘要	F值	10.320***		34.515***		17.206***		20.994***		29.293***	
	R^2	0.049		0.174		0.123		0.232		0.152	

注：+ $p<0.10$；* $p<0.05$；** $p<0.01$；*** $p<0.001$，常数项的结果从略。

为负数，意味着相较于家长与班主任仅仅是认识的家庭而言，家长与班主任不熟悉的家庭中的孩子学业表现更差，家长与班主任老师之间的互动程度有助于提升子女的学业成绩。

若同时将家庭内部社会资本和家庭外部社会资本纳入模型，可以发现除"教育参与和干预"这一变量的回归系数已经在0.05的水平上显著，而与学业成绩的负向关系仍然不变。即除了"与班主任熟悉（认识）"这一虚拟变量外，其余所有变量的回归系数均在0.05的水平上显著。表明衡量家庭社会资本的变量与儿童学业成绩之间具有明显的正相关性。且相较于其他的家庭资本类型，家庭社会资本对于因变量儿童学业的变异量具有最大的解释力度（$R^2 = 23.2\%$）。

在家庭文化资本中，家庭藏书数量、课外书数量、家长是否重视学习三个变量的回归系数分别在0.01、0.001和0.01的水平上显著，且系数都为正数。表明家庭中藏书越是丰富、课外书数量越多、父母越是重视儿童学习的家庭，儿童的学业成绩表现也更好。

（二）阶层回归模型的分析

控制与学业有关的儿童人口和家庭变量之后，利用阶层回归分析方法，分别加入家庭经济资本、家庭社会资本和家庭文化资本所包含的变量。回归结果如表6-3所示。

模型1考察了包含父母社会背景、儿童同辈效应在内的各控制变量对于子女学业的影响。回归模型结果显示，控制变量中的变量一共可以解释儿童学业成就变量的16.2%的变异量。回归模型的整体检验的F值为9.176（$p=0.000$），在0.001的水平上显著。具体而言，儿童健康程度、是否与父母同住（否）、父母受教育年限、家长职业为个体劳动者（务农）、同辈效应的回归系数均达到显著。五个变量的标准化回归系数β值分别为0.074（$p<0.05$）、0.091（$p<0.05$）、0.122（$p<0.01$）、0.144（$p<0.01$）、0.314（$p<0.001$），均在0.05的水平上显著。由于β值均为正，回归结果表明，四个变量对于子女的综合成绩具有显著的正向关系。身体越健康的儿童综合学业成绩越高；与父母双亲同住的儿童综合学业成绩越好；父母的受教育年限越高的子女在学业中表现越优秀。相较于父母在家务农的儿童，父母职业为个体户的子女在学业中具有更好的表现。儿童结交的同辈朋友对儿童的学习具有很强的同辈效应，越是结交了积极的同辈（学习、思想、品行能够影响儿童），儿童的学业成绩表现越好。

表6-3　家庭资本对于儿童学业成就的影响

变量	模型1		模型2		模型3		模型4		模型5		模型6	
	β	t值	β	t值	β	t值	β	t值	β	t值	β	t值
家庭经济资本												
课外读物支出			0.072+	1.697	0.072+	1.786	0.069+	1.762	0.064	1.639	0.057	1.496
是否有零用钱			0.092*	2.191	0.080*	2.048	0.101**	2.648	0.112**	2.922	0.094*	2.503
家中有无大额存款			0.152***	3.606	0.118**	2.951	0.118**	3.048	0.122**	3.119	0.101**	2.652
家庭内部社会资本												
亲子互动频率					0.105**	2.619	0.107**	2.653	0.107**	2.675	0.095*	2.421
教育参与和干预					-0.159***	-3.024	-0.190***	-3.694	-0.192***	-3.709	-0.187***	-3.732
家长鼓励行为					0.373***	6.917	0.331***	6.256	0.319***	6.0294	0.307***	5.887
家庭外部社会资本												
参加家长会频率							0.194***	4.646	0.200***	4.764	0.174***	4.188
社区活动参与(否)							-0.098*	-2.527	-0.089*	-2.239	-0.079*	-2.029
与班主任不熟悉(认识)							-0.091*	-2.183	-0.072+	-1.701	-0.076+	-1.849
与班主任熟悉(认识)							-0.010	-0.248	-0.004	-0.094	-0.016	-0.388
家庭文化资本												
家庭藏书数量											0.091*	2.366
儿童课外书数量											0.160***	3.960
家长是否重视学习											0.060	1.528

续表

变量	模型1 β	模型1 t值	模型2 β	模型2 t值	模型3 β	模型3 t值	模型4 β	模型4 t值	模型5 β	模型5 t值	模型6 β	模型6 t值
工具变量												
越轨行为									-0.113**	-2.978		
控制变量												
性别	0.037	0.836	0.040	0.920	0.064	1.564	0.047	1.172	0.046	1.137	0.056	1.419
年龄	0.047	1.113	0.054	1.299	0.057	1.434	0.068+	1.785	0.057	1.501	0.066+	1.760
儿童健康程度	0.074*	1.731	0.079+	1.880	0.029	0.719	0.021	0.528	0.012	0.315	0.012	0.311
是否与父母同住（否）	0.091*	2.142	0.083*	1.990	0.068+	1.679	0.040	1.016	0.040	1.030	0.017	0.441
父母受教育年限	0.122**	2.853	0.102*	2.418	0.112**	2.798	0.122**	3.134	0.117**	3.013	0.095*	2.459
父母教育期望	0.044	1.014	0.048	1.130	0.041	1.011	0.039	1.006	0.033	0.860	0.037	0.971
父母职业（务农）												
管理或技术人员	0.001	0.011	-0.016	-0.349	-0.013	-0.315	0.016	0.385	0.020	0.479	0.023	0.571
普通工人	0.078	1.511	0.069	1.351	0.046	0.948	0.059	1.238	0.061	1.287	0.054	1.156
个体劳动者	0.144**	2.817	0.111*	2.180	0.101*	2.089	0.110*	2.348	0.117*	2.510	0.101*	2.210
同辈效应	0.314***	7.042	0.305***	6.966	0.234***	5.384	0.202***	4.702	0.182***	4.189	0.164***	3.858
F值	9.176***		9.050***		11.857***		11.808***		12.111***		11.883***	
R^2	0.162		0.200		0.288		0.337		0.351		0.372	
ΔF值	9.176***		7.394***		19.427***		8.558***		6.826**		8.547***	
ΔR^2	0.162		0.038		0.088		0.049		0.014		0.035	

注：+ $p<0.10$；* $p<0.05$；** $p<0.01$；*** $p<0.001$，常数项的结果略。

　　模型 2 在控制了相关变量后，加入了家庭经济资本，考察家庭经济资本对于调查地儿童学业成就的影响。从回归结果看，控制变量和家庭经济资本变量一共可以解释儿童学业成就 20% 的变异量，模型整体检验的 F 值在 0.001 的水平上显著。加入家庭经济资本变量后，回归模型的整体解释变异增加了 3.8%（ΔR^2），显著性改变的 ΔF 值等于 7.394，在 0.001 的水平上显著。具体而言，在测量家庭经济资本的指标中，家庭课外读物支出的回归系数 β 值为 0.072，仅在 0.1 的水平上显著。表明家庭课外读物支出与儿童的综合成绩之间具有微弱的正向关系。而是否有零用钱的回归系数为 0.092，且在 0.05 的水平上显著。即能够从父母处领到零花钱的儿童，学业表现也更加突出。一定程度上，儿童拥有的零花钱也可能通过购买学习用品从而部分转化为了儿童的教育资源，从而促进了儿童学业的进步。当然，如果儿童的学业表现较优，也更可能从父母那里获取作为学业奖励的零用钱。家庭中是否具有 5 万以上的大额存款，能够很好地反映出儿童的家庭经济状况，变量的回归系数在 0.001 的水平上显著。表明相较于家里没有大额存款的家庭，在拥有大额存款的家庭中儿童的学业表现更好。这一结论与稍早前的一项关于家庭资产建设对于儿童学业表现具有积极的效应的结论相吻合①。总之，经济状况更好的家庭，以及家庭用于提升子女学业方面的额外投入越高的家庭越能够有效促进儿童学业发展，即家庭经济资本对学业成就具有较强的解释和预测能力。

　　模型 3 继续加入了家庭内部社会资本变项，探讨家庭内部社会资本对于调查地区儿童学业成就的影响力。回归模型显示，加入此变量后 R^2 增加至 28.8%，表明增加家庭内部社会资本变量后对于儿童学业成就变异量的解释力增加了 8.8%（ΔR^2），显著性改变的 ΔF 值等于 19.427，且在 0.001 的水平上显著。一方面，加入家庭内部社会资本变量后，家庭经济资本的回归系数显示，家庭资本变量对儿童学业的解释力依然没有太大变化。对于家庭内部社会资本自身指标的影响而言，亲子互动频率和家长教育参与两个变量的回归系数 β 值为正，且都在 0.01 的水平上显著。但是，亲子互动频率的 β 值为正，说明父母与子女间的亲子互动对儿童的学业具有明显的促进作用。

　　而家长教育参与和干预变量的 β 值为负，表明家长对于子女教育的参与程度与儿童学业成就呈现出反向的因果关系，即成绩越差的儿童可能受到家长对

---

① 方舒，苏苗苗. 家庭资产建设对儿童学业表现的影响——基于 CFPS2016 数据的实证分析 [J]. 社会学评论，2019，7（2）：42-54.

学业的监督和干预更多[1]。而相关的研究表明在中国的场域中，青少年的学业成就与家长的指导和监督的负向选择结果在一定程度上确实存在，但是这种负向效应可能并不是特别明显[2]。而家长对于子女鼓励行为的回归系数 β 值也为正，且在 0.001 的水平上显著。表明在子女的学习过程中，来自父母的鼓励至关重要。从回归系数的大小看，家长的鼓励所产生的积极影响明显高出另外两个指标。综上而言，父母与子女互动程度越频繁，越是在生活或者学业中鼓励子女，子女的学业表现就越好。而家长在子女学业中，需要把握一个适当的"度"，过度参与和干预反而可能对子女的学业产生消极影响。总之家庭内部社会资本对于儿童学业成就具有显著的预测能力。这一结果显然印证了科尔曼所提出的社会资本理论在调查地的成功实践。

模型 4 继续加入家庭外部社会资本变项，探讨家庭外部社会资本对调查地儿童学业成就的影响。加入此变量后，回归模型的整体解释力提升了 4.9%（ΔR^2），R^2 达到 33.7%，显著性改变的 ΔF 值等于 8.558，在 0.001 的水平上显著。具体而言，参加家长会频率的回归系数 β 值（0.194）为正，且在 0.001 的水平上显著。表明家长积极参加家长会的家庭儿童学业成绩会更好，这显示出家长对于子女在校情况的关心程度的差异。而社区活动参与变量的回归系数 β 值（-0.091）为负，且在 0.05 的水平上显著。意味着相较于没有参与社区活动的家长，参与社区活动的家长的子女学业成绩表现不佳。即社区活动的参与并未转化为能够促进子女学业的社会资本，相反积极参与社区活动可能消减更多本可用于管理儿童学业或者增加亲子关系的时间，从而疏于对子女的有效监督。

"与班主任不熟悉（认识）"这一虚拟变量的回归系数 β 值为负，且在 0.05 的水平上显著。表明相对于家长与班主任仅仅是认识或的家庭中的儿童，家长与班主任不熟悉的家庭中的儿童学业表现可能更差。但值得注意的是，"与班主任熟悉（认识）"这一虚拟变量的回归系数也为负，即与班主任的熟悉程度不但没有增加子女的学业成绩，反而产生了不良的影响。事实上，这也是非常容易理解的，与班主任毫无联系或不熟悉的家长表明并不关心子女在校的学业情况，从侧面说明家长并不关心子女的学业发展，这样不闻不问、漠不关心的教养态度当然会对子女的学业产生消极的影响。相反，与家长比较熟悉的家

---

① SUN Y. The academic success of East-Asian-American students—An investment model [J]. Social Science Research, 1998, 27 (4): 432-456.

② 田丰, 静永超. 家庭阶层地位、社会资本与青少年学业表现 [J]. 复旦学报（社会科学版）, 2018, 60 (6): 190-200.

长可能由于孩子的学习成绩不好，而经常被老师"打扰"或"个别谈话"，长此以往双方频繁的沟通与互动就让这部分家长与班主任熟悉。学业成绩较好的儿童的家长则受惠于子女的成绩而"免受打扰"，双方的互动保持在适度水平。综上所述，积极参与家长会、与班主任老师保持适当的互动与儿童学业之间表现出显著的正向关系，表明家庭外部社会资本能够对子女的学业成绩产生显著的影响。这一结论同样支持了科尔曼的社会资本理论在调查地的成功实践。

模型 5 为了验证教育参与和干预与儿童学业成绩之间的负向关系。由于在模型 4 中加入外部社会资本变量以后，"家长教育参与和干预"这一变量的回归系数反而提高了，说明这一变量与儿童学业之间的负向关系较为稳定。为了检验这种现象是不是由学业成就更差的儿童可能更加引起家长的参与和干预的程度所引起？因此，单独加入了儿童"越轨行为"这一工具变量。回归结果显示，儿童在学校的行为习惯与儿童的学业表现之间有着明显的负向关系。即越是在越轨行为方面表现更加严重的儿童，在学业成绩方面也表现得更差。在将"越轨行为"这一工具变量引入模型后，发现家长教育参与和干预变量对于儿童学业的消极效应反而增强了（β 值仅由 - 0.190 变为 - 0.192），回归系数依然在 0.001 的水平上显著，而回归模型的解释力提高了。由此可见，家长在教育中的参与和干预对于子女学业成绩的负面影响具有稳定性。家长对于儿童教育的参与和干预对学业成绩所产生的消极影响，并不能完全由"负向选择"理论来进行解释。值得注意的是，调查地所呈现出的这种现象与早前的一项研究中得到的结论大致类似①。

模型 6 继续加入家庭文化资本这一变项，考察家庭文化资本对于调查地儿童学业的影响。加入此变量后，回归模型的整体解释力提升了 3.5%（ΔR^2），所有变量共同解释了儿童学业 37.2% 的变异，显著性改变的 ΔF 值等于 8.547，在 0.001 的水平上显著。"家庭藏书数量"和"儿童课外书数量"两个变量的回归系数 β 值均为正数，"家庭藏书数量"的回归系数在 0.05 的水平上显著，而"儿童课外书数量"的回归系数则在 0.001 的水平上显著。表明家庭藏书越多、儿童的课外书籍拥有量越多的儿童学业表现更优，而儿童拥有的课外书数量更能有效反映出家长对于提升或扩展儿童学业方面的重视程度，具有最为显著的影响。家长是否重视儿童学习这一变量的回归系数并不在 0.05 的水平上显著。总的来看，家庭文化资本对于子女学业成绩来说同样具有显著的正向影响。

---

① 赵延东，洪岩璧. 社会资本与教育获得——网络资源与社会闭合的视角 [J]. 社会学研究，2012，27（5）：47-69.

综上所述，在控制了与儿童相关的部分变量后，家庭资本对于儿童学业成就具有显著的解释力。其中，家庭社会资本（内部和外部）在四种家庭资本中具有最强的解释力，而家庭文化资本和家庭经济资本的解释力则相对较弱。一方面，上述结论进一步证实了在农村地区，家庭社会资本在儿童学业进步中依然具有不可替代的促进作用，这有力地支持了科尔曼的社会资本理论在中国农村地区实践中的正确性。而在此前专门针对中国农村地区的家庭社会资本的研究中，家庭社会资本对于小学阶段儿童学业成绩具有正向影响这一假说并未得到证实①。另一方面，家庭经济资本对于农村地区的儿童的影响并未表现得突出。而这一结论与李忠路、邱泽奇（2016）在针对家庭背景与儿童学业成就之间的关系研究中的发现较为一致，即家庭的经济地位对于儿童学业的影响具有显著的城乡差异。在城市地区，社会经济地位对儿童学业成就的影响明显大于农村地区的儿童。在农村地区，儿童的学业成绩表现如何更多地取决于自身的努力程度和自觉行为②。

（三）家庭资本影响的性别差异

除此之外，不同性别的学业成绩差异是否一定程度上由不同类型的家庭资本决定？因此，有必要关注不同性别的儿童，其家庭资本的影响效果和机制是否具有差异。在检验过程中，以性别为依据在对控制变量进行控制后进行分样本的回归。由于因变量属于连续性变量，为了方便比较，所使用的回归模型依然采用多元线性回归模型，相应的结果如表6-4所示。

在下表的第（1）列至第（8）列，以儿童的学业综合成绩作为因变量以性别为区分进行分样本的回归，其中第（1）列至第（4）列为男性儿童样本，第（5）列至第（8）列为女性儿童样本。第（1）、（2）、（3）列和（5）、（6）、（7）列分别以家庭经济资本、家庭社会资本和家庭文化资本作为核心的自变量对于男性儿童和女性儿童学业成就的影响差异，第（4）和第（8）列将四种家庭资本类型全部纳入回归模型，考察家庭资本的综合效应。所有的回归模型中，都加入了影响儿童学业成就的相关控制变量。

---

① 李晓晗，郑磊. 社会资本起作用吗？——农村家庭的代际闭合与儿童学业表现［J］. 教育学报，2016，12（3）：45-53.

② 李忠路，邱泽奇. 家庭背景如何影响儿童学业成就？——义务教育阶段家庭社会经济地位影响差异分析［J］. 社会学研究，2016，31（4）：121-144.

表6-4 家庭资本对不同性别儿童的影响差异

变量	男性儿童				女性儿童			
	(1)	(2)	(3)	(4)	(5)	(6)	(7)	(8)
课外读物支出	0.070 (1.132)			0.089 (1.618)	0.065 (1.575)			0.035 (0.643)
是否有零用钱	0.034 (0.562)			0.066 (1.240)	0.162** (2.750)			0.150** (2.675)
家中有无大额存款	0.184** (2.973)			0.128* (2.253)	0.097 (1.623)			0.083 (1.506)
亲子互动频率		0.130* (2.184)		0.094 (1.670)		0.081 (1.374)		0.053 (0.913)
教育参与和干预		-0.233** (-3.137)		-0.253*** (-3.571)		-0.113 (-1.471)		-0.104 (-1.392)
家长鼓励行为		0.393*** (5.179)		0.358*** (4.928)		0.260** (3.280)		0.221** (2.834)
参加家长会频率		0.137* (2.278)		0.154** (2.707)		0.263*** (4.154)		0.237*** (3.723)
社区活动参与（否）		-0.076 (-1.345)		-0.071 (-1.313)		-0.098+ (-1.712)		-0.096+ (-1.720)

续表

变量	男性儿童				女性儿童			
	(1)	(2)	(3)	(4)	(5)	(6)	(7)	(8)
与班主任熟悉程度（认识）								
与班主任不熟悉		-0.121* (-1.987)		-0.113⁺ (-1.948)		-0.037 (-0.609)		-0.040 (-0.666)
与班主任熟悉		-0.025 (-0.418)		-0.056 (-0.992)		0.038 (0.633)		0.020 (0.346)
家庭藏书数量			0.169** (2.815)	0.176** (3.188)			0.063 (1.073)	0.006 (0.106)
儿童课外书数量			0.250*** (4.109)	0.177** (3.095)			0.276*** (4.467)	0.171** (2.836)
家长是否重视学习			0.115⁺ (1.911)	0.082 (1.458)			0.063 (1.093)	0.022 (0.399)
控制变量	已控制	已控制	已控制	已控制	已控制	已控制	已控制	已控制
F值	4.930***	6.878***	6.784***	7.230	5.231***	6.759***	6.547***	6.244***
R^2	0.204	0.327	0.261	0.419	0.210	0.318	0.250	0.378
N	244	244	244	244	249	249	249	249

注：$^+ p<0.10$; $^* p<0.05$; $^{**} p<0.01$; $^{***} p<0.001$，常数项的结果略。

第（1）列的回归结果显示，衡量家庭经济资本中的家庭中有大额存款的虚拟变量的回归系数在 0.01 的水平上显著。即对于男性儿童而言，家庭中有大额存款与儿童学业成绩具有显著的正相关关系。而家庭课外读物支出、儿童是否有零用钱这两个变量的回归系数并不显著，对男性儿童的成绩没有显著影响。而在女性儿童的样本回归中，第（5）列的回归结果显示，仅有儿童是否有零用钱这一虚拟变量的回归系数在 0.05 的水平上显著。表明对于女性儿童来说，能收到家长的零用钱与她们的学业成绩具有显著的正相关关系。表明较好的家庭经济条件能有效促进男性儿童的学业，而在用于扩展儿童学业的资源支出方面与男性成绩的好坏关系不大，单是零用钱的支出则对于女性儿童具有显著影响。

第（2）列的回归结果显示，衡量家庭内部社会资本中的亲子互动频率、教育参与和干预、家长鼓励行为三个变量的回归系数均在 0.05 的水平上显著。衡量家庭外部社会资本中的参加家长会频率、与班主任不熟悉（认识）虚拟变量的回归系数也分别在 0.05 和 0.1 的水平上显著。而第（6）列的回归结果显示，在衡量家庭内部社会资本的三个指标中，仅有家长鼓励行为变量的回归系数在 0.05 的水平上显著。而在衡量家庭外部社会资本中，参加家长会频率、社区活动参与（否）两个变量的回归系数也分别在 0.05 和 0.1 的水平上显著。

即对于男性儿童而言，亲子互动频率和家长鼓励行为与儿童学业成绩之间具有显著的正相关关系。教育参与和干预则与儿童学业成绩之间具有显著的负相关关系。相对于男性而言，亲子互动频率、教育参与和干预两个指标并没有对女性儿童产生明显的影响。而仅有家长鼓励行为这一指标与女性儿童学业成绩呈现出显著的正相关关系。因此，可以看出对于男性儿童的学业监督与管理上，家长应该以鼓励行为为主，而不宜过分干预，否则可能适得其反。

而在家庭外部社会资本的影响差异上，参加家长会频率均与男性和女性儿童的成绩呈现正相关关系，表明家长参加家长会频率对于两性儿童学业成绩均有显著的促进作用。男性儿童的成绩与家长是否参加社区活动没有显著的关系，而显然对于女性儿童的成绩产生了微弱的负面效果（回归系数在 0.1 的水平上显著）。家长与班主任的熟悉程度并未影响女性儿童的学业成就。但是，相对于家长认识班主任的儿童来说，家长与班主任完全陌生或没有来往的男性儿童成绩明显受到了负面的影响效果。

第（3）列的回归结果显示，在男性儿童样本中衡量家庭文化资本的家庭藏书数量、儿童课外书数量两个指标的回归系数均在 0.05 的水平上显著，而家长重视学习（否）这一虚拟变量的回归系数则在 0.1 的水平上显著。而第（7）列的回归结果表明，在女性儿童的样本中，仅有儿童课外书数量一个指标的回归系数在 0.001 的水平上显著，其余两个指标在统计意义上不具有显著性，意味着儿童课外书拥有数量与男性和女性儿童的学业成绩均具有正向的因果关系。而家庭藏书数量能够显著影响男性儿童的成绩，家庭藏书量越多越能够促进男性儿童的学业成绩。但是，家庭藏书数量却与女性儿童的成绩没有显著关系。此外，家长是否重视学习，对于女性儿童的成绩并没有多大影响，却能够微弱地影响男性儿童的成绩，家长越是重视学习，男性儿童的学业成绩就越好。

在将所有家庭资本的变量全部纳入模型以后，家庭经济资本中各变量的回归系数均有所减弱，但仍不改变其显著性。在家庭社会资本的指标中，教育参与和干预的回归系数在男性儿童样本中反而升高了，表明家长对于男性儿童的管教和干预的负面效应具有较高的稳定性。参加家长会频率在男性儿童样本中的回归系数同样出现了提高的现象。亲子互动频率的回归系数已不再具有统计意义上的显著性。家庭文化资本中，家长是否重视学习在男性儿童中的系数已经不显著，其他变量的显著性不变。

二、家庭资本对儿童心理健康的影响

本部分依然采用阶层回归方法分别考察家庭经济资本、家庭社会资本和家庭文化资本对心理健康状况的影响（如表 6-5）。模型 1—模型 4 考察不同家庭资本类型对于儿童抑郁感的影响，模型 5—模型 8 考察不同家庭资本类型对于儿童孤独感的影响，模型 9—模型 12 考察不同家庭资本类型对于儿童自我认同感的影响。具体的回归结果如下：

（一）家庭资本对儿童抑郁感的影响

模型 1 考察了控制变量对于儿童抑郁感的影响。回归结果显示，控制变量中的变量一共可以解释儿童抑郁感变量 17.9% 的变异量，模型整体检验的 F 值为 10.870（p=0.000），在 0.001 的水平上显著。具体而言，儿童健康程度、同辈效应两个变量的回归系数在 0.001 的水平上显著，而父母教育期望在 0.10 的水平上显著。三个变量的回归系数均为负数，表明儿童的健康程度、同辈效应与儿童的抑郁感具有显著的负向关系，而父母的教育期望与儿童抑郁感具有微弱的负向关系。具体来说，身体越健康的儿童抑郁感会越低，与积极健康的同学交往越密切的儿童抑郁感越低。父母对于子女的教育期望年限越高的儿童抑郁感也会更低。

表6-5 家庭资本对儿童心理健康的影响

变量	儿童抑郁感 模型1 β(t值)	模型2 β(t值)	模型3 β(t值)	模型4 β(t值)	儿童孤独感 模型5 β(t值)	模型6 β(t值)	模型7 β(t值)	模型8 β(t值)	儿童自我认同感 模型9 β(t值)	模型10 β(t值)	模型11 β(t值)	模型12 β(t值)
家庭经济资本												
课外读物支出		-0.001 (-0.026)	0.006 (0.138)	0.002 (0.051)		0.061 (1.424)	0.065 (1.615)	0.061 (1.537)		-0.002 (-0.046)	-0.009 (-0.215)	-0.007 (-0.169)
是否有零用钱		-0.089* (-2.161)	-0.100* (-2.518)	-0.107** (-2.742)		-0.071+ (-1.675)	-0.071+ (-1.793)	-0.075+ (-1.891)		0.046 (1.075)	0.055 (1.387)	0.060 (1.519)
是否大额存款(否)		-0.026 (-0.630)	0.005 (0.133)	0.001 (0.023)		-0.091* (-2.142)	-0.048 (-1.196)	-0.047 (-1.156)		0.103* (2.403)	0.064 (1.582)	0.067+ (1.713)
家庭社会资本												
亲子互动频率			-0.041 (-0.977)	-0.040 (-0.967)			-0.029 (-0.691)	-0.026 (-0.633)			-0.020 (-0.470)	-0.022 (-0.527)
父母教育干预			-0.086+ (-1.648)	-0.087+ (-1.675)			-0.064 (-1.204)	-0.060 (-1.144)			0.019 (0.350)	0.021 (0.393)
家长鼓励行为			-0.209*** (-3.832)	-0.183** (-3.353)			-0.302*** (-5.489)	-0.279*** (-5.055)			0.320*** (5.816)	0.296*** (5.358)

续表

变量	儿童抑郁感				儿童孤独感				儿童自我认同感			
	模型 1	模型 2	模型 3	模型 4	模型 5	模型 6	模型 7	模型 8	模型 9	模型 10	模型 11	模型 12
	β（t 值）	β（t 值）	β（t 值）	β（t 值）	β（t 值）	β（t 值）	β（t 值）	β（t 值）	β（t 值）	β（t 值）	β（t 值）	β（t 值）
参加家长会频率			-0.029 (-0.662)	-0.039 (-0.907)			-0.029 (-0.667)	-0.034 (-0.771)			0.100* (2.298)	0.106* (2.430)
社区活动参与（否）			0.085* (2.121)	0.067+ (1.670)			0.031 (0.752)	0.015 (0.375)			-0.058 (-1.433)	-0.042 (-1.022)
与班主任熟悉程度（认识）												
与班主任不熟悉			0.116** (2.705)	0.113** (2.662)			0.032 (0.740)	0.025 (0.569)			-0.064 (-1.482)	-0.060 (-1.384)
与班主任熟悉			0.026 (0.619)	0.030 (0.732)			-0.036 (-0.850)	-0.037 (-0.876)			0.043 (1.011)	0.039 (0.915)
家庭文化资本												
家庭藏书数量				0.021 (0.538)				0.064 (1.573)				-0.012 (-0.297)
儿童课外书数量				0.004 (0.087)				-0.055 (-1.307)				0.022 (0.510)

续表

变量	儿童抑郁感								儿童孤独感								儿童自我认同感							
	模型 1		模型 2		模型 3		模型 4		模型 5		模型 6		模型 7		模型 8		模型 9		模型 10		模型 11		模型 12	
	β	(t值)	β	(t值)	β	(t值)	β	(t值)	β	(t值)	β	(t值)	β	(t值)	β	(t值)	β	(t值)	β	(t值)	β	(t值)	β	(t值)
家长是否重视学习							-0.152***	(-3.762)							-0.093*	(-2.264)							0.124**	(3.034)
控制变量																								
性别	0.002	(0.057)	-0.003	(-0.080)	-0.017	(-0.421)	-0.030	(-0.740)	-0.078+	(-1.774)	-0.079+	(-1.812)	-0.096*	(-2.295)	-0.106*	(-2.548)	0.056	(1.262)	0.055	(1.238)	0.061	(1.450)	0.072+	(1.723)
年龄	-0.018	(-0.430)	-0.023	(-0.552)	-0.030	(-0.771)	-0.036	(-0.932)	0.009	(0.210)	0.002	(0.054)	-0.005	(-0.134)	-0.006	(-0.147)	0.012	(0.283)	0.018	(0.416)	0.027	(0.686)	0.031	(0.793)
儿童健康程度	-0.305***	(-7.422)	-0.303***	(-7.371)	-0.246***	(-6.157)	-0.237***	(-5.967)	-0.196***	(-4.649)	-0.200***	(-4.764)	-0.133**	(-3.306)	-0.127**	(-3.161)	0.245***	(5.760)	0.249***	(5.866)	0.182***	(4.500)	0.173***	(4.303)
是否与父母同住(否)	-0.052	(-1.271)	-0.053	(-1.272)	0.008	(0.189)	0.026	(0.629)	-0.094*	(-2.213)	-0.098*	(-2.329)	-0.048	(-1.177)	-0.037	(-0.893)	-0.024	(-0.574)	-0.025	(-0.592)	-0.078+	(-1.914)	-0.095*	(-2.311)
父母受教育年限	-0.040	(-0.953)	-0.035	(-0.832)	-0.041	(-1.019)	-0.045	(-1.124)	-0.068	(-1.591)	-0.066	(-1.548)	-0.067+	(-1.665)	-0.073+	(-1.786)	0.052	(1.205)	0.042	(0.979)	0.049	(1.216)	0.049	(1.216)
父母教育期望	-0.069+	(-1.657)	-0.066	(-1.585)	-0.048	(-1.194)	-0.034	(-0.844)	-0.122**	(-2.851)	-0.130**	(-3.036)	-0.110**	(-2.730)	-0.108**	(-2.679)	0.003	(0.067)	0.009	(0.211)	-0.010	(-0.245)	-0.021	(-0.509)

变量	儿童抑郁感								儿童孤独感								儿童自我认同感							
	模型1		模型2		模型3		模型4		模型5		模型6		模型7		模型8		模型9		模型10		模型11		模型12	
	β	(t值)	β	(t值)	β	(t值)	β	(t值)	β	(t值)	β	(t值)	β	(t值)	β	(t值)	β	(t值)	β	(t值)	β	(t值)	β	(t值)
父母职业类别(在家务农)																								
管理或技术	-0.019	(-0.430)	-0.017	(-0.378)	-0.018	(-0.423)	-0.014	(-0.322)	-0.007	(-0.150)	-0.009	(-0.195)	-0.013	(-0.302)	-0.008	(-0.183)	-0.064	(-1.407)	-0.070	(-1.522)	-0.051	(-1.191)	-0.055	(-1.272)
普通工人	-0.034	(-0.686)	-0.038	(-0.747)	-0.016	(-0.322)	-0.006	(-0.129)	-0.007	(-0.139)	-0.013	(-0.248)	0.019	(0.387)	0.023	(0.474)	0.022	(0.420)	0.020	(0.380)	-0.009	(-0.187)	-0.017	(-0.343)
个体劳动者	-0.012	(-0.248)	-0.005	(-0.103)	0.013	(0.270)	0.013	(0.277)	0.046	(0.900)	0.061	(1.199)	0.075	(1.570)	0.078	(1.626)	0.081	(1.587)	0.062	(1.202)	0.053	(1.093)	0.051	(1.074)
同辈效应	-0.240^{***}	(-5.567)	-0.241^{***}	(-5.581)	-0.143^{**}	(-3.250)	-0.138^{**}	(-3.143)	-0.223^{***}	(-5.041)	-0.221^{***}	(-5.013)	-0.108^{*}	(-2.443)	-0.099^{*}	(-2.228)	0.184^{***}	(4.123)	0.178^{***}	(4.001)	0.052	(1.179)	0.044	(0.995)
F值	10.870^{***}		8.814^{***}		9.305^{***}		8.922^{***}		7.689^{***}		6.743^{***}		8.770^{***}		8.156^{***}		6.881^{***}		5.910^{***}		8.743^{***}		8.140^{***}	
R^2	0.179		0.188		0.276		0.298		0.134		0.151		0.265		0.279		0.122		0.135		0.264		0.279	
ΔF值			1.789		8.481^{***}		4.884^{**}				3.246^{*}		10.795^{***}		3.251^{*}				2.469^{+}		12.254^{***}		3.299^{*}	
ΔR^2			0.009		0.088		0.021				0.017		0.114		0.015				0.013		0.130		0.015	

注：$^{+}p<0.10$；$^{*}p<0.05$；$^{**}p<0.01$；$^{***}p<0.001$，常数项的结果略。

　　模型 2 在模型 1 的基础上加入了衡量家庭经济资本的变量，考察家庭经济资本对于调查地儿童抑郁感的影响。回归结果表明，控制变量和家庭经济资本变量一共可以解释儿童抑郁感 18.8% 的变异量，模型整体检验的 F 值在 0.001 的水平上显著。加入家庭经济资本变量后，回归模型的整体解释变异仅增加了 0.9%（ΔR^2），显著性改变的 ΔF 值并不显著。在测量家庭经济资本的指标中，仅有儿童是否有零用钱变量的回归系数在 0.05 的水平上显著。可以看出，与没有从父母那里得到零用钱的儿童相比，从父母那里得到零用钱的儿童抑郁感会更低。总体上，家庭经济资本对儿童抑郁感不具有较强的解释和预测能力。

　　模型 3 在模型 2 的基础上继续加入家庭社会资本变量，探讨家庭社会资本（内部社会资本和外部社会资本）对于儿童抑郁感的影响力。回归模型显示，加入此变量后 R^2 增加至 27.6%，表明增加家庭社会资本变量后对于儿童抑郁感变异量的解释力增加了 8.8%（ΔR^2），显著性改变的 ΔF 值等于 8.481，且在 0.001 的水平上显著。一方面，在加入家庭社会资本变量后，家庭经济资本中的"是否有零用钱"变量的回归系数在模型 2 基础上有明显的提升，显示出从父母处获得零用钱能够显著地抑制儿童的抑郁感。另一方面，对于家庭社会资本自身的影响而言，家长鼓励行为、与班主任不熟悉（认识）、社区活动参与三个变量的回归系数在 0.05 的水平上显著。其中，家长鼓励行为回归系数为负，表明如果父母在生活或者学业中缺乏对子女的鼓励，那子女的抑郁感水平就会表现得更高。后两个变量的回归系数为正，表示相比于那些父母与班主任认识的儿童而言，父母与班主任不熟悉的儿童的抑郁感会更高。而父母的社区活动参与不但无助于消除子女的抑郁感，反而增加了子女的抑郁感。一个可能的原因在于，那些热衷于社区活动参与的父母，反而疏于对子女的教育监督与管理，以及心理健康的变化关怀，从而一定程度上冷落了子女。此外，父母教育干预变量的回归系数（负数）在 0.10 的水平上显著，表明受到父母更多的教育参与或干预的儿童尽管在学业上会产生显著的负面影响，但是在抑制儿童的抑郁感方面却具有明显的效果。其余的变量则不具有统计意义上的显著性。家长鼓励行为、父母教育干预归属家庭内部资本，而父母社区活动参与、与班主任的熟悉程度则归属家庭外部资本，可以看出家庭社会资本对儿童的抑郁感具有重要的影响。

　　模型 4 则在模型 3 的基础上加入家庭文化资本变量，考察家庭文化资本对儿童抑郁感的影响力。加入此变量后，回归模型的整体解释力提升了 2.1%（ΔR^2），所有变量共同解释了儿童学业 29.8% 的变异，显著性改变的 ΔF 值等于 4.884，在 0.01 的水平上显著。一方面，在加入家庭文化资本变量后，家庭经济资本中的"是否有零用钱"变量的回归系数在模型 3 基础上明显提升，可以看出，从父母处获得零用钱对于在抑制儿童抑郁感中的显著作用具有稳健性。另一方面，加入文化资本变量后，家庭社会资本变量的回归系数并无明显的变化。仅有父母是否参与社区活动变量的回归系数下降较为明显，降至仅在 0.10 的水平上显著。在家庭文化资本变量中，家长是否重视学习变量的回归系数为 -0.152，且在 0.001 的水平上显著。表明与那些学习上不受父母重视的儿童相比，学业上受父母重视的儿童的抑郁感更低。而其余变量的回归系数不具有统计意义上的显著性。总体来看，尽管家庭文化资本对于儿童抑郁感的影响并不像家庭社会资本那样大，但是依然具有显著的影响。

综上所述，在控制了影响儿童抑郁感的相关变量后，不同家庭资本类型对于儿童抑郁感具有不同的解释力。其中，家庭经济资本对儿童抑郁感不具有显著的解释力，家庭社会资本（内部和外部）具有最强的解释力，家庭文化资本的解释力则相对较弱。上述结论证实了在调查的农村地区，家庭社会资本对儿童心理健康中的抑郁感方面具有重要的影响。

（二）家庭资本对儿童孤独感的影响

模型 5 考察了控制变量对于儿童孤独感的影响。回归结果显示，控制变量中的变量一共可以解释儿童孤独感 13.4% 的变异量，模型整体检验的 F 值为 7.689（p=0.000），在 0.001 的水平上显著。具体来看，儿童健康程度、是否与父母同住、父母教育期望、同辈效应四个变量的回归系数为负数，且在 0.05 的水平上显著。性别变量的回归系数也为负数，仅在 0.10 的水平上显著。可以看出，一是身体越健康的儿童孤独感越低。二是与父母双方共同居住的儿童孤独感明显低于仅与父母一方居住或不与父母任何一方居住的儿童。三是父母对于子女的教育期望年限高的儿童孤独感也会越低。四是交往积极健康的同辈越多的儿童孤独感越低。五是男性儿童的孤独感低于女性儿童。

模型 6 在模型 5 的基础上加入了衡量家庭经济资本变量，考察家庭经济资本对于儿童孤独感的影响。回归结果表明，控制变量和家庭经济资本变量一共可以解释儿童孤独感 15.1% 的变异量，模型整体检验的 F 值在 0.001 的水平上显著。加入家庭经济资本变量后，回归模型的整体解释变异仅增加了 1.7%（ΔR^2），显著性改变的 ΔF 值在 0.05 的水平上显著。在测量家庭经济资本的指标中，家庭是否有大额存款、是否有零用钱两个变量的回归系数（均为负数）分别在 0.05 和 0.1 的水平上显著。可以看出，在拥有 5 万及以上大额存款的家庭中生活的儿童孤独感显著低于家庭中没有大额存款的儿童。此外，从父母那里得到零用钱的儿童孤独感也低于没有从父母那里得到零用钱的儿童。总体上，家庭经济资本对儿童孤独感的变异具有显著的解释力。

模型7在模型6的基础上加入家庭社会资本变量，探讨家庭社会资本（内部社会资本和外部社会资本）对于儿童孤独感的影响力。回归结果显示，加入此变量后 R^2 增加至 26.5%，即增加家庭社会资本变量后对于儿童孤独感变异量的解释力增加了 11.4%（ΔR^2），显著性改变的 ΔF 值等于 10.795，且在 0.001 的水平上显著。一方面，在加入家庭社会资本变量后，家庭经济资本中是否有大额存款变量的回归系数明显下降，且已不具有统计意义上的显著性。而是否有零用钱变量的回归系数维持不变。可以看出，不同家庭经济状况下儿童的孤独感的显著差异很大程度上是由社会资本的缺失造成的，通过增加家庭社会资本可以消除这种差异。另一方面，对于家庭社会资本自身的影响而言，仅有家长鼓励行为这一变量的回归系数（负数）在 0.001 的水平上显著。但是，这一变量的回归系数高达 -0.302，表明父母对于子女的鼓励能够显著抑制他们的孤独感，如果父母在生活或者学业中缺乏对子女的鼓励，那子女的孤独感水平就会表现得更高。其余变量的回归系数则不具有统计意义上的显著性。可见，家庭社会资本对儿童孤独感的显著影响主要是通过父母对子女的教育和生活中的鼓励行为来实现的。

模型8则在模型7的基础上加入家庭文化资本变量，考察家庭文化资本对儿童孤独感的影响力。加入此变量后，回归模型的整体解释力提升了 1.5%（ΔR^2），所有变量共同解释了孤独感 27.9% 的变异，显著性改变的 ΔF 值等于 3.251，在 0.05 的水平上显著。一方面，衡量家庭经济资本变量的回归系数仍与模型7一致，几乎没有变化。表明，在家庭社会资本与家庭文化资本一致的条件下，家庭经济资本对儿童孤独感的影响已经不再明显。另一方面，与模型7相比，模型8中家庭社会资本变量的回归系数同样没有明显的变化。在家庭文化资本变量中，家长是否重视学习变量的回归系数在 0.05 的水平上显著。父母更加重视子女学习的儿童孤独感明显低于那些学习不受父母重视的儿童。总体来看，家庭文化资本对于儿童孤独感的显著影响主要是通过父母对子女学习的重视程度来实现的。但是家庭文化资本对儿童孤独感的影响明显低于家庭社会资本。

综上所述，在控制了影响儿童孤独感的相关变量后，不同家庭资本类型对于儿童孤独感具有不同的解释力。其中，家庭经济资本对儿童孤独感具有显著的影响，但是这种影响可以通过增加家庭社会资本来消除。而家庭社会资本具有最强的解释力，这主要体现在父母对儿童的鼓励行为上。在家庭经济资本和社会资本一致的情况下，家庭文化资本对儿童的孤独感也具有显著的影响，但是影响效应明显低于家庭社会资本。上述结论表明，在调查地，家庭社会资本对儿童心理健康中的孤独感方面具有重要的影响。

（三）家庭资本对儿童自我认同感的影响

模型 9 考察了控制变量对于儿童自我认同感的影响。回归结果显示，控制变量一共可以解释儿童自我认同感变量 12.2% 的变异量，模型的整体检验的 F 值为 6.881（p = 0.000），在 0.001 的水平上显著。具体而言，儿童健康程度、同辈效应两个变量的回归系数在 0.001 的水平上显著。两个变量的回归系数均为正数，表明身体越健康的儿童自我认同感越高，交往积极健康的同辈越多的儿童自我认同感越高。

模型 10 在模型 9 的基础上加入了衡量家庭经济资本的变量，考察家庭经济资本对于儿童自我认同感的影响。回归结果表明，控制变量和家庭经济资本变量一共可以解释儿童自我认同感 13.5% 的变异量，模型整体检验的 F 值在 0.001 的水平上显著。加入家庭经济资本变量后，回归模型的整体解释变异仅增加了 1.3%（ΔR^2），显著性改变的 ΔF 值仅在 0.10 的水平上显著。在测量家庭经济资本的指标中，仅有家中是否有大额存款变量的回归系数在 0.05 的水平上显著。可以看出，在拥有 5 万及以上大额存款的家庭中生活的儿童自我认同感显著高于家庭中没有大额存款的儿童。综合来看，家庭经济资本对于儿童的自我认同感具有微弱的影响。

模型 11 在模型 10 的基础上继续加入家庭社会资本变量，探讨家庭社会资本（内部社会资本和外部社会资本）对于儿童自我认同感的影响力。回归模型显示，加入此变量后 R^2 增加至 26.4%，表明增加家庭社会资本变量后对于儿童自我认同感变异量的解释力增加了 13%（ΔR^2），显著性改变的 ΔF 值等于 12.254，且在 0.001 的水平上显著。一方面，在加入家庭社会资本变量后，家庭经济资本中的"是否大额存款"变量的回归系数在模型 10 的基础上明显下降，且已不具有统计意义上的显著性。可以看出，在家庭社会资本一致的情况下，家庭经济资本对于儿童自我认同感的影响已经不再显著。另一方面，对于家庭社会资本自身的影响而言，家长鼓励行为、参加家长会频率两个变量的回归系数（正数）在 0.05 的水平上显著。可以看出，父母在生活或者学业中对子女的鼓励行为越频繁的，子女的自我认同感越高。家长参加学校举办的家长会频率越高的儿童自我认同感也会越高。其余变量的回归系数则不具有统计意义上的显著性。家长鼓励行为归属于家庭内部外部资本，而父母参加家长会的频率则归属于家庭外部资本，可以看出家庭社会资本对儿童的自我认同感具有显著的影响。

模型 12 则在模型 11 的基础上加入家庭文化资本变量，考察家庭文化资本对儿童自我认同感的影响。加入此变量后，回归模型的整体解释力提升了 1.5%（ΔR^2），所有变量共同解释了自我认同感 27.9%的变异，显著性改变的 ΔF 值等于 3.299，在 0.05 的水平上显著。一方面，在加入家庭文化资本变量后，与模型 11 相比，家庭经济资本和家庭社会资本变量的回归系数并无明显的变化。在家庭文化资本变量中，家长是否重视学习变量的回归系数为 0.124，且在 0.01 的水平上显著。表明父母更加重视子女学习的儿童自我认同感显著高于那些学习不受父母重视的儿童。总体来看，在家庭经济资本和社会资本一致的情况下，家庭文化资本对于儿童自我认同感仍具有显著影响，但是影响效应低于家庭社会资本。

综上所述，在控制了相关变量后，不同家庭资本类型对于儿童自我认同感具有不同的解释力。其中，家庭经济资本对儿童孤独感仅有微弱的影响，但是这种影响可以通过增加家庭社会资本来消除。而家庭社会资本对儿童的自我认同感具有最强的解释力，这主要体现在父母对于儿童的鼓励行为和父母参加家长会的频率上。在家庭经济资本和社会资本一致的情况下，家庭文化资本对儿童的自我认同感也具有显著的影响，但是影响效应明显低于家庭社会资本。

三、家庭资本对儿童社会行为的影响

本部分继续采用阶层回归方法分别考察家庭经济资本、家庭社会资本和家庭文化资本对儿童社会行为的影响情况。其中，表 6-6 考察不同家庭资本类型对于儿童利他行为和越轨行为的影响。表 6-7 考察不同家庭资本类型对于儿童自主行为和交友行为的影响。具体的回归结果如下：

（一）家庭资本对儿童利他行为的影响

如表 6-6 所示，模型 1 考察了控制变量对于儿童利他行为的影响。回归结果显示，控制变量中的变量一共可以解释儿童利他行为变量 66.1%的变异量，模型整体检验的 F 值为 96.927（p = 0.000），在 0.001 的水平上显著。具体来看，性别、儿童健康程度、是否与父母同住与同辈效应四个变量的回归系数均在 0.05 的水平上显著。可以看出，一是男性儿童的利他行为显著低于女性儿童。二是身体越健康的儿童利他行为表现越多。三是与父母双方共同居住的儿童

表6-6　家庭资本对儿童社会行为（利他行为和越轨行为）的影响

变量	利他行为				越轨行为			
	模型1	模型2	模型3	模型4	模型5	模型6	模型7	模型8
	β（t值）	β（t值）	β（t值）	β（t值）	β（t值）	β（t值）	β（t值）	β（t值）
家庭经济资本								
课外读物支出		-0.017 (-0.619)	-0.016 (-0.645)	-0.013 (-0.534)		-0.047 (-1.056)	-0.036 (-0.810)	-0.035 (-0.810)
是否有零用钱		0.028 (1.050)	0.029 (1.174)	0.029 (1.183)		0.053 (1.202)	0.041 (0.923)	0.040 (0.912)
有无大额存款		-0.029 (-1.090)	-0.056* (-2.233)	-0.057* (-2.262)		0.010 (0.236)	0.011 (0.236)	0.017 (0.394)
家庭社会资本								
亲子互动频率			-0.003 (-0.101)	-0.002 (-0.058)			-0.004 (-0.085)	0.004 (0.079)
教育参与和干预			0.054 (1.615)	0.047 (1.432)			0.057 (0.968)	0.056 (0.966)
家长鼓励行为			0.158*** (4.593)	0.160*** (4.641)			-0.121* (-1.995)	-0.086 (-1.428)

续表

变量	利他行为					越轨行为			
	模型 1	模型 2	模型 3	模型 4	模型 5	模型 6	模型 7	模型 8
	β（t 值）	β（t 值）	β（t 值）	β（t 值）	β（t 值）	β（t 值）	β（t 值）	β（t 值）
参加家长会频率			0.097*** (3.578)	0.099*** (3.622)			0.086+ (1.801)	0.088+ (1.850)
社区活动参与（否）			-0.004 (-0.149)	-0.006 (-0.229)			0.089* (1.996)	0.066 (1.485)
与班主任熟悉程度（认识）								
与班主任不熟悉			0.007 (0.252)	0.008 (0.311)			0.153** (3.217)	0.141** (2.982)
与班主任熟悉			0.012 (0.437)	0.018 (0.671)			0.005 (0.118)	0.010 (0.224)
家庭文化资本								
家庭藏书数量				-0.064* (-2.545)				0.012 (0.276)
儿童课外书数量				0.016 (0.596)				-0.108* (-2.322)

171

续表

变量	利他行为				越轨行为			
	模型 1	模型 2	模型 3	模型 4	模型 5	模型 6	模型 7	模型 8
	β（t 值）	β（t 值）	β（t 值）	β（t 值）	β（t 值）	β（t 值）	β（t 值）	β（t 值）
家长是否重视学习				-0.029 (-1.116)				-0.131** (-2.915)
控制变量								
性别	-0.074** (-2.700)	-0.071* (-2.558)	-0.067* (-2.561)	-0.068* (-2.601)	-0.015 (-0.326)	-0.011 (-0.243)	-0.017 (-0.369)	-0.031 (-0.680)
年龄	0.042 (1.600)	0.043 (1.610)	0.046+ (1.863)	0.043+ (1.743)	-0.028 (-0.628)	-0.025 (-0.559)	-0.031 (-0.719)	-0.033 (-0.756)
儿童健康程度	0.089** (3.391)	0.087** (3.294)	0.043+ (1.691)	0.045+ (1.805)	-0.091* (-2.073)	-0.091* (-2.070)	-0.084+ (-1.879)	-0.072 (-1.641)
是否与父母同住（否）	0.067* (2.535)	0.069* (2.597)	0.039 (1.509)	0.046+ (1.777)	-0.020 (-0.460)	-0.016 (-0.360)	0.007 (0.157)	0.031 (0.685)
父母受教育年限	0.039 (1.461)	0.043 (1.583)	0.042+ (1.655)	0.050* (1.983)	-0.070+ (-1.577)	-0.066+ (-1.472)	-0.078+ (-1.767)	-0.071 (-1.593)
父母教育期望	-0.012 (-0.438)	-0.014 (-0.536)	-0.027 (-1.079)	-0.018 (-0.711)	-0.077 (-1.742)	-0.076 (-1.699)	-0.073 (-1.644)	-0.065 (-1.479)

变量	利他行为				越轨行为			
	模型 1	模型 2	模型 3	模型 4	模型 5	模型 6	模型 7	模型 8
	β（t 值）	β（t 值）	β（t 值）	β（t 值）	β（t 值）	β（t 值）	β（t 值）	β（t 值）
父母职业类别（在家务农）								
管理或技术	-0.013 (-0.458)	-0.010 (-0.339)	0.003 (0.099)	0.000 (-0.009)	0.017 (0.360)	0.022 (0.457)	0.028 (0.590)	0.031 (0.654)
普通工人	-0.026 (-0.804)	-0.022 (-0.665)	-0.039 (-1.277)	-0.035 (-1.175)	-0.006 (-0.121)	0.000 (0.008)	0.005 (0.101)	0.012 (0.233)
个体劳动者	-0.010 (-0.317)	-0.005 (-0.157)	-0.008 (-0.262)	-0.008 (-0.267)	0.054 (1.022)	0.052 (0.984)	0.067 (1.262)	0.072 (1.372)
同辈效应	0.775*** (27.985)	0.779*** (27.994)	0.694*** (25.121)	0.696*** (25.017)	-0.194*** (-4.219)	-0.191*** (-4.147)	-0.185*** (-3.798)	-0.163** (-3.356)
F 值	96.927***	74.652***	60.499***	53.435***	3.612***	2.966***	2.934***	3.270***
R^2	0.661	0.663	0.713	0.717	0.068	0.072	0.108	0.134
ΔF 值		0.798	12.204***	2.533+		0.826	2.740**	5.019**
$ΔR^2$		0.002	0.050	0.004		0.005	0.035	0.027

注：+ p<0.10；* p<0.05；** p<0.01；*** p<0.001，常数项的结果略。

利他行为显著高于仅与父母一方居住或不与父母任何一方居住的儿童。四是交往积极健康的同辈越多的儿童利他行为表现也越多。

模型 2 在模型 1 的基础上加入了衡量家庭经济资本的变量，考察家庭经济资本对于儿童利他行为的影响。回归结果表明，控制变量和家庭经济资本变量一共可以解释儿童利他行为 66.3% 的变异量，模型整体检验的 F 值在 0.001 的水平上显著。加入家庭经济资本变量后，回归模型的整体解释变异仅增加了 0.2%（ΔR^2），显著性改变的 ΔF 值不显著。可以看出，在没有考虑家庭社会资本和文化资本之前，家庭经济资本变量对儿童利他行为的变异几乎没有解释力。

模型 3 在模型 2 的基础上加入家庭社会资本变量，探讨家庭社会资本（内部社会资本和外部社会资本）对于儿童利他行为的影响。结果显示，加入此变量后 R^2 增加至 71.3%，即增加家庭社会资本变量后对于儿童利他行为变异量的解释力增加了 5%（ΔR^2），显著性改变的 ΔF 值等于 12.204，且在 0.001 的水平上显著。一方面，在加入家庭社会资本变量后，家庭经济资本中是否有大额存款变量的回归系数显著上升，且在 0.05 的水平上显著。表明在家庭社会资本一致的情况下，家中拥有 5 万及以上大额存款的儿童利他行为会更加明显。另一方面，对于家庭社会资本自身的影响而言，家长鼓励行为和参加家长会频率的回归系数（正数）在 0.001 的水平上显著，表明父母对于子女生活和学习上的鼓励能够显著提升他们的利他行为。父母积极参加学校的家长会也会显著提升儿童的利他行为。其余变量的回归系数则不具有统计意义上的显著性。总体来看，家庭社会资本对于儿童利他行为的显著影响主要是通过父母对子女的教育和生活中鼓励程度和参加家长会的频率来实现的。

模型 4 则在模型 3 的基础上加入家庭文化资本变量，考察家庭文化资本对儿童利他行为的影响力。加入此变量后，回归模型的整体解释力提升了 0.4%（ΔR^2），所有变量共同解释了利他行为 71.7% 的变异，显著性改变的 ΔF 值等于 2.533，仅在 0.10 的水平上显著。表明家庭文化资本的加入并没有明显提升模型整体的解释力，家庭文化资本对儿童利他行为仅有微弱的影响力，而这个微弱的影响效应主要是由家庭藏书数量这一变量决定的。而所有在模型 3 中显著的变量其回归系数均没有下降，反而出现微小的增幅。表明，相关变量对于儿童利他行为的影响效应非常稳健。

综上所述，在控制了影响儿童利他行为的相关变量后，不同家庭资本类型对于儿童利他行为具有不同的解释力。其中，在未考虑家庭社会资本之前，家庭经济资本对儿童利他行为没有显著的影响，但是在加入家庭社会资本变量后，家庭经济状况变量的影响效应开始显现。而家庭社会资本仍然具有最强的解释力，这主要体现在父母对于儿童的鼓励行为程度和父母参与家长会的频率上。在家庭经济资本和社会资本一致的情况下，家庭文化资本对儿童的利他行为具有微弱的影响。整体而言，家庭资本对儿童心理健康中的利他行为方面具有重要的影响，其中家庭社会资本的影响最为显著。

（二）家庭资本对儿童越轨行为的影响

如表6-6所示，模型5考察了控制变量对于儿童越轨行为的影响。回归结果显示，控制变量中的变量一共可以解释儿童越轨行为变量6.8%的变异量，模型的整体检验的F值为3.612（p=0.000），在0.001的水平上显著。具体来看，儿童健康程度、同辈效应两个变量的回归系数在0.05的水平上显著，父母受教育年限变量在0.10的水平上显著。可以看出，一是身体越健康的儿童越轨行为越少。二是交往积极健康的同辈越多的儿童越轨行为越少。三是父母受教育年限越多的儿童越轨行为越少。

模型6在模型5的基础上加入了衡量家庭经济资本的变量，考察家庭经济资本对于儿童越轨行为的影响。回归结果表明，控制变量和家庭经济资本变量一共可以解释儿童越轨行为7.2%的变异量，模型整体检验的F值在0.001的水平上显著。加入家庭经济资本变量后，回归模型的整体解释变异仅增加了0.5%（ΔR^2），显著性改变的ΔF值不具有统计意义上的显著性。可以看出，家庭经济资本变量对儿童越轨行为的变异几乎没有解释力。

模型7在模型6的基础上加入家庭社会资本变量，探讨家庭社会资本（内部社会资本和外部社会资本）对于儿童越轨行为的影响。结果显示，加入此变量后R^2增加至10.8%，即增加家庭社会资本变量后对于儿童越轨行为变异量的解释力增加了3.5%（ΔR^2），显著性改变的ΔF值等于2.740，且在0.01的水平上显著。一方面，在加入家庭社会资本变量后，家庭经济资本变量仍然没有明显变化。另一方面，家庭社会资本自身的影响方面，家长鼓励行为、社区活动参与、与班主任不熟悉的回归系数在0.05的水平上显著，参加家长会频率的回归系数在0.10水平上显著。即父母对于子女生活和学习上的鼓励行为能够显著抑制儿童的越轨行为。但是，父母参加社区活动、与班主任不熟悉能够显著增加儿童的越轨行为的可能性。与此同时，参加家长会频率越高的儿童越轨行为程度更高。这可能是由于，越轨行为越高的儿童越需要家长的介入和教育，被老师约谈见面的机会也越高，而行为习惯越好的儿童家长反而不会受到老师过多的干预。总体而言，家庭社会资本对于儿童越轨行为的影响是非常明显的。

模型8则在模型7的基础上加入家庭文化资本变量，考察家庭文化资本对儿童越轨行为的影响力。加入此变量后，回归模型的整体解释力提升了 2.7% （ΔR^2），所有变量共同解释了越轨行为 13.4% 的变异，显著性改变的 ΔF 值等于 5.019，且在 0.01 的水平上显著，意味着家庭文化资本的加入明显提升了模型整体的解释力，即家庭文化资本对儿童越轨行为具有显著的影响效应。具体来看，儿童课外书数量、家长是否重视学习两个变量的回归系数在 0.05 的水平上显著。即拥有课外书数量越多的儿童越轨行为越不严重，家长不重视学习的儿童越轨行为高于学习受到父母重视的儿童。值得注意的是，家长鼓励行为和父母社区活动参与两个变量的回归系数出现了明显的下降，且已不再显著。意味着在家庭文化资本一致的情况下，家长不同的鼓励程度下的儿童、父母是否参与社区活动的儿童在越轨行为方面已经没有显著差异。家庭社会资本的效应被家庭文化资本的效应大大弱化。

综上所述，在控制了影响儿童越轨行为的相关变量后，不同家庭资本类型对于儿童越轨行为具有不同的解释力。其中，家庭经济资本对儿童越轨行为没有显著的影响。而家庭社会资本对于儿童越轨行为具有显著的解释力。但是在加入家庭文化资本变量后，家庭社会资本的影响力大大减弱。与此同时，家庭文化资本对儿童的越轨行为具有显著的解释力。

（三）家庭资本对儿童自主行为的影响

如表 6-7 所示，模型 1 考察了控制变量对于儿童自主行为的影响。回归结果显示，控制变量中的变量可以解释儿童自主行为变量 8% 的变异量，模型的整体检验的 F 值为 4.322（$p=0.000$），在 0.001 的水平上显著。具体来看，性别、儿童健康程度、同辈效应三个变量的回归系数在 0.05 的水平上显著。可以看出，一是男性儿童的自主行为低于女性儿童。二是身体越健康的儿童自主行为越高。三是交往积极健康的同辈越多的儿童自主行为越高。

模型 2 在模型 1 的基础上加入了衡量家庭经济资本的变量，考察家庭经济资本对于儿童自主行为的影响。回归结果表明，控制变量和家庭经济资本变量一共可以解释儿童自主行为 8.4% 的变异量，模型整体检验的 F 值在 0.001 的水平上显著。加入家庭经济资本变量后，回归模型的整体解释变异仅增加了 0.4% （ΔR^2），显著性改变的 ΔF 值不具有统计意义上的显著性，表明家庭经济资本变量对儿童自主行为的变异几乎没有解释力。

模型 3 在模型 2 的基础上加入家庭社会资本变量，探讨家庭社会资本（内部社会资本和外部社会资本）对于儿童自主行为的影响。回归结果显示，加入此变量后 R^2 增加至 17.7%，即增加家庭社会资本变量后对于儿童自主行为变异

表6-7　家庭资本对儿童社会行为（自主行为和交友行为）的影响

变量	自主行为				交友行为			
	模型 1	模型 2	模型 3	模型 4	模型 5	模型 6	模型 7	模型 8
	β（t 值）	β（t 值）	β（t 值）	β（t 值）	β（t 值）	β（t 值）	β（t 值）	β（t 值）
家庭经济资本								
课外读物支出		0.004 (0.081)	0.002 (0.035)	0.002 (0.046)		0.011 (0.266)	0.009 (0.246)	0.008 (0.211)
是否有零用钱		−0.036 (−0.824)	−0.026 (−0.626)	−0.025 (−0.601)		0.000 (0.005)	0.012 (0.312)	0.007 (0.197)
有无大额存款		0.060 (1.349)	0.036 (0.833)	0.033 (0.769)		0.022 (0.523)	−0.036 (−0.950)	−0.047 (−1.217)
家庭社会资本								
亲子互动频率			−0.052 (−1.171)	−0.055 (−1.236)			−0.034 (−0.859)	−0.039 (−0.982)
教育参与和干预			−0.042 (−0.749)	−0.042 (−0.751)			0.124* (2.474)	0.117* (2.343)
家长鼓励行为			0.279*** (4.790)	0.263*** (4.472)			0.284*** (5.525)	0.271*** (5.228)

续表

变量	自主行为				交友行为			
	模型 1	模型 2	模型 3	模型 4	模型 5	模型 6	模型 7	模型 8
	β（t值）	β（t值）	β（t值）	β（t值）	β（t值）	β（t值）	β（t值）	β（t值）
参加家长会频率			0.141** (3.053)	0.141** (3.035)			0.201*** (4.943)	0.191*** (4.670)
社区活动参与（否）			−0.044 (−1.030)	−0.034 (−0.777)			0.002 (0.050)	0.008 (0.209)
与班主任熟悉程度（认识）								
与班主任不熟悉			−0.056 (−1.215)	−0.050 (−1.093)			−0.021 (−0.508)	−0.010 (−0.245)
与班主任熟悉			−0.010 (−0.223)	−0.012 (−0.259)			−0.048 (−1.213)	−0.044 (−1.109)
家庭文化资本								
家庭藏书数量				−0.014 (−0.320)				−0.040 (−1.035)
儿童课外书数量				0.045 (1.002)				0.109** (2.751)
家长是否重视学习				0.062 (1.414)				−0.010 (−0.252)

变量	自主行为								交友行为							
	模型 1		模型 2		模型 3		模型 4		模型 5		模型 6		模型 7		模型 8	
	β	（t 值）	β	（t 值）	β	（t 值）	β	（t 值）	β	（t 值）	β	（t 值）	β	（t 值）	β	（t 值）
控制变量																
性别	-0.101*	(-2.235)	-0.107*	(-2.347)	-0.105*	(-2.383)	-0.099*	(-2.226)	-0.290***	(-6.851)	-0.290***	(-6.823)	-0.236***	(-6.185)	-0.230***	(-6.015)
年龄	0.014	(0.323)	0.014	(0.330)	0.019	(0.462)	0.020	(0.476)	0.067	(1.579)	0.068	(1.588)	0.066+	(1.756)	0.060	(1.613)
儿童健康程度	0.102*	(2.344)	0.107*	(2.442)	0.051	(1.207)	0.046	(1.086)	0.151***	(3.581)	0.152***	(3.581)	0.048	(1.258)	0.047	(1.224)
是否与父母同住（否）	0.019	(0.434)	0.018	(0.403)	-0.018	(-0.420)	-0.028	(-0.648)	0.054	(1.266)	0.053	(1.229)	-0.003	(-0.089)	-0.006	(-0.162)
父母受教育年限	0.007	(0.156)	0.002	(0.056)	0.010	(0.233)	0.008	(0.191)	0.049	(1.136)	0.045	(1.043)	0.043	(1.120)	0.039	(1.011)
父母教育期望	0.049	(1.115)	0.056	(1.255)	0.041	(0.957)	0.038	(0.876)	0.107*	(2.540)	0.108*	(2.534)	0.056	(1.480)	0.063+	(1.675)

续表

变量	自主行为				交友行为			
	模型 1 β（t 值）	模型 2 β（t 值）	模型 3 β（t 值）	模型 4 β（t 值）	模型 5 β（t 值）	模型 6 β（t 值）	模型 7 β（t 值）	模型 8 β（t 值）
父母职业类别（在家务农）								
管理或技术	-0.059 (-1.264)	-0.062 (-1.322)	-0.039 (-0.853)	-0.041 (-0.890)	0.027 (0.600)	0.025 (0.536)	0.039 (0.948)	0.037 (0.902)
普通工人	0.066 (1.247)	0.061 (1.149)	0.042 (0.822)	0.039 (0.759)	-0.030 (-0.576)	-0.032 (-0.612)	-0.061 (-1.336)	-0.058 (-1.273)
个体劳动者	0.054 (1.043)	0.045 (0.849)	0.043 (0.841)	0.041 (0.800)	0.045 (0.890)	0.041 (0.789)	0.022 (0.488)	0.017 (0.379)
同辈效应	0.169*** (3.710)	0.164*** (3.579)	0.053 (1.136)	0.044 (0.936)	–	–	–	–
F 值	4.322***	3.499***	5.251***	4.713***	8.046***	6.031***	13.299***	11.980***
R^2	0.080	0.084	0.177	0.183	0.127	0.128	0.341	0.352
ΔF 值		0.777	7.870***	1.109		0.115	22.600***	2.733*
ΔR^2	0.004	0.004	0.093	0.006		0.001	0.214	0.011

注：⁺p<0.10；* p<0.05；** p<0.01；*** p<0.001，常数项的结果略。

量的解释力增加了 9.3%（ΔR^2），显著性改变的 ΔF 值等于 7.870，且在 0.001 的水平上显著。即家庭社会资本对于儿童的自主行具有显著的影响效应。具体来看，家长鼓励行为和参加家长会频率的回归系数均在 0.05 的水平上显著。意味着家长对于子女学习和生活鼓励频率越高，儿童的自主行为越强；家长参加子女家长会频率越高，儿童的自主行为越强。与此同时，在加入家庭社会资本变量后，家庭经济资本变量仍然没有明显变化。总之，家庭社会资本对于儿童自主行为的影响是显著的。

模型 4 则在模型 3 的基础上加入家庭文化资本变量，考察家庭文化资本对儿童自主行为的影响力。加入此变量后，回归模型的整体解释力仅提升了 0.6%（ΔR^2），显著性改变的 ΔF 值等于 1.109，不具有统计意义上的显著性。表明家庭文化资本的加入并没有明显提升模型整体的解释力，即家庭文化资本对儿童自主行为不具有显著的影响效应。与此同时，家庭经济资本变量和家庭社会资本变量的回归系数没有出现明显的变化。

综上所述，在控制了影响儿童自主行为的相关变量后，家庭经济资本和家庭文化对儿童自主行为没有显著的影响。而家庭社会资本对于儿童自主行为具有显著的解释力，且主要是通过父母对于子女的鼓励行为和参加家长会的频率来体现。

（四）家庭资本对儿童交友行为的影响

如表 6-7 所示，模型 5 考察了控制变量对于儿童交友行为的影响。回归结果显示，控制变量中的变量一共可以解释儿童交友行为变量 12.7% 的变异量，模型的整体检验的 F 值为 8.046（p = 0.000），在 0.001 的水平上显著。具体来看，性别、儿童健康程度与父母教育期望三个变量的回归系数均在 0.05 的水平上显著。可以看出，一是相比女性儿童，男性儿童健康交友行为更低。二是身体越健康的儿童健康交友行为越高。三是父母受教育年限越多的儿童，其健康的交友行为越高。

模型 6 在模型 5 的基础上加入了衡量家庭经济资本的变量，考察家庭经济资本对于儿童交友行为的影响。回归结果表明，控制变量和家庭经济资本变量一共可以解释儿童交友行为 12.8% 的变异量，模型整体检验的 F 值在 0.001 的水平上显著。加入家庭经济资本变量后，回归模型的整体解释变异仅增加了 0.1%（ΔR^2），显著性改变的 ΔF 值不具有统计意义上的显著性。可以看出，家庭经济资本变量对儿童交友行为的变异几乎没有解释力。

模型 7 在模型 6 的基础上加入家庭社会资本变量，探讨家庭社会资本（内部社会资本和外部社会资本）对于儿童交友行为的影响。结果显示，加入此变量后 R^2 增加至 34.1%，即增加家庭社会资本变量后对于儿童交友行为变异量的解释力增加了 21.4%（ΔR^2），显著性改变的 ΔF 值等于 22.600，且在 0.001 的水平上显著。可以看出，家庭社会资本对于儿童的交友行为具有显著的影响效应。具体来看，教育干预、家长鼓励行为和参加家长会频率三个变量的回归系数（均为正数），均在 0.05 的水平上显著。表明父母对儿童学业的监督和干预程度越高，儿童健康交友行为越明显。父母对子女的学业和生活鼓励越频繁，儿童的健康交友行为越明显。父母参加家长会频率越高，儿童的健康交友行为越明显。另一方面，在加入家庭社会资本变量后，家庭经济资本变量没有出现明显变化。总体而言，家庭社会资本对于儿童交友行为具有显著的影响。

模型 8 则在模型 7 的基础上加入家庭文化资本变量，考察家庭文化资本对儿童交友行为的影响。加入此变量后，回归模型的整体解释力提升了 1.1%（ΔR^2），所有变量共同解释了交友行为 35.2% 的变异，显著性改变的 ΔF 值等于 2.733，且在 0.05 的水平上显著。意味着家庭文化资本的加入明显提升了模型整体的解释力，即家庭文化资本对儿童交友行为具有显著的影响效应。具体来看，儿童课外书数量变量的回归系数在 0.05 的水平上显著。即拥有儿童课外书数量越多的儿童，其积极的健康交友行为越多。另一方面，家庭经济资本和家庭社会资本变量的回归系数并没有明显的变化。总体上看，在家庭经济资本和家庭社会资本一致的情况下，家庭文化资本对于儿童的健康交友行为具有显著的影响。

综上所述，在控制了影响儿童交友行为的相关变量后，家庭经济资本对儿童交友行为没有显著的影响力。家庭社会资本对于儿童交友行为具有最强的解释力。家庭文化资本对儿童健康交友行为也具有显著的解释力，但是解释力明显低于家庭社会资本。

第三节　本章总结

儿童时期人力资本的形塑对于儿童的成长具有至关重要的作用。尽管科尔曼的家庭社会资本理论早已得到中国学界的高度认可和评价，并有诸多的研究已经证明其在中国社会的正确性。但是一方面，诸多的研究主要集中于探讨社会资本对于高年级儿童（主要是初中、高中阶段）的学业成就的影响，而忽略了社会资本对小学阶段儿童的学业成就的影响。另一方面，城乡结构差异依然是中国社会发展过程中呈现出来的一个重要特征，而现有研究关于社会资本对于儿童的影响在城市和农村地区之间是否呈现出显著的差别的问题还较为缺乏，尤其是单独针对西部农村地区的研究更为少见。此外，已有研究着重探讨了家庭背景与儿童学业成就的关系。尽管已经涉及家庭经济资本、家庭社会资本，以及文化资本带来的影响，但是依然缺乏将整个家庭资本类型统一纳入对儿童各方面发展的综合性影响的研究。而本研究正是基于以上的研究缺憾而集中探讨了西部农村地区四类家庭资本对于小学阶段儿童的影响。本研究通过利用西部农村地区的调查数据进行实证分析，有如下发现：

第一，家庭资本对儿童学业成就具有显著影响。相比于家庭经济资本和文化资本，家庭社会资本对于儿童的学业成就具有最大的解释力。而且在家庭社会资本中，家庭内部社会资本的影响明显高于家庭外部社会资本。其中，父母与子女之间的亲子互动和家长对子女的鼓励，对于促进子女的学业成就具有重要的积极影响。值得注意的是，家长的教育参与和干预与儿童学业成绩之间存在明显的负向因果关系。此外，家庭资本对于儿童的影响存在明显的性别差异。

第二，不同的家庭资本类型对儿童心理健康具有不同的影响效应。首先，在三种家庭资本类型中，家庭社会资本对儿童的抑郁感、孤独感和自我认同感都具有最强的解释力，且主要是通过父母对子女的鼓励行为来实现的。其次，家庭经济资本对儿童抑郁感不具有显著的解释力，对儿童自我认同感仅有微弱的影响，而对儿童的孤独感也具有显著的影响，但是影响效应明显低于家庭社会资本。再次，家庭文化资本对儿童的抑郁感的解释力相对较弱，而对儿童孤独感和自我认同感具有显著的解释力。

第三，不同的家庭资本类型对儿童社会行为具有不同的影响效应。首先，家庭经济资本对儿童的利他行为具有显著的影响，而对儿童的越轨行为、自主行为和交友行为均不具有显著的解释力。其次，家庭社会资本对儿童的利他行为、自主行为和交友行为具有显著的解释力，且主要是通过父母对子女的鼓励行为和参加家长会的频率来实现的，而对儿童的越轨行为则没有显著的影响。最后，家庭文化资本对于儿童的自主行为没有显著的影响，对于利他行为具有微弱的影响力。但是，其对于儿童的越轨行为和交友行为具有显著的解释力。

第七章 家庭教养方式对儿童发展的影响

第一节 变量选取与模型选择

一、变量选取

（一）因变量

因变量的选择与第五、六章完全相同，即同时包含儿童学业成就、心理健康和社会行为三个方面。第一，儿童学业成就。本章选取了四年级下学期、五年级上学期两次期末的语文、数学和英语三科的平均成绩作为衡量儿童学业成就的主要指标。第二，儿童的心理健康。包含儿童抑郁感、儿童孤独感和自我认同感，且均为连续变量。三个指标均具有较高的信度，儿童抑郁感的Cronbach α 系数为 0.764，儿童孤独感的 Cronbach α 系数为 0.846，儿童自我认同感的 Cronbach α 系数为 0.805。第三，儿童社会行为。包含儿童的利他行为、出轨行为、自主行为、交友行为四个指标，且均为连续变量。儿童的利他行为、越轨行为、自主行为和交友行为量表均具有较高的信度，Cronbach α 系数均大于 0.6。

（二）自变量

本研究中的家庭教养方式是核心自变量。其划分标准是基于 Maccoby & Martin（1983）文献中关于父母对子女行为的"要求"和父母对子女情感的"回应"两个维度的界定，从而将家庭教养方式划分为四种类型，具体的量表构造与操作详见第三章。四种家庭教养方式的类型分别为开明权威型、专制权威型、宽松放任型和忽视冷漠型，该变量为四分类变量。

（三）其余指标的选取

除以上提到的核心变量以外，本研究还加入了其他可能影响儿童学业表现、心理健康、不良行为习惯的家庭、父母、儿童与儿童同辈的特征变量。这些变量具体如下：

儿童性别（男性＝1，女性＝0）为二分类变量。儿童年龄是取值为10—16的连续变量。儿童是否与父母同住（是＝1，否＝0）为二分类变量。与上文的处理一样，"家庭中是否拥有5万及以上的大额存款"这一变量可以有效识别家庭经济状况（1代表有，0代表没有），并作为衡量家庭经济状况的代理指标。"父母的受教育年限"是将家长的"受教育程度"对应不同受教育阶段并进行赋值（没有受过教育＝0，小学＝6，初中＝9，高中＝12，大学及以上＝16），得到一个取值区间为0—16的连续变量，数字越高表明父母的受教育程度越高。"父母教育期望"通过询问父母认为子女至少念到哪种教育程度，对应的选项共有小学、初中、高中（中专/职高）、大学及以上。根据各教育阶段对应的教育年限进行赋值（小学＝6，初中＝9，高中＝12，大学及以上＝16），得到一个取值区间为6—16年的连续变量。"家长的职业"通过询问家长"目前的职业类别"来获取，对应的选项分别为［1"单位领导/高级管理人员"、2"单位中层管理人员"、3"高级专业技术人员"、4"中级专业技术人员"、5"初级专业技术人员"、6"办事人员"、7"领班/组长/工头/监工"、8"服务人员"、9"私营业主"、10"个体经营（开店、经商、运输）"、11"个体（流动摊贩）"、12"技术工人"、13"体力工人/勤杂/工搬运工"、14"村委会或居委会负责人"、15"农林牧副渔劳动者"、16"自由职业者"、17"军人"］，将1—4、14、17归并为"管理或技术人员"，5—8、12、13归并为"普通工人"，将9—11、16归并为"个体劳动者"，第15类为"在家务农者"，以此形成一个四分类变量。

"与家人的关系"通过询问儿童与爸爸、妈妈、兄弟姐妹的关系有多亲密，来设置3个题目。"与师友的关系"通过询问儿童与朋友、最喜爱的老师、校内其他老师、校外认识的其他成年人之间的关系，来设置4个题目。两个指标对应五个选项（1"不太亲密"、2"一般"、3"亲密"、4"非常亲密"、5"没有这个人"），将选项5赋值为"0"，表示与对应人之间没有亲密关系。两个指标分别将对应的题目得分进行加总后，与家人的关系变量是一个取值为0—12之间的连续变量，与师友的关系变量是一个取值为0—16之间的连续变量，数字越高表明儿童与家人和师友之间的关系越亲密。

二、模型选择

本章所采用的方法与第六章类似。首先，利用描述、统计分析、方差分析相结合的方法考察家庭教养方式在不同的儿童群体间、不同社会经济地位的家庭间的分布。其次，利用多元线性回归方法来估计家庭教养方式对儿童发展的影响。基本的回归方程如下：

$$Y = B_0 + B_1X_1 + B_2X_2 + B_3X_3 + B_4X_4 + \sum B_kX_k + \varepsilon$$

其中，Y 表示儿童学业成绩（心理健康、社会行为对应指标），X_1 表示忽视冷漠型家庭教养方式，X_2 表示专制权威型家庭教养方式，X_3 表示宽松放任型家庭教养方式，X_4 表示开明权威型家庭教养方式，X_k 表示其他控制变量，ε 表示误差项。

第二节　家庭教养方式的分布与特征

一、在不同儿童人口属性间的分布

（一）总体分布

在所有调查对象中，开明权威型家庭教养方式在四种教养方式中的占比最高（30.8%），宽松放任型家庭教养方式的占比最低（21.7%）。专制权威型和忽视冷漠型家庭教养方式的占比分别为 25.0% 和 22.4%。总的来看，调查地家庭中父母对于儿童的教养方式呈多样化的趋势，四种教养方式的占比均在 20%以上，大体上较为均衡。

（二）儿童性别间的分布

表 7-1 显示了不同的家庭教养方式在不同性别间的分布情况。整体而言，不管是在男性还是女性儿童中，父母对子女实行开明权威型的家庭教养方式最为普遍，在四种家庭教养方式中占有最高的比重，男性和女性占各自样本数的比重分别为 30.1% 和 31.6%。而其余三种家庭教养方式在儿童的实践比例要低于开明权威型家庭所占比例，但是三种家庭教养方式之间并无明显的分布差异。

就每种家庭教养方式下的两性分布而言，在忽视冷漠型和专制权威型家庭教养方式中，男性儿童的实践数量略高于女性儿童。而在宽松放任型和开明权威型家庭教养方式中，女性儿童的实践数量略高于男性儿童。但卡方检验的结果表明，不同家庭教养方式在儿童性别上的分布没有统计意义上的显著差异，χ^2（3，N＝603）＝1.907，p>0.05，Phi＝0.056。

（三）在不同健康程度的儿童中的分布

从不同家庭教养方式在不同健康状况的儿童中的分布可以发现，在健康程度为"差"的儿童中，有一半左右（50%）生活在忽视冷漠型家庭中，生活在开明权威型和宽松放任型家庭教养方式中的比例仅有30%。在健康程度为"一般"的儿童中，生活在专制权威型家庭教养方式中的比重最高（33.9%），生活在开明权威型和宽松放任型家庭教养方式中的比例为40.9%。在自评健康程度为"好""很好""极好"的儿童，则生活在开明权威型家庭教养方式中的比重最高。一定程度上表明，生活在忽视冷漠型、专制权威型家庭教养方式中的儿童在身体健康方面相比于其他两种家庭方式有明显的劣势。卡方检验的结果也表明，不同家庭教养方式在不同健康程度儿童中的分布也具有明显的差异，χ^2（12，N＝600）＝19.830，0.05<p<0.10，Phi＝0.182。

表 7-1 不同家庭教养方式在不同类型儿童中的分布（N＝603）（单位：%）

儿童健康程度	忽视冷漠型	专制权威型	宽松放任型	开明权威型	总计
总体	22.4	25.0	21.8	30.8	100
性别					
女性	21.2	23.6	23.6	31.6	100.0
男性	23.5	26.5	19.9	30.1	100.0
儿童健康程度					
差	50.0	20.0	10.0	20.0	100.0
一般	25.2	33.9	20.0	20.9	100.0
好	22.4	23.1	19.4	35.1	100.0
很好	22.5	25.3	20.8	31.5	100.0
极好	17.8	20.2	27.0	35.0	100.0

二、不同家庭社会经济地位间的分布

（一）家庭教养方式与家庭经济状况

家庭经济状况不好的儿童更有可能生活在忽视冷漠型家庭教养方式中。如表7-2所示，在没有5万及以上大额存款家庭中生活的儿童，在忽视冷漠型家庭教养方式中生活的比重为25.2%，这一比例远高于拥有5万及以上大额存款家庭（14.6%）。另一方面，拥有5万及以上大额存款家庭，有44.3%的儿童生活在开明权威型家庭教养方式中，远高于无大额存款家庭中26.1%的比重。卡方检验的结果也表明，不同家庭教养方式在不同家庭经济状况的分布具有显著的差异，$\chi^2(3, N=603) = 21.875$，$p<0.001$，$Phi=0.190$。

表7-2　四种家庭教养方式在不同的社会经济地位家庭中的分布（单位：%）

	忽视冷漠型	专制权威型	宽松放任型	开明权威型	总计
家庭经济状况					
无大额存款	25.2	24.9	23.8	26.1	100.0
有大额存款	14.6	25.3	15.8	44.3	100.0
父母职业类型					
管理或技术者	20.6	32.4	11.7	35.3	100.0
普通工人	20.7	24.0	22.7	32.6	100.0
个体劳动者	23.3	21.4	18.8	36.5	100.0
在家务农者	24.4	28.6	25.0	22.0	100.0
父母受教育程度					
未受过教育	32.4	23.9	15.5	28.2	100.0
小学程度	25.6	20.7	28.1	25.6	100.0
初中程度	19.6	28.8	17.9	33.7	100.0
高中、中专或职高	18.4	19.7	27.6	34.3	100.0
大专及以上	0.0	42.8	28.6	28.6	100.0

（二）家庭教养方式与父母职业

父母作为管理或技术、普通工人和个体劳动者的家庭，实践开明权威型的家庭教养方式的比重最高，在四种家庭教养方式中的占比分别为35.3%、32.6%和36.5%。而父母在家务农的家庭中，实践开明权威型的比重最低（22.0%），而实践专制权威型的比重最高（28.6%）。可以看出，从事非农工作家庭的父母对于子女的教养方式更加倾向于开明权威型。

（三）家庭教养方式与父母的教育程度

与父母受过教育的家庭相比，在父母从未上过学的家庭中，父母在子女的教养中实施忽视冷漠型教养方式的比重是最高的（在四种家庭教养方式中的占比为32.4%）。在父母接受过小学教育的家庭中，儿童生活在忽视冷漠型家庭教养方式的比重也高达25.6%，仅次于生活在宽松放任型的家庭中。另一方面，在父母接受过初中及以上教育程度的家庭中，父母大多倾向于实施开明权威型的家庭教养方式。由此可见，父母受教育程度越低，儿童生活在忽视冷漠型家庭教养方式中的可能性更高，而生活在开明权威型家庭教养方式的可能性更低。卡方检验的结果同样表明，不同家庭教养方式在父母不同教育程度中的分布具有明显的差异，$\chi^2(12, N=603) = 21.810$，$p<0.05$，$Phi=0.190$。

第三节 实证分析

一、家庭教养方式对儿童学业成就的影响

（一）家庭教养方式与儿童学业成就

不同家庭教养方式下儿童的学业成绩是否具有不同的表现？图7-1显示了在四种不同的家庭教养方式上，儿童学业综合成绩的平均值的差异。从图中可知，开明权威型家庭教养方式下儿童的学业成绩最高（平均值为70.66分），忽视冷漠型家庭教养方式下儿童的学业成绩最低（平均值仅为58.33分）。其次，专制权威型教养方式下儿童的学业成绩表现也不好，略高于忽视冷漠型，儿童学业成绩的平均值为60.23分，而宽松放任型教养方式下的儿童学业成绩则相

对较好（平均值为 68.48 分）。相关系数表明，专制权威型家庭教养方式与儿童的综合成绩呈负相关关系，相关系数为-0.19（p=0.000<0.05），宽松放任型和开明权威型家庭教养方式与儿童的综合成绩呈现正相关关系，相关系数分别为 0.14（p=0.000<0.05）和 0.28（p=0.000<0.05）。

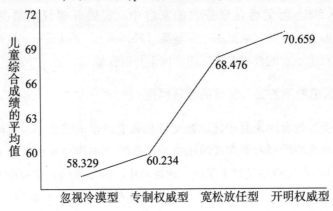

图 7-1 不同家庭教养方式下儿童综合成绩

从不同学科成绩的表现来看，生活在开明权威型家庭教养方式中的儿童在语文、数学、英语和科学四个科目的成绩均明显高于生活在其他三类家庭教养方式中的儿童。而生活在忽视冷漠型家庭教养方式下的儿童语文、数学和科学三科平均成绩最低。生活在宽松放任型家庭教养方式中的儿童的四科成绩与开明权威型家庭教养方式下的儿童差距最小（如表 7-3）。这从一个侧面说明，开明权威型家庭教养方式有助于儿童的学业发展，而忽视冷漠型家庭教养方式阻碍了儿童学业发展。

表 7-3 家庭教养方式与不同科目的学业成绩（变量均值）

	忽视冷漠型（A）	专制权威型（B）	宽松放任型（C）	开明权威型（D）
语文成绩	64.64	65.85	73.57	74.86
数学成绩	61.03	65.56	76.73	76.76
英语成绩	49.32	49.30	55.13	60.35
科学成绩	62.96	66.27	71.12	71.92

为了进一步验证不同家庭教养方式下儿童不同学科的成绩差异是否具有统计意义上的显著性，笔者采用了方差分析方法进行验证（如表 7-4）。结果表明，就"综合成绩""语文成绩""数学成绩""英语成绩"和"科学成绩"五

个因变量而言，模型整体检验的 F 值分别为 33.027（p = 0.000）、26.343（p = 0.000）、24.781（p = 0.000）、22.832（p = 0.000）和 13.722（p = 0.000），所有因变量检验的 F 值均在 0.001 的水平上显著。表明在不同的家庭教养方式中，儿童的综合成绩、四个单独科目的成绩均具有显著的差别。至于到底是哪些配对组别间的差异达到显著，需要通过事后检验方法进行验证。由于在方差的同质性检验中，各组样本的方差符合方差同质性的假定（方差检定的 p 值>0.05），因而在事后比较中选择最小显著差异法（LSD 法）进行事后多重比较，结果如下：

第一，宽松放任型（均值为 68.48）和开明权威型（均值为 70.66）家庭教养方式下的儿童综合成绩显著高于忽视冷漠型（均值为 58.33）、专制权威型（均值为 60.23）教养方式下的儿童综合成绩。宽松放任型与开明权威型、忽视冷漠型与专制权威型家庭教养方式两两之间的儿童综合成绩之间的差异并不具有统计意义上的显著性。

第二，从不同学科的差异来看，（1）语文成绩方面：宽松放任型（均值为 73.57）和开明权威型（均值为 74.86）家庭教养方式下的儿童成绩显著高于忽视冷漠型（均值为 64.64）、专制权威型（均值为 65.85）教养方式下的儿童成绩。宽松放任型与开明权威型教养方式之间，忽视冷漠型和专制权威型家庭教养方式之间的儿童语文成绩没有明显差异。（2）数学成绩方面：宽松放任型（均值为 71.12）和开明权威型（均值为 71.95）家庭教养方式下的儿童成绩显著高于忽视冷漠型（均值为 62.96）、专制权威型（均值为 66.27）教养方式下的儿童成绩。此外，专制权威型家庭教养方式中的儿童数学成绩也显著高于忽视冷漠型教养方式中的儿童。（3）英语成绩方面：宽松放任型（均值为 55.13）家庭教养方式下的儿童成绩显著高于忽视冷漠型（均值为 49.32）和专制权威型（均值为 49.30）教养方式下的儿童成绩。此外，开明权威型家庭教养方式中的英语成绩（60.35）显著高于其他三种家庭教养方式的英语成绩。（4）科学成绩方面：宽松放任型（均值为 76.73）和开明权威型（均值为 76.76）家庭教养方式下的儿童成绩显著高于忽视冷漠型（均值为 61.03）、专制权威型（均值为 65.56）教养方式下的儿童成绩。此外，专制权威型家庭教养方式中的儿童科学成绩显著高于忽视冷漠型教养方式中的儿童科学成绩。

综上所述，宽松放任型和开明权威型两种家庭教养方式下的儿童成绩明显好于其他两种家庭教养方式下的儿童成绩。从一个侧面可以看出，高情感回应维度决定的两种家庭教养方式更能够为儿童的学业提供有利的家庭教养环境。而低情感回应维度决定下的两种家庭教养方式则对儿童的学业表现具有消极的影响。

表7-4　不同家庭教养方式下儿童学业综合成绩的差异比较

		平方和（SS）	自由度	平均平方和（MS）	F检验	事后比较 LSD法
综合成绩	组间	16410.316	3	5470.105	33.027***	C>A，C>B D>A，D>B
	组内	95896.129	579	165.624		
	总计	112306.445	582			
语文成绩	组间	12140.478	3	4046.826	26.343***	C>A，C>B D>A，D>B
	组内	88945.845	579	153.620		
	总计	101086.323	582			
数学成绩	组间	27211.760	3	9070.587	24.781***	B>A C>A，C>B D>A，D>B
	组内	211930.967	579	366.029		
	总计	239142.727	582			
英语成绩	组间	13554.688	3	4518.229	22.832***	C>A，C>B D>A，D>B， D>C
	组内	114579.954	579	197.893		
	总计	128134.643	582			
科学成绩	组间	7677.106	3	2559.035	13.722***	B>A C>A，C>B D>A，D>B
	组内	107981.648	579	186.497		
	总计	115658.754	582			

注：* $p<0.05$；** $p<0.01$；*** $p<0.001$，表中，A为忽视冷漠型、B为专制权威型、C为宽松放任型、D为开明权威型。

（二）家庭教养方式对儿童学业成就的影响

如表7-5所示，报告显示出以儿童的学业成绩为因变量的回归结果，其中模型1和模型3只估计家庭教养方式的单独效应，模型2和模型4则考察在控制相关变量的情况下估计家庭教养方式对儿童学业的影响。由于家庭教养方式是基于父母对于子女"行为要求"和"情感回应"两个维度所构建的，所以在模型1和模型2中首先将要求和回应两个变量作为核心的自变量〔行为要求变量为5级次序变量，为了不违反多元回归分析的基本假定，投入模型时将其转化为极低要求（0—1次）、低要求（2次）、高要求（3—4次）三分类变量，并以极低要求作为参照组，探究父母对子女的要求和回应的影响程度的大小〕。

表 7–5　家庭教养方式对于儿童综合成绩的影响

变量	简单模型 1		全模型 2		简单模型 3		全模型 4	
	β	t 值	β	t 值	β	t 值	β	t 值
行为要求（极低度）								
低度行为要求	0.074	1.392	0.051	0.952				
高度行为要求	0.169**	3.167	0.118*	2.161				
情感回应	0.400***	9.600	0.373***	7.909				
家庭教养方式（忽视冷漠型）								
专制权威型					0.101+	1.863	0.070	1.291
宽松放任型					0.338***	6.252	0.302***	5.442
开明权威型					0.471***	8.388	0.388***	6.518
性别（女）			−0.004	−0.099			−0.019	−0.455
年龄			0.056	1.331			0.053	1.255
儿童健康			0.039	0.899			0.042	0.976
是否与父母同住			0.064	1.509			0.084*	1.980
家中有无大额存款			0.115**	2.682			0.121**	2.804
父母受教育年限			0.112**	2.660			0.101*	2.371
父母职业（务农）								
管理或技术			0.004	0.091			0.002	0.051
普通工人			0.032	0.619			0.026	0.503
个体劳动者			0.106*	2.064			0.103*	2.014
与师友关系			−0.012	−0.269			0.006	0.129
与家人关系			−0.013	−0.256			0.031	0.641
F 值	34.235***		9.446***		31.032***		8.974***	
R²	0.178		0.223		0.164		0.214	
ΔF 值			2.385**				2.636**	
ΔR²			0.044				0.049	

注：+p<0.10；*p<0.05；**p<0.01；***p<0.001，常数项的结果略。

模型 1 中只加入行为要求的两个虚拟变量和情感回应一个变量，发现高度行为要求（与极低度行为要求相比较而言）和情感回应程度对子女的学业成绩均具有显著的正向影响。模型 2 则是将行为要求和情感回应变量与控制其他变量共同纳入模型。随着控制因素的增加，行为要求和情感回应的回归系数有所减小。但是，高度行为要求虚拟变量的回归系数 β 为 0.118，仍然在 0.05 的水平上显著。表明与极低度行为要求相比而言，较高的行为要求下的儿童学业成绩更好。而情感回应变量回归系数为 0.373，在 0.001 的水平上显著。表明父母对于子女的情感回应程度对子女的学业成绩具有显著的正向影响。显然，较高的行为要求程度和情感程度回应均能有效促进儿童学业的成绩，但是与行为要求相比而言，情感回应的影响效果更加明显。

模型 3 单纯考察基于行为要求和情感回应两个维度分类的家庭教养方式对于儿童学业成绩的影响。回归结果表明，专制权威型变量的回归系数为 0.101，在 0.10 的水平上显著，表明与忽视冷漠型家庭教养方式相比，专制权威型家庭与儿童成绩之间存在微弱的正向关系。而宽松放任型与开明权威型两个虚拟变量的回归系数 β 分别为 0.338（p<0.001）和 0.471（p<0.001），均在 0.001 的水平上显著。即与忽视冷漠型家庭教养方式相比，在宽松放任型与开明权威型家庭教养方式下的儿童学业成绩更好。模型 4 继续加入一系列控制变量，随着变量的增多，专制权威型、宽松放任型与开明权威型虚拟变量的回归系数均出现了下降，但是宽松放任型与开明权威型两个虚拟变量的回归系数 β 分别为 0.302 和 0.388，依然都在 0.001 的水平上显著，体现了回归结果的稳定性。意味着与忽视冷漠型家庭教养方式相比，宽松放任型与开明权威型家庭教养方式对于儿童学业成绩具有明显的促进作用。这是因为宽松放任型与开明权威型家庭教养方式皆表现为高情感回应，而专制权威型和忽视冷漠型家庭教养方式皆表现为低情感回应。但是，从以行为要求程度高（开明权威型与专制权威型）、程度低（宽松放任型与忽视冷漠型）为标志区分的两组家庭教养方式来看，并未显示出显著的差别。因此，与模型 1 和模型 2 的结论类似，尽管行为要求仍然扮演着重要的作用，但是情感回应维度才是影响儿童学业成绩的关键因素。

二、家庭教养方式对儿童心理健康的影响

（一）家庭教养方式与儿童心理健康

如表 7-6 所示，报告了四种不同家庭教养方式下儿童心理健康指标的表现差异。第一，儿童抑郁感方面。宽松放任型家庭教养方式下儿童的抑郁感最低（平均值为 17.21），忽视冷漠型家庭教养方式下的儿童抑郁感最强（平均值高

达 20.46）。第二，儿童孤独感方面。宽松放任型家庭教养方式下儿童的孤独感最低（平均值为 14.38），而忽视冷漠型家庭教养方式下的儿童孤独感最强（平均值高达 20.01 分）。第三，儿童自我认同感。宽松放任型家庭教养方式下儿童的自我认同感最高（平均值为 25.27），忽视冷漠型家庭教养方式下的儿童自我认同感最低（平均值仅为 21.26 分）。

表7-6　家庭教养方式与儿童心理健康（变量均值）

	忽视冷漠型（A）	专制权威型（B）	宽松放任型（C）	开明权威型（D）
儿童抑郁感	20.46	19.78	17.21	17.57
儿童孤独感	20.01	17.91	14.38	14.47
儿童自我认同感	21.26	21.53	25.27	25.22

可以看出，不同家庭教养方式下的儿童抑郁感、孤独感和自我认同感可能具有显著差异。为了进一步验证这种差异在统计学意义上是否显著，笔者采用了方差分析方法进行检验。方差分析摘要结果中可知，就儿童"抑郁感""孤独感"和"自我认同感"三个因变量而言，模型整体检验的 F 值分别为 30.773（p=0.000）、23.972（p=0.000）、39.446（p=0.000），均在 0.001 的水平上显著。因此，拒绝虚无假设，接受对立假设，表明不同的家庭教养方式下，儿童抑郁感、孤独感和自我认同感具有显著的差别。至于到底是哪些配对组别间的差异达到显著，需要通过事后检验方法进行验证（如表7-7）。由于在方差的同质性检验中，家庭教养方式的四组样本的方差符合方差同质性的假定（方差检定的 p 值>0.05），因此在事后比较中选择最小显著差异法（LSD 法）进行事后多重比较，结果如下：

首先，儿童"抑郁感"方面。忽视冷漠型的家庭教养方式下的儿童的抑郁感程度显著高于其他三类教养方式下的儿童。此外，专制权威型的家庭教养方式下的儿童的抑郁感程度显著高于宽松放任型和开明权威型教养方式下的儿童。

其次，儿童"孤独感"方面。与儿童抑郁感的差异一致。即忽视冷漠型的家庭教养方式下的儿童的孤独感程度显著高于其他三类教养方式下的儿童。而专制权威型的家庭教养方式下的儿童的孤独感程度显著高于宽松放任型和开明权威型教养方式下的儿童。

再次，儿童"自我认同感"方面。一方面宽松放任型家庭教养方式下的儿童的自我认同感程度显著高于忽视冷漠型和专制权威型教养方式下的儿童。另一方面，开明权威型家庭教养方式下的儿童的自我认同感程度显著高于忽视冷漠型和专制权威型教养方式下的儿童。

此外，在儿童心理健康水平的三个方面，在忽视冷漠型和专制权威型家庭教养方式下，以及在宽松放任型和开明权威型家庭教养方式下的儿童的心理健康水平并未在统计显著性上显示出差异。而前两者是由低情感回应维度决定的，后两者是由高情感回应维度决定的。由此可知，高情感回应维度决定的两种家庭教养方式更能够为儿童的心理健康与发展提供有利的家庭教养环境。而低情感回应维度决定下的两种家庭教养方式则对于儿童的心理健康与发展具有消极的影响。

表7-7　不同的家庭教养方式下儿童心理健康水平的差异比较

变异来源		平方和（SS）	自由度（Df）	平均平方和（MS）	F检验	事后比较（LSD法）
儿童抑郁感	组间	1124.506	3	374.835	30.773***	A>B，A>C，A>D
	组内	7296.248	599	12.181		
	总和	8420.754	602			B>C，B>D
儿童孤独感	组间	2641.116	3	880.372	23.972***	A>B，A>C，A>D
	组内	17921.817	488	36.725		
	总和	20562.933	491			B>C，B>D
儿童自我认同感	组间	3059.207	3	1019.736	39.446***	C>A，C>B D>A，D>B
	组内	15484.938	599	25.851		
	总和	18544.145	602			

注：* $p<0.05$；** $p<0.01$；*** $p<0.001$，表中，A为忽视冷漠型、B为专制权威型、C为宽松放任型、D为开明权威型。

（二）"要求"与"回应"对儿童心理健康的影响

在考察不同家庭教养方式对于儿童的心理健康的影响之前，依然先将要求和回应两个变量作为核心的自变量，单纯探究父母对子女的行为要求和情感回应对于儿童抑郁感、孤独感和自我认同感的单向影响程度，回归结果如表7-8所示。

对于儿童的抑郁感，在未加入控制变量之前，行为要求与情感回应的回归系数均在0.05的水平上显著。加入控制变量后，"低行为要求"变量系数反而增强至-0.120（$p<0.05$），而"高行为要求"和"情感回应"的回归系数尽管有所减弱，但同样在0.05的水平上显著。表明行为要求和情感回应与儿童抑郁

感之间显著的负向关系非常稳健，父母对子女的行为要求越高，儿童的抑郁感越弱。父母对儿童的情感回应程度越高，儿童的抑郁感越低。对于儿童孤独感，在未加入控制变量之前，高行为要求与情感回应的回归系数分别在 0.05 和 0.001 的水平上显著。在加入控制变量后，高行为要求变量的回归系数为 −0.122，仍在 0.10 的水平上具有显著性。情感回应的回归系数为 −0.434（p = 0.000）在 0.001 的水平上显著，即高度的行为要求（相较于极低度的行为要求）与儿童孤独感之间呈现出微弱的负向关系，而情感回应与儿童孤独感之间呈现出显著的负向关系，父母对于子女高行为要求（相较于极低度的行为要求）和情感回应均有助于缓解儿童的孤独感。对于儿童的自我认同感，行为要求的回归系数不具有统计意义上的显著性，但是情感回应在加入控制变量前后均与儿童自我认同感具有显著的正向关系，即父母对子女的情感回应程度越高，子女的自我认同感越高。

表 7-8　父母对子女的行为要求与情感回应对儿童心理健康的影响

变量	儿童抑郁感		儿童孤独感		儿童自我认同感	
	模型 1	模型 2	模型 3	模型 4	模型 5	模型 6
	β（t 值）	β（t 值）	β（t 值）	β（t 值）	β（t 值）	β（t 值）
行为要求（极低度）						
低度行为要求	−0.107*	−0.120*	−0.062	−0.057	0.081	0.071
	（−2.016）	（−2.349）	（−1.180）	（−1.109）	（1.535）	（1.406）
高度行为要求	−0.135*	−0.121*	−0.122*	−0.098+	0.080	0.042
	（−2.554）	（−2.346）	（−2.346）	（−1.888）	（1.528）	（0.815）
情感回应	−0.407***	−0.277***	−0.434***	−0.340***	0.429***	0.288***
	（−9.875）	（−6.173）	（−10.706）	（−7.486）	（10.482）	（6.494）
控制变量	未控制	已控制	未控制	已控制	未控制	已控制
F 值	34.503***	13.076***	39.936***	12.035***	37.344***	14.026***
R^2	0.175	0.278	0.197	0.261	0.187	0.292
ΔF 值		6.139***		3.749***		6.420***
$ΔR^2$		0.102		0.064		0.105

注：+p<0.10；*p<0.05；**p<0.01；***p<0.001，常数项的结果略。

（三）不同家庭教养方式对儿童心理健康的影响

表7-9报告了不同家庭教养方式对儿童心理健康的影响的回归结果。

第一，对儿童抑郁感的影响。在未加入控制变量之前，专制权威型、宽松放任型与开明权威型三个虚拟变量的回归系数（负数）均在 0.05 的水平上显著。在加入影响儿童抑郁感的一系列控制变量以后，尽管回归系数有所减弱，但是三个变量的回归系数依然在 0.05 的水平上显著。这意味着在四种家庭教养方式中，忽视冷漠型家庭教养方式下的儿童抑郁感最为强烈，而相比之下其他三类家庭教养方式下成长的儿童抑郁感更低。

第二，对儿童孤独感的影响。在未加入控制变量之前，专制权威型、宽松放任型与开明权威型三个虚拟变量的回归系数（负数）分别在 0.05、0.001 和 0.001 的水平上显著。在加入影响儿童孤独感的一系列控制变量以后，尽管三个变量的回归系数（负数）均有所减小，但是依然在 0.05 的水平上显著。表明在四种家庭教养方式中，忽视冷漠型家庭教养方式下的儿童孤独感最强烈，相比之下，其他三类家庭教养方式有效地抑制了儿童孤独感，而忽视冷漠型家庭教养方式下的儿童孤独感更加强烈。

第三，对儿童自我认同感的影响。在控制变量加入前后只有宽松放任型与开明权威型两个虚拟变量的回归系数（正数）在 0.05 的水平上显著。表明与忽视冷漠型家庭教养方式相比，宽松放任型和开明权威型两种家庭教养方式有效地增进了儿童自我认同感。而专制权威型家庭和忽视冷漠型家庭教养方式并没有显示出明显的区别。

总的来说，在四种家庭教养方式中，专制权威型、宽松放任型与开明权威型三种家庭教养方式能够显著抑制儿童的抑郁感和孤独感。只有宽松放任型和开明权威型两种家庭教养方式能够显著增强儿童的自我认同感。不同的教养方式由"行为要求"和"情感回应"维度共同决定，上述发现表明，较高的行为要求和情感回应均能够有效抑制儿童的抑郁感和孤独感，而仅有高情感回应能够显著提升儿童的自我认同感。因此，尽管行为要求的高低程度依然是影响儿童心理健康的重要因素，但是父母对于子女的情感回应才是影响儿童心理健康的关键因素。

表7-9 不同家庭教养方式对儿童心理健康的影响

变量	儿童抑郁感		儿童孤独感		儿童自我认同感	
	模型1	模型2	模型3	模型4	模型5	模型6
	β（t值）	β（t值）	β（t值）	β（t值）	β（t值）	β（t值）
家庭教养方式（忽视冷漠型）						
专制权威型	−0.137*	−0.106*	−0.138*	−0.104*	0.028	−0.007
	(−2.515)	(−2.059)	(−2.542)	(−1.976)	(0.519)	(−0.131)
宽松放任型	−0.379***	−0.264***	−0.368***	−0.273***	0.340***	0.221** *
	(−6.966)	(−4.975)	(−6.766)	(−5.029)	(6.318)	(4.218)
开明权威型	−0.393***	−0.252***	−0.406***	−0.282***	0.376***	0.219* **
	(−6.976)	(−4.438)	(−7.215)	(−4.860)	(6.748)	(3.915)
性别（女）		0.024		−0.058		0.035
		(0.588)		(−1.410)		(0.888)
年龄		−0.033		0.012		0.015
		(−0.815)		(0.282)		(0.391)
儿童健康		−0.239***		−0.108*		0.155***
		(−5.776)		(−2.550)		(3.795)
是否与父母同住		−0.018		−0.057		−0.060
		(−0.434)		(−1.380)		(−1.498)
家中有无大额存款		0.014		−0.037		0.068+
		(0.332)		(−0.870)		(1.662)
父母受教育年限		−0.037		−0.065		0.035
		(−0.913)		(−1.566)		(0.869)
父母职业（务农）						
管理或技术		−0.018		0.006		−0.066
		(−0.424)		(0.126)		(−1.560)
普通工人		−0.009		0.024		−0.012
		(−0.176)		(0.469)		(−0.258)
个体劳动者		0.005		0.069		0.052
		(0.108)		(1.380)		(1.080)

续表

变量	儿童抑郁感		儿童孤独感		儿童自我认同感	
	模型 1	模型 2	模型 3	模型 4	模型 5	模型 6
	β（t 值）	β（t 值）	β（t 值）	β（t 值）	β（t 值）	β（t 值）
与师友关系		-0.048 (-1.104)		-0.128** (-2.881)		0.127** (2.971)
与家人关系		-0.221*** (-4.824)		-0.179*** (-3.830)		0.219*** (4.848)
F 值	23.716***	11.898***	23.941***	9.965***	27.424***	13.189***
R²	0.127	0.259	0.129	0.227	0.145	0.279
ΔF 值		7.697***		5.491***		8.106***
ΔR²		0.132		0.098		0.135

注：[+]p<0.10；[*]p<0.05；[**]p<0.01；[***]p<0.001，常数项的结果略。

（四）控制变量对心理健康的影响

整体而言，控制变量加入后的影响效应均符合预期，有助于我们解释为何控制变量加入后行为要求和情感回应，以及不同家庭教养方式对于儿童心理健康的影响程度减弱了。儿童的性别、年龄、是否与父母同住、家庭经济状况、父母的受教育年限、父母的职业类别均未显著影响儿童的抑郁感、孤独感和自我认同感。仅仅在儿童的自我认同感方面，较好的家庭经济状况与之具有微弱的正向关系（回归系数在 0.1 的水平上显著）。说明父母的背景和家庭社会经济地位对儿童的心理健康程度并没有明显的影响。另外一方面，儿童的健康状况与他们的抑郁感和孤独感之间呈现出显著的负向关系，而与自我认同感呈现出显著的正向关系。此外，儿童与老师和同学的亲密关系、儿童与家人的亲密关系显著地影响儿童的心理健康。与老师和同学关系更加亲密的，儿童孤独感更低，自我认同感更强；而与家人关系更加亲密的儿童抑郁感和孤独感明显更低，自我认同感则更高。说明，儿童的心理健康程度并没有像儿童的学业成绩那样受到父母背景、家庭社会经济地位等不同程度的影响。由于儿童大部分时间是在学校度过的，因此除了与家人相处以外，其余时间更多的是与老师和同学相处，与师友的亲近程度对儿童心理产生了显著的影响。

三、家庭教养方式对儿童社会行为的影响

（一）家庭教养方式与儿童社会行为

表7-10显示了在不同家庭教养方式下，儿童社会行为方面表现的差异。第一，儿童利他行为。生活在宽松放任型和开明权威型两种家庭教养方式下的儿童利他行为程度明显高于生活在忽视冷漠型和专制权威型方式下的儿童。第二，儿童越轨行为。忽视冷漠型家庭教养方式下的儿童发生情况最为严重（平均值为9.32），而宽松放任型家庭教养方式下的儿童最不容易发生越轨行为。第三，儿童自主行为。开明权威型家庭教养方式下的儿童自主性最强（平均值为31.33），忽视冷漠型家庭教养方式下的儿童自主性最弱（平均值为26.43）。第四，儿童交友行为。宽松放任型家庭教养方式下的儿童与积极健康的朋友交往的行为程度最高（平均值为30.35），而专制权威型家庭教养方式下的儿童与"问题朋友"交往的行为程度最高。

表7-10　家庭教养方式与儿童社会行为（变量均值）

	忽视冷漠型（A）	专制权威型（B）	宽松放任型（C）	开明权威型（D）
儿童利他行为	12.57	12.64	14.78	14.84
儿童越轨行为	9.32	7.96	7.20	7.76
儿童自主行为	26.43	28.17	31.25	31.33
儿童交友行为	28.36	28.21	30.35	30.29

为了检验不同家庭教养方式下，儿童在利他行为、越轨行为、自主行为和交友行为方面是否具有显著的差异，笔者采用多变量方差分析（MANOVA）进行检验。如表7-11所示，呈现了单因子多变量的显著性检验结果，多变量的统计量Wilk's Λ 值等于0.758，其p值（$0.000 < 0.05$）达到显著水平。表明不同的家庭教养方式在四个变量上的差异比较中，至少有一个因变量的平均数有显著的差异。若要考察儿童社会行为中到底哪些因变量在不同家庭教养方式中存在差异，则需要通过单因子方差分析，并进行事后结果比较。

表 7-11　不同家庭教养方式在儿童社会行为四个层面的多变量方差分析

变异来源	Df	SSCP 矩阵				Wilk's Λ	多变量		单变量 F 值	
							利他行为	越轨行为	自主行为	交友行为
组间	3	590.618	-286.180	1059.185	542.146	0.758***	12.621***	8.186***	21.147***	28.516***
		-286.180	255.819	-628.840	-251.944					
		1059.185	-628.840	2037.737	954.184					
		542.146	-251.944	954.184	500.947					
组内	488	7612.136	-550.253	2123.820	1366.304					
		-550.253	5083.162	-1089.869	-568.769					
		2123.820	-1089.869	15675.003	990.750					
		1366.304	-568.769	990.750	2857.564					

注：* $p<0.05$；** $p<0.01$；*** $p<0.001$。

表7-12，呈现了不同家庭教养方式在儿童社会行为四个层面的单变量方差分析结果，四组样本在四个因变量上的单变量方差分析检验的 F 值分别为 12.621（p=0.000<0.05）、8.186（p=0.000<0.05）、21.147（p=0.000<0.05）和 28.516（p=0.000<0.05）。表明不同家庭教养方式在儿童的利他行为、越轨行为、自主行为和交友行为层面具有显著的差异，多变量显著性的检验在 0.001 的水平上显著。家庭教养方式在四个因变量的关联强度系数 ω^2 值分别为 0.066、0.042、0.110 和 0.144，说明家庭教养方式与儿童的利他行为、越轨行为、自主行为和交友行为之间存在较强的关联。

表7-12　不同家庭教养方式在儿童社会行为四个层面的单变量方差分析

变异来源	层面名称	平方和（SS）	自由度（Df）	平均平方和（MS）	F 检验	事后比较（LSD 法）	ω^2
家庭教养方式（组间）	利他行为	590.618	3	196.873	12.621***	C>A，C>B D>A，D>B	0.066
	越轨行为	255.819	3	85.273	8.186***	A>B，A>C A>D，B>C	0.042
	自主行为	2037.737	3	679.246	21.147***	B>A，C>A，C>B D>A，D>B	0.110
	交友行为	500.947	3	166.982	28.516***	C>A，C>B D>A，D>B	0.144
Error（误差）	利他行为	7612.136	488	15.599			
	越轨行为	5083.162	488	10.416			
	自主行为	15675.003	488	32.121			
	交友行为	2857.564	488	5.856			

注：* p<0.05；** p<0.01；*** p<0.001，表中，A 为忽视冷漠型、B 为专制权威型、C 为宽松放任型、D 为开明权威型。

BOX 多变量的方差同质性检验和单变量个别方差同质性检验的 p 值>0.05，表明自变量的四个组别在四个因变量的多变量方差、四个自变量均未违反同质性假定，因而选择最小显著差异法（LSD 法）进行事后多重比较，结果表明：

第一，儿童利他行为。宽松放任型家庭教养方式下的群体显著高于忽视冷漠型和专制权威型家庭教养方式下的群体。同时，开明权威型家庭教养方式下的群体也显著高于忽视冷漠型和专制权威型家庭教养方式下的群体。

第二，儿童越轨行为。忽视冷漠型家庭教养方式下的群体显著高于其他三类家庭教养方式下的群体。同时，专制权威型家庭教养方式下的群体显著高于宽松放任型家庭教养方式下的群体。

第三，儿童自主行为。专制权威型家庭教养方式下的群体显著高于忽视冷漠型教养方式下的群体。宽松放任型家庭教养方式下的群体显著高于忽视冷漠型和专制权威型家庭教养方式下的群体。同时，开明权威型家庭教养方式下的群体也显著高于忽视冷漠型和专制权威型家庭教养方式下的群体。

第四，儿童交友行为。宽松放任型家庭教养方式下的群体显著高于忽视冷漠型和专制权威型家庭教养方式下的群体。同时，开明权威型家庭教养方式下的群体也显著高于忽视冷漠型和专制权威型家庭教养方式下的群体。

（二）"要求"与"回应"对儿童社会行为的影响

本部分依然遵照先前的思路，在考察家庭教养方式对儿童的社会行为的影响之前，先单纯考察行为要求和情感回应两个变量对儿童利他行为、越轨行为、自主行为和交友行为的单向影响程度（如表7-13）。

对于儿童的利他行为和越轨行为，在加入控制变量前后，行为要求变量的回归系数并未达到统计上的显著性，而情感回应的回归系数始终在 0.05 的水平上显著。表明父母对于子女的行为要求并没有显著影响儿童的利他行为和越轨行为。而情感回应变量的回归系数则在加入控制变量前后均在 0.001 的水平上显著，表明情感回应与儿童的利他行为存在显著的正向关系，与儿童的越轨行为存在显著的负向关系。这意味着父母对于子女的情感回应越高，儿童越有可能做出更多有利于他人和社会的积极行为。相反，父母对于子女情感回应越低，儿童越有可能做出对他人和社会造成身体、精神或财产等损害的越轨行为。

对于儿童的自主行为，在加入控制变量前后，高度行为要求这一虚拟变量的回归系数分别为 0.126 和 0.127 均在 0.05 的水平上显著，且回归系数不但没有减弱反而得到了加强。表明父母对子女高度行为要求能够显著促进儿童的积极性和自主行为。而情感回应变量的回归系数则在加入控制变量前后均在 0.001 的水平上显著，表明情感回应与儿童的自主行为存在显著的正向关系。对于儿童的交友行为，在加入控制变量前后，低度行为要求这一虚拟变量的回归系数分别为 0.130 和 0.137，分别在 0.05 和 0.01 的水平上显著，加入控制变量后回归系数同样没有减弱，反而增强。表明父母对于子女适度的行为要求能够对子女积极健康的交友行为产生积极的正面效应，而高度的行为要求则没有产生显著影响。而情感回应变量的回归系数则在加入控制变量前后都在 0.001 的水平

表7-13 父母对子女的行为要求与情感回应对儿童社会行为的影响

变量	利他行为		越轨行为		自主行为		交友行为	
	模型1 β（t值）	模型2 β（t值）	模型3 β（t值）	模型4 β（t值）	模型5 β（t值）	模型6 β（t值）	模型7 β（t值）	模型8 β（t值）
行为要求（极低度）								
低度行为要求	0.022 (.405)	0.025 (0.482)	-0.043 (-0.745)	-0.050 (-0.866)	0.069 (1.276)	0.071 (1.302)	0.130* (2.556)	0.137** (2.800)
高度行为要求	0.035 (0.656)	0.025 (0.473)	-0.077 (-1.336)	-0.085 (-1.435)	0.126* (2.348)	0.127* (2.298)	0.083 (1.633)	0.077 (1.552)
情感回应	0.368*** (8.733)	0.212*** (4.606)	-0.150** (-3.350)	-0.108* (-2.097)	0.370*** (8.822)	0.300*** (6.255)	0.475*** (11.964)	0.341*** (7.924)
控制变量	未控制	已控制	未控制	已控制	未控制	已控制	未控制	已控制
F值	25.544***	10.573***	4.315**	1.913*	27.706***	7.193***	49.319***	17.308***
R^2	0.136	0.237	0.026	0.053	0.146	0.175	0.233	0.337

注：$^+ p<0.10$；$^* p<0.05$；$^{**} p<0.01$；$^{***} p<0.001$，常数项的结果略。

上显著，表明父母对子女的情感回应与儿童的交友行为之间存在显著的正向关系。

（三）不同教养方式对社会行为的影响

如表7-14所示，报告了不同教养方式对儿童社会行为影响的回归结果。

第一，对儿童利他行为的影响。在控制变量加入的前后对比来看，只有宽松放任型与开明权威型两个虚拟变量的回归系数（正数）分别在0.001和0.05的水平上显著。表明忽视冷漠型家庭教养方式对儿童的利他行为产生了显著的抑制效应。而与之相比，宽松放任型与开明权威型两种家庭教养方式则对儿童利他行为产生了显著地正面效应。与忽视冷漠型家庭教养方式相比，专制权威型家庭教养方式并不能显著改善儿童的利他行为。

第二，对儿童越轨行为的影响。在加入控制变量前后，专制权威型、宽松放任型与开明权威型三个变量的回归系数（负数）均在统计意义上具有显著性。在四种家庭教养方式中，忽视冷漠型家庭教养方式下的儿童的越轨行为更加严重。相比而言，其他三类家庭教养方式下的儿童越轨行为更低。尤其是宽松放任型，更加有利于抑制儿童越轨行为的发生。

第三，对儿童自主行为的影响。在未加入控制变量前后，专制权威型、宽松放任型与开明权威型三个虚拟变量的回归系数（正数）在统计意义上具有显著性。表明在四种家庭教养方式中，与忽视冷漠型家庭教养方式下的儿童自主行为最弱，相比之下，其他三类家庭教养方式显著地增进了儿童的自主行为。从回归系数的大小比较来看，宽松放任型和开明权威型家庭更有利于增加儿童的自主行为。

第四，对儿童交友行为的影响。在控制变量加入前后均只有宽松放任型与开明权威型两个虚拟变量的回归系数（正数）在0.001的水平上显著。表明忽视冷漠型家庭教养方式对儿童积极健康的交友行为产生了显著的抑制效应。而与之相比，宽松放任型与开明权威型两种家庭教养方式则对儿童积极健康的交友行为产生了显著地正面效应。

综上所述，在四种家庭教养方式中，与忽视冷漠型家庭教养方式相比较而言，其他三类家庭教养方式能够显著地抑制儿童越轨行为，显著地增强儿童自主行为。而仅有宽松放任型和开明权威型两种家庭教养方式能够显著地促进儿童利他行为和交友行为。由于不同的教养方式由"行为要求"和"情感回应"维度共同决定，上述发现表明，父母对于子女的行为要求和情感回应在儿童越轨行为和自主行为方面共同扮演着重要的作用。而在儿童利他行为和交友行为

表7-14 不同家庭教养方式对儿童行为的影响

变量	利他行为		越轨行为		自主行为		交友行为	
	模型1	模型2	模型3	模型4	模型5	模型6	模型7	模型8
	β（t值）	β（t值）	β（t值）	β（t值）	β（t值）	β（t值）	β（t值）	β（t值）
家庭教养方式（忽视冷漠型）								
专制权威型	0.010 (0.175)	-0.003 (-0.057)	-0.171** (-3.014)	-0.167** (-2.889)	0.124* (2.267)	0.119* (2.164)	-0.021 (-0.400)	-0.042 (-0.839)
宽松放任型	0.230*** (4.105)	0.119* (2.183)	-0.267*** (-4.701)	-0.229*** (-3.844)	0.340*** (6.212)	0.275*** (4.861)	0.322*** (6.006)	0.207*** (4.002)
开明权威型	0.265*** (4.572)	0.131* (2.257)	-0.220*** (-3.741)	-0.187** (-2.940)	0.387*** (6.831)	0.313*** (5.180)	0.352*** (6.327)	0.219*** (3.965)
性别（女）		-0.153*** (-3.688)		0.018 (0.393)		-0.118** (-2.742)		-0.250*** (-6.381)
年龄		0.025 (0.600)		-0.042 (-0.938)		0.010 (0.236)		0.046 (1.180)
儿童健康		0.056 (1.319)		-0.078+ (-1.693)		0.052 (1.175)		0.038 (0.943)
是否与父母同住		0.067 (1.607)		-0.020 (-0.447)		0.007 (0.152)		0.029 (0.737)
家中是否有大额存款		-0.011 (-0.264)		0.025 (0.533)		0.027 (0.617)		-0.034 (-0.843)
父母受教育年限		-0.065 (-1.561)		-0.069 (-1.529)		-0.014 (-0.323)		0.051 (1.299)

续表

变量	利他行为		越轨行为		自主行为		交友行为	
	模型 1 β（t 值）	模型 2 β（t 值）	模型 3 β（t 值）	模型 4 β（t 值）	模型 5 β（t 值）	模型 6 β（t 值）	模型 7 β（t 值）	模型 8 β（t 值）
父母职业（务农）								
管理或技术		0.004 (0.099)		0.017 (0.358)		-0.061 (-1.328)		0.017 (0.409)
普通工人		-0.030 (-0.591)		0.001 (0.020)		0.035 (0.676)		-0.074 (-1.545)
个体劳动者		-0.036 (-0.729)		0.044 (0.808)		0.033 (0.634)		0.015 (0.308)
与师友关系		0.153** (3.441)		-0.082+ (-1.692)		0.103* (2.232)		0.146** (3.473)
与家人关系		0.247*** (5.268)		-0.012 (-0.234)		0.072 (1.484)		0.200*** (4.489)
F 值	12.704***	9.585***	7.899***	2.648**	21.209***	6.531***	28.621***	14.608***
R^2	0.073	0.220	0.046	0.072	0.116	0.161	0.150	0.301
ΔF 值		8.172***		1.986*		2.351**		9.319***
ΔR^2		0.147		0.044		0.046		0.151

注：+p<0.10；*p<0.05；**p<0.01；***p<0.001，常数项的结果略。

208

中，行为要求的作用并不具有统计意义上的显著性，主要由父母对子女的情感回应决定。

（四）控制变量的影响

控制变量对儿童社会行为的影响深远。随着控制变量加入模型后，虽然行为要求和情感回应，以及不同家庭教养方式对于儿童社会行为的影响效应减弱，但是综合效应的变化均符合预期。结果显示：女性儿童的利他行为、自主行为和积极健康的交友行为明显高于男性儿童。与师友关系更加亲密的儿童在利他行为、自主行为和积极的交友行为方面的程度更高，而越轨行为更低。与家人关系更加亲密的儿童在利他行为和积极的交友行为方面的正面效应更加突出。此外，身体健康的儿童，对于抑制儿童的越轨行为也具有微弱的效果。儿童年龄、是否与父母同住、不同家庭经济状况、不同父母的受教育年限、父母的职业类别均没有对儿童的不同行为产生显著的影响。可见，父母背景或者家庭的社会经济地位并没有显著影响儿童的社会行为，而儿童与家人、师友之间的互动则深刻地影响着儿童的行为。

（五）不同教养方式对儿童的社会行为影响的性别差异

上述回归结果表明，男性儿童与女性儿童在社会行为方面具有很大的差异。因此，有必要进一步考察不同家庭教养方式是否对不同性别的儿童的社会行为产生不同的影响。依然同时将行为要求和情感回应、不同家庭教养方式分别纳入回归模型进行考察。

第一，在儿童利他行为方面。不管是男性儿童还是女性儿童，在加入控制变量前后，父母对于子女的行为要求和情感回应两个变量中，仅有情感回应的回归系数在 0.05 的水平上显著。表明情感回应对于男性和女性儿童的利他行为均有显著的正面效果。对于男性儿童而言，在加入控制变量后，仅有宽松放任型虚拟变量的回归系数在 0.05 的水平上显著。对于女性儿童而言，在加入控制变量后，三个虚拟变量的系数均不具有统计意义上的显著性。意味着，与忽视冷漠型家庭教养方式相比，仅宽松放任型家庭教养方式能够显著增进男性儿童的利他行为，但是所有家庭教养方式对于女性而言均没有带来显著的影响（如表 7-15）。

第二，在儿童越轨行为方面。对于男性儿童，在加入控制变量前后，父母对于子女的行为要求和情感回应两个变量中，仅有情感回应的回归系数（负数）在 0.05 的水平上显著。表明父母对于子女的情感回应越高的男性儿童越轨行为越低。对于女性儿童而言，父母对于子女的行为要求和情感回应两个变量的回归系数均不具有统计意义上的显著性。在家庭教养方式的具体影响上，对于男性儿童而言，在加入控制变量前后，专制权威型、宽松放任型和开明权威型三个虚拟变量的回归系数均在 0.05 的水平上显著。表明在四种家庭教养方式中，忽视冷漠型家庭教养方式下的儿童的越轨行为更加严重。相比之下，其余三种家庭教养方式下的男性儿童的越轨行为更少。对于女性儿童而言，在加入控制变量后，仅有宽松放任型变量的回归系数在 0.1 的水平上显著。即与忽视冷漠型家庭教养方式相比而言，宽松放任型家庭教养方式下的儿童的越轨行为相对较弱（如表 7-16）。

第三，在儿童自主行为方面。对于男性儿童，在加入控制变量前后，低度行为要求、高度行为要求和情感回应三个变量的回归系数（正数）均在 0.05 的水平上显著。表明父母对于其行为要求越高、情感回应越高的儿童自主行为也会更高。对于女性儿童而言，父母对于子女的情感回应变量的回归系数在 0.001 的水平上显著性。一般来说，女性儿童的自主性高于男性，因此不需要更多来自父母的行为约束（如表 7-17）。

在家庭教养方式的具体影响上，对于男性儿童而言，在加入控制变量前后，宽松放任型和开明权威型两个虚拟变量的回归系数均在 0.001 的水平上显著。表明相对于生活在忽视冷漠型家庭教养方式下的儿童，生活在松放任型和开明权威型的家庭教养方式下的儿童自主性更强。而对于女性儿童而言同样如此，即与忽视冷漠型家庭教养方式相比，宽松放任型和开明权威型的家庭教养方式下的儿童自主性也会更强。

第四，在儿童健康交友行为方面。对于男性儿童，在加入控制变量前后，低度行为要求、高度行为要求和情感回应三个变量的回归系数（正数）均在 0.05 的水平上显著。表明父母对于其行为要求越高、情感回应越高的儿童越容易交到更多积极健康、行为规范的同辈朋友。对于女性儿童而言，父母对于子女的情感回应变量的回归系数在 0.001 的水平上显著性。即女性儿童的交友行为更多受到父母情感关怀的影响，而并不受父母行为约束的影响（如表 7-18）。

在家庭教养方式的具体影响上，对于男性儿童而言，在加入控制变量前后，也只有宽松放任型和开明权威型两个虚拟变量的回归系数均在 0.01 的水平上显著。表明相对于生活在忽视冷漠型家庭教养方式下的儿童，生活在宽松放任型和开明权威型的家庭教养方式下的儿童交友行为更强。对于女性儿童而言同样如此，即与忽视冷漠型家庭教养方式相比，宽松放任型和开明权威型的家庭教养方式下的儿童交友行为也会更强。

表7-15 不同家庭教养方式对儿童利他行为影响的性别差异

变量	男性儿童					女性儿童		
	模型 1	模型 2	模型 3	模型 4	模型 5	模型 6	模型 7	模型 8
	β（t 值）	β（t 值）	β（t 值）	β（t 值）	β（t 值）	β（t 值）	β（t 值）	β（t 值）
行为要求（极低度）								
低度行为要求	0.006 (0.075)	-0.012 (0.160)			0.053 (0.702)	0.024 (0.318)	0.045 (0.541)	0.061 (0.766)
高度行为要求	-0.010 (-0.128)	-0.040 (-0.514)			0.099 (1.307)	0.076 (0.971)	0.172* (2.010)	0.099 (1.182)
情感回应	0.377*** (6.355)	0.219** (3.416)			0.317*** (5.191)	0.182** (2.628)	0.253** (2.871)	0.147 (1.638)
家庭教养方式（忽视冷漠型）								
专制权威型			-0.018 (-0.236)	-0.049 (-0.664)				
宽松放任型			0.260** (3.475)	0.151* (2.056)				
开明权威型			0.257** (3.299)	0.108 (1.355)				
控制变量	未控制	已控制	未控制	已控制	未控制	已控制	未控制	已控制
F 值	13.486***	6.142***	8.555***	5.829***	9.605***	4.479***	3.649*	4.021***
R^2	0.142	0.254	0.095	0.245	0.108	0.203	0.044	0.186
N	248	243						

注：† $p<0.10$；* $p<0.05$；** $p<0.01$；*** $p<0.001$，常数项的结果省略。

表 7-16 不同家庭教养方式对儿童越轨行为影响的性别差异

变量	男性儿童				女性儿童			
	模型 1 β（t 值）	模型 2 β（t 值）	模型 3 β（t 值）	模型 4 β（t 值）	模型 5 β（t 值）	模型 6 β（t 值）	模型 7 β（t 值）	模型 8 β（t 值）
行为要求（极低度）								
低度行为要求	-0.052 (-0.624)	0.070 (0.842)			-0.041 (-0.515)	-0.017 (-0.211)		
高度行为要求	-0.099 (-1.189)	0.095 (1.127)			-0.061 (-0.761)	-0.041 (-0.482)		
情感回应	-0.212** (-3.395)	-0.155* (-2.225)			-0.083 (-1.292)	-0.060 (-0.802)		
家庭教养方式（忽视冷漠型）								
专制权威型			-0.215** (-2.796)	-0.209** (-2.664)			-0.126 (-1.504)	-0.122 (-1.426)
宽松放任型			-0.355*** (-4.738)	-0.318*** (-4.096)			-0.178* (-2.048)	-0.163+ (-1.822)
开明权威型			-0.281*** (-3.587)	-0.228** (-2.698)			-0.152+ (-1.707)	-0.126 (-1.317)
控制变量	未控制	已控制	未控制	已控制	未控制	已控制	未控制	已控制
F 值	4.307**	2.383**	8.049***	3.346***	0.759	1.200	1.511	1.425
R^2	0.050	0.117	0.090	0.157	0.009	0.064	0.019	0.075
N	248	243						

注：+ $p<0.10$；* $p<0.05$；** $p<0.01$；*** $p<0.001$，常数项的结果略。

表7-17　不同家庭教养方式对儿童自主行为影响的性别差异

	男性儿童				女性儿童			
变量	模型1 β（t值）	模型2 β（t值）	模型3 β（t值）	模型4 β（t值）	模型5 β（t值）	模型6 β（t值）	模型7 β（t值）	模型8 β（t值）
行为要求（极低度）								
低度行为要求	0.190* (2.426)	0.193* (2.468)			-0.039 (-0.518)	-0.036 (-0.465)		
高度行为要求	0.207** (2.651)	0.184* (2.339)			0.070 (0.926)	0.075 (0.914)		
情感回应	0.389*** (6.677)	0.286*** (4.381)			0.315*** (5.160)	0.339*** (4.685)		
家庭教养方式（忽视冷漠型）								
专制权威型			0.119 (1.598)	0.091 (1.205)			0.132 (1.619)	0.130 (1.538)
宽松放任型			0.365*** (5.032)	0.277*** (3.690)			0.283** (3.351)	0.265** (2.998)
开明权威型			0.405*** (5.348)	0.298*** (3.651)			0.345*** (3.976)	0.322** (3.407)
控制变量	未控制	已控制	未控制	已控制	未控制	已控制	未控制	已控制
F值	17.083***	5.318***	14.007***	4.882***	9.766***	2.697**	8.450***	3.197***
R^2	0.174	0.228	0.147	0.213	0.109	0.133	0.081	0.112
N	248	243						

注：$^+$$p<0.10$；*$p<0.05$；**$p<0.01$；***$p<0.001$，常数项的结果略。

表7-18 不同家庭教养方式对儿童交友行为影响的性别差异

变量	男性儿童				女性儿童			
	模型1 β(t值)	模型2 β(t值)	模型3 β(t值)	模型4 β(t值)	模型5 β(t值)	模型6 β(t值)	模型7 β(t值)	模型8 β(t值)
行为要求（极低度）								
低度行为要求	0.194* (2.483)	0.196** (2.616)			0.123+ (1.734)	0.101 (1.433)		
高度行为要求	0.182* (2.384)	0.150* (1.995)			0.0245 (0.350)	-0.011 (-0.145)		
情感回应	0.460*** (8.055)	0.334*** (5.331)			0.454*** (7.935)	0.366*** (5.607)		
家庭教养方式（忽视冷漠型）								
专制权威型			-0.004 (0.055)	-0.037 (-0.511)			-0.050 (-0.620)	-0.054 (-0.699)
宽松放任型			0.306*** (4.290)	0.204** (2.806)			0.292** (3.526)	0.209* (2.577)
开明权威型			0.406*** (5.448)	0.269** (3.418)			0.267*** (3.141)	0.163* (1.885)
控制变量	未控制	已控制	未控制	已控制	未控制	已控制	未控制	已控制
F值	24.154***	7.376***	17.377***	6.472***	22.250***	7.419***	9.710***	5.587***
R²	0.229	0.291	0.176	0.264	0.218	0.296	0.097	0.241
N	248	243						

第四节　本章总结

在中国的文化场景中，作为管理和教育孩子的家长，父母拥有一种文化意义上的威权身份和责任。因此，父母拥有如何规范儿童思想道德、行为方式的权威，以及如何界定儿童的各种日常行为能够被允许的范围与界限，从而形成父母对子女成长与发展的干涉程度。因而家庭教育行为是家庭教育的表征，使家庭教养方式成为家庭教育理念的源头。所以，正如达林（Darling）和斯坦伯格（Steinberg）（1993）所指出的，家庭教养方式是父母在与子女沟通的过程中，对于子女进行教育行为所形成的情感氛围，是父母对子女的一种方向性的态度①。因此，基于身份不同的家庭教养方式对儿童的发展具有深刻的影响。而在以往的研究中研究者更加关注家庭资本（经济资本、社会资本、文化资本、政治资本等）对儿童发展的影响，一定程度上可能忽略了家庭的情感氛围对儿童成长的价值熏陶。

本章利用在四川农村地区的调查数据检验了农村地区父母在子女"行为要求"和"情感回应"两个维度的高低程度上对儿童的影响差别，不同的家庭教养方式对儿童学业成绩、心理健康与社会行为的影响，以及不同的教养方式对男性和女性儿童之间的影响差异。通过上述研究，得出以下研究结论：

第一，对儿童学业成就的影响。首先，在"行为要求"和"情感回应"两个维度中，父母对于子女的较高要求和行为均对子女的学业具有正面的影响。其中，"情感回应"的影响最为明显，即父母对于儿童的鼓励和回应才是促进儿童学业的关键因素。在以"行为要求"和"情感回应"两个维度区分的四种不同家庭教养方式中，开明权威型教养方式下的儿童学业成绩表现最好，其次是宽松放任型教养方式，专制权威型教养方式不理想，忽视冷漠型教养方式下的儿童学业成绩表现最差。宽松放任型与开明权威型家庭教养方式都表现为父母对于子女的高度情感回应，与上述发现一致，即情感回应维度才是影响儿童学业成绩的关键因素。

第二，对儿童心理健康的影响。首先，父母对于子女的"行为要求"和"情感回应"影响方面。行为要求是决定儿童心理健康的重要影响因素。特别

---

① DARLING N, STEINBERG L. Parenting style as context: An integrative model [J]. Psychological bulletin, 1993, 113 (3): 487.

是，相较于极低度的行为要求，父母对子女高行为要求有助于缓解儿童的孤独感。而更高的"情感回应"则能够有效地抑制儿童的抑郁感和孤独感，显著提升儿童的自我认同感。其次，宽松放任型和开明权威型的家庭教养方式能够显著地抑制儿童的抑郁感和孤独感，显著地提升儿童自我认同感。专制权威型的家庭教养方式对于儿童的孤独感也具有显著的负面影响效应。再次，父母的背景、家庭社会经济地位对于儿童的抑郁感、孤独感和自我认同感并没有显著的影响。儿童与家人、朋友、老师的亲密关系则对儿童心理产生了显著的影响。此外，学业成绩与儿童的抑郁感、孤独感具有显著的反向关系，与儿童自我认同感具有显著的正向关系。

第三，对儿童社会行为的影响。首先，在不同的家庭教养方式中，相较于忽视冷漠型家庭教养方式，其他三类家庭教养方式能够显著抑制儿童的越轨行为，显著地增强儿童的自主行为。而宽松放任型和开明权威型家庭教养方式对儿童的利他行为和交友行为具有显著的正面效应。父母对于子女的行为要求和情感回应在儿童的越轨行为和自主行为方面具有重要的作用。在儿童的利他行为和交友行为中，行为要求的作用并不具有统计意义上的显著性，而父母对于子女的情感回应具有显著的正向影响效果。其次，不同的家庭教养方式对于不同性别的儿童具有不同的影响。利他行为方面，与忽视冷漠型家庭教养方式相比，宽松放任型家庭教养方式能够显著增进男性儿童的利他行为，而不同家庭教养方式对于女性儿童均没有显著的影响。越轨行为方面，对于男性儿童，在四种家庭教养方式中，忽视冷漠型家庭教养方式下的儿童的越轨行为更加严重。相比之下，其余三种家庭教养方式下的男性儿童的越轨行为更少。对于女性儿童，与忽视冷漠型家庭教养方式相比而言，宽松放任型家庭教养方式下的儿童的越轨行为相对较弱。自主行为和交友行为方面，与忽视冷漠型家庭教养方式相比，宽松放任型和开明权威型的家庭教养方式下的男性儿童和女性儿童自主性更强，健康交友行为也会更强。

第八章 综合性分析与讨论

第一节 不同家庭环境之间的关系与讨论

一、家庭结构与家庭资本

大量研究表明，不管是婚姻因素还是非婚姻因素引致的家庭结构变化均会导致家庭经济状况的变化。具体来讲，婚姻的解体将会导致家庭经济状况的下降，单亲家庭的社会经济地位会普遍低于双亲完整家庭。尤其是单亲母亲家庭，贫困发生率更高①。父母外出导致与子女的分居是最为典型的非婚姻因素引起的家庭结构变动的原因，而引起父母外出流动的根本原因就在于家庭经济状况不佳，也就更难拥有足够的经济资本实现子女与父母共同的"家庭化"流动，从而造成了儿童不得不留守的尴尬局面②。在第五章中，已经分析了不同家庭结构类型在不同家庭社会经济地位中的分布。研究表明，家庭社会经济地位越低的儿童生活在亲子分离的家庭中的可能性越高，生活在双亲完整家庭中的可能性越高。卡方检验结果也显示，家庭结构类型在不同家庭经济状况、父母职业类型中的分布具有显著差异。由此可见，生活在不同家庭结构类型中的儿童，家庭社会经济地位具有明显的差异，双亲完整家庭拥有更理想的家庭社会经济地位。

从家庭资本的角度看，家庭可以为子女发展提供经济资本、社会资本与文化资本。家庭经济资本衡量父母能够用于提升子女学业、技能、才艺等方面的

---

① 王世军. 单亲家庭贫困问题 [J]. 浙江学刊，2002（1）：200-203.
② 吴愈晓，王鹏，杜思佳. 变迁中的中国家庭结构与青少年发展 [J]. 中国社会科学，2018（2）：98-120.

经济资源。家庭社会资本则是父母通过他们的社会关系获取资源嵌入的能力，从而为子女发展提供基于关系的资源。而家庭文化资本则可视为用于拓展子女发展的文化教育资源。那么，生活在不同家庭结构类型中的儿童所拥有的家庭资本是否具有差异？（如表 8-1）

表 8-1 家庭结构与家庭资本关系（单位：均值、%）

家庭资本类型	双亲完整家庭	单亲父亲家庭	单亲母亲家庭	双亲缺位家庭	总计
家庭经济资本					
儿童零用钱（%）					
没有	38.0	8.0	23.0	31.0	100.0
有	39.5	5.9	22.5	32.1	100.0
儿童课外读物支出（均值）	72.33	62.66	84.31	58.54	70.18
是否有大额存款（%）					
没有	37.0	8.1	23.9	31.0	100.0
有	50.0	1.5	18.4	30.1	100.0
家庭内部社会资本					
亲子互动频率（均值）	24.70	21.65	23.40	21.77	23.31
家长教育参与和干预（均值）	10.11	9.02	9.73	8.77	9.54
家长鼓励行为（均值）	20.95	19.16	20.80	19.39	20.31
家庭外部社会资本					
家长参加家长频率（均值）	3.83	3.62	3.78	3.40	3.67
社区活动参与（%）					
不参与	40.7	7.0	22.6	29.7	100
参与	40.1	4.8	22.2	32.9	100
与班主任熟悉程度（%）					
家长与班主任不熟悉	31.0	4.6	16.1	48.3	100
家长与班主任认识	41.2	8.4	23.1	27.3	100
家长与班主任熟悉	44.1	4.5	24.6	26.8	100

家庭资本类型	双亲完整家庭	单亲父亲家庭	单亲母亲家庭	双亲缺位家庭	总计
家庭文化资本					
家庭藏书数量（均值）	3.52	3.16	3.43	3.23	3.39
儿童课外书籍（均值）	3.16	3.13	3.03	2.77	3.01
家长重视学习程度（%）					
不重视	28.6	3.6	3.6	64.2	100
重视	39.6	6.1	24.1	30.2	100

首先，家庭经济资本方面。拥有 5 万及以上大额存款的家庭中，五成左右的家庭为双亲完整家庭，而无大额存款的家庭中双亲完整家庭的比重仅为 37%。同时，有大额存款的家庭中，单亲家庭的比重远低于无大额存款的家庭。可见，不同家庭结构类型中家庭经济状况不同，家庭经济状况不好的儿童生活在双亲完整家庭中的可能性更低，而生活在单亲家庭、双亲缺位家庭中的可能性更高。此外，生活在双亲完整家庭中的儿童父母用于儿童课外发展的经济资源更具有优势，往往拥有更多的零用钱和课外读物支出。

其次，家庭社会资本方面。第一，家庭内部社会资本。生活在双亲完整家庭中的儿童拥有更多的家庭内部社会资本。父母与子女的亲子互动频率更高，父母会投入更多的时间和精力参与和干预子女的学业发展，在学习和生活中子女也会得到更多来自父母的鼓励。相反，生活在单亲家庭或者双亲缺位家庭中的儿童在家庭内部社会资本方面具有明显的劣势。F 检验的结果（三个因变量均在 0.01 的水平上显著）表明，三类非双亲家庭在亲子互动频率、家长教育参与和干预、家长鼓励行为三方面与双亲完整家庭相比具有显著的差距。而在三类非双亲完整家庭中，单亲母亲家庭与双亲完整家庭的差距最小。第二，家庭外部社会资本。生活在双亲完整家庭中的儿童在家庭外部社会资本方面具有明显的优势。父母参与学校家长会的频率更高，与班主任的熟悉程度更高。

再次，家庭文化资本方面。生活在双亲完整家庭中的儿童在家庭文化资本方面具有显著优势。家庭的藏书数量更多，儿童也拥有更多的课外书籍，家长更加重视儿童的学习。在 F 检验中，三类非双亲完整家庭中的儿童在家庭藏书、课外书拥有量方面均具有明显的劣势（两个因变量均在 0.1 的水平上显著）。家长的学习重视程度与家庭结构的交叉表的卡方检验中，$\chi^2(3, N = 1013) = $

16. 223，p<0. 01，Phi=0. 127，单亲家庭与双亲缺位家庭中的父母对儿童的学习重视程度更低。

二、家庭结构与家庭教养方式

在亲子关系和家庭教养行为的研究中，母亲与子女间的关系通常更加受到重视。但事实上，不管是在结构功能主义、家庭资本理论，还是在"双系抚育"与"基本三角"的观点中，父母的共同抚育才能为儿童的发展营造良好的教养环境。在儿童的成长中，父亲和母亲扮演完全不同的社会角色。从具体的教养方式看，早在19世纪弗洛伊德就对父母不同教养方式进行简单的划分，认为父亲主要负责提供规则和纪律，母亲负责提供爱与温暖。在随后的研究中，研究者将这一观点进行了拓展，将家庭角色与性别特征联系起来。并指出，由于父亲指导性更强，适宜制定规则。而母亲则更善于表达和倾听，情感比较敏感细腻，适宜处理与子女的关系①。不同于传统社会中"严父慈母"的教养形象，在现实生活中，父亲在与子女的互动中往往是以保护者、玩伴、道德规范者等角色出现，形成了愉悦的互动场景。因此，在儿童发展的某些行为特征上，父亲甚至具有更加重要的抚育作用②。

不仅父母两性的教养方式存在天然的差别，在现实生活中，婚姻因素或非婚姻因素导致的亲子居住安排的变化与家庭教养方式之间也均具有密切的关系。大量研究表明，婚姻因素导致的婚姻解体对父母的教养方式、儿童的发展均具有负面影响。一方面，婚姻的变动会导致父母原有的教养方式的变化或者父母教养方式不一致，而这一变化结果往往又与亲子冲突相联系，会导致充满敌意的家庭环境，造成所谓的"负面溢出效应"③。另一方面，在一个充满敌意的家庭环境中，同样会造成父母教养方式的不一致，并增加父母关系的冲突，并最终导致儿童行为问题的出现。从而陷入父母关系、亲子关系冲突、家庭教养方式不一致的恶性循环中④。不仅如此，由于婚姻变动导致单亲父亲和单亲母亲家

---

① 桑标. 儿童发展 [M]. 上海：华东师范大学出版社，2014，10：380-381.

② 吴齐殷. 家庭结构、教养实施与青少年的行为问题 [J]. 台湾社会学研究，2000 (7)：51-95.

③ KWOK S Y C L，CHENG L，CHOW B W Y，et al. The Spillover Effect of Parenting on Marital Satisfaction Among Chinese Mothers [J]. Journal of Child and Family Studies，2015，24 (3)：772-783.

④ TEUBERT D，PINQUART M. The association between coparenting and child adjustment：A meta-analysis [J]. Parenting，2010，10 (4)：286-307.

庭的出现，尽管父亲和母亲同样都容易受到婚姻冲突的负面影响，但是对父亲的影响可能更加严重。因为父亲可能难以区分作为丈夫和父亲的角色，更容易将婚姻冲突导致的负面影响传递到家庭之中，从而转嫁到子女的身心发展上[①]。

而在非婚姻导致的家庭结构变化中，父母外出导致的亲子分离是最为常见的现象。一方面，亲子分离的家庭主要发生在农村地区，农村地区的家庭结构与城镇地区截然不同，除了经济禀赋条件更差外，农村地区多为多子女家庭。随着经济与教育条件的逐步改善，父母越来越重视子女的教育，希望子女能够"跳出农门"，因此其教养方式也多以较为严格的"父母为中心"的方式为主。另一方面，由于经济压力所致，父母选择外出务工导致儿童与父母长期分开居住，父母不在身边陪伴和监督，没有时间和精力顾及孩子的方方面面，家庭教养方式也存在部分失效或者被隔代教养所取代。研究表明，由于父母外出，生活在非双亲完整家庭中的儿童在感受到父母的情感支持、保护、监控、理解和关爱行为等方面明显低于双亲完整家庭中的儿童[②]。不仅如此，在部分农村地区，重男轻女的传统观念依然在影响着部分家长的教养行为，形成对男性儿童和女性儿童之间的教养差别。

在本文的研究中，由于亲子分离导致的家庭结构变化与家庭教养方式的关系仍然是明显的（如表8-2）。在与父亲单独居住的单亲父亲家庭中，家庭教养方式以宽松放任型为主（占比为31.3%）。而其余三种居住类型中，主要以开明权威型的家庭教养方式为主。值得注意的是，儿童与父母双方共同居住的双亲完整家庭中，开明权威型家庭教养方式的比重达40.6%，明显高于仅父母一方或者父母双方均不与儿童共同居住的非双亲完整家庭。说明在双亲完整的家庭中，父母大多倾向于开明权威型的教养方式。可以看出，调查地家庭中的父母教养方式一方面也符合中国传统文化观念，更加倾向于对子女给予更多的保护和控制行为。另一方面，父母也更加注重培养儿童独立自主的能力，放任子女并鼓励儿童培养自身的爱好和兴趣。

---

① 李德. 中国家庭教养方式与青少年发展［M］. 北京：社会科学文献出版社，2018：68-70.

② 姚鲲鹏. 柳州农村初中留守学生父母教养方式与焦虑水平的相关研究［J］. 柳州师专学报，2010，25（4）：101-104.

表 8-2　家庭结构与家庭教养方式分布交叉表（单位：%）

	忽视冷漠型	专制权威型	宽松放任型	开明权威型	总计
双亲完整家庭	20.3	20.8	18.3	40.6	100.0
单亲父亲家庭	21.9	28.1	31.3	18.7	100.0
单亲母亲家庭	18.9	25.2	24.3	31.6	100.0
双亲缺位家庭	20.7	23.3	26.7	29.3	100.0

三、家庭资本与家庭教养方式

一方面，家庭背景作为社会流动和阶层代际传递的重要因素，主要是通过家庭经济资源与非经济资源两大机制作用于儿童的成长过程。而在家庭非经济资源中，除了家庭资本中包含的家庭内部社会资本、外部社会资本和文化资本，家庭教养方式也是重要的表现形式①。大量的研究表明，以家庭教养方式为主的家庭非经济资源对儿童发展的重要性甚至要大于经济资源②。另外一方面，家庭经济资源和诸多非经济资源对于家庭教养方式具有重要的影响。从研究经验来看，主要是围绕家庭社会经济地位（家庭经济状况、父母职业、父母受教育程度）来探讨对家庭教养方式的影响。西方情境下的研究表明，不同社会阶层、不同教育背景的父母对于子女的教养方式往往是不同的。家庭社会经济地位较低的社会阶层父母对于儿童的教养更倾向于"放任自流"的宽松教养方式。而家庭社会经济地位较高的父母对儿童的管理则更加严格和精细化，会安排更多的时间和精力来督促和参与儿童的成长过程③。那么，在中国农村地区的家庭教养方式在不同群体间的分布如何？在第七章中本文呈现了不同家庭教养方式在不同家庭社会经济地位群体间的分布。研究表明，经济状况不同、父母职业不同和父母受教育程度不同的家庭，父母对于子女的教养方式具有明显的差异。在家庭社会经济地位较高的家庭中，父母对于子女更倾向于实施开明权威型和宽松放任型的家庭教养方式。而这种教养方式与西方现代的精细化、严格化、弹性化的方式具有一定的"趋同性"，反映出以调查地为代表的农村地区家庭教

---

① 谢宇，等. 中国民生发展报告 2018—2019 [M]. 北京：社会科学文献出版社，2019：177-178.

② HANUSHEK E A. What money can't buy: Family income and children's life chances [J]. Journal of Policy Analysis and Management, 1998, 17 (3).

③ LAREAU A. Unequal Childhoods: Class, Race, and Family Life [M]. Berkeley: University of California Press, 2003: 68-132.

养方式正在逐步发生转变。

值得注意的是，家庭教养方式一定程度上是文化背景影响的产物。东西方文化的差异使得西方家庭父母的教养方式与华人家庭的教养方式具有很大的差异。例如，研究表明东亚家庭中的父母和儿童普遍具有更加积极的教育态度和行为。因此，在儿童学业发展中能够较少地受到家庭社会经济地位的影响，社会经济条件不太好的家庭中的儿童也具有良好的学业表现，这在很大程度上源于中国儒家文化观念的影响①。尤其在许多中国农村地区，传统文化观念的影响依然根深蒂固。因此，从家庭社会经济地位的单一角度已经不能完全揭示影响家庭教养方式的重要因素。根据本文对于家庭资本的划分，不仅包含着家庭经济的因素，更包含了诸多家庭社会关系、文化资源的因素，有必要综合考察各类家庭资本对家庭教养方式的影响。

为了考察不同的家庭教养方式是否受家庭经济资本、社会资本和文化资本的影响，采用了区别分析（discriminant analysis）检验不同的家庭资本类别对家庭教养方式分类的正确性（如表 8-3）。从下表可以发现，家庭经济资本、社会资本和文化资本三类自变量可以有效区分调查地儿童的家庭教养方式。其中，有两个区别函数达到了显著，第一个区别函数的 Wilk's Λ 为 0.274（p<0.001）、第二个区别函数的 Wilk's Λ 为 0.885（p<0.001）。从标准化典型区别系数值来看，与第一函数关系较为密切的变量是家长的鼓励行为，与第二函数关系较为密切的变量是家中是否有 5 万及以上大额存款、亲子互动频率两个变量。因此，第一区别函数主要是由家长的鼓励行为而有效区别不同的家庭教养方式的样本。而第二函数则主要是由家中是否有 5 万及以上大额存款和亲子互动频率来有效区分不同家庭教养方式的差异。

从正确率交叉表来看，在 100 位忽视冷漠型样本中被三组自变量区别分类正确的样本有 54 位，分类正确预测率为 54.0%。在 114 位专制权威型样本中被三组自变量区别分类正确的样本有 73 位，分类正确预测率为 64.0%。在 113 位宽松放任型样本中被三组自变量区别分类正确的样本有 75 位，分类正确预测率为 66.4%。在 165 位开明权威型样本中被三组自变量区别分类正确的样本有 104 位，分类正确预测率为 63.0%。从有效样本的总预测率来看，家庭资本的三组自变量区别不同家庭教养方式的百分比为 62.2%，具有较强的区别力，即不同

---

① HSIN A, XIE Y. Explaining Asian Americans' academic advantage over whites [J]. Proceedings of the National Academy of Sciences of the United States of America, 2014, 111 (23)：8416.

表8-3　家庭经济、社会与文化资本对不同家庭教养方式的区别分析

自变量		标准化典型区别系数			结构系数			未标准化区别函数		
		函数1	函数2	函数3	函数1	函数2	函数3	函数1	函数2	函数3
经济资本	儿童是否有零用钱（无）	-0.092	0.095	0.635	0.000	0.144	0.621	-0.230	0.238	1.592
	家庭课外读物支出	0.077	-0.138	0.098	0.047	-0.085	0.182	0.001	-0.001	0.001
	家中有无大额存款（无）	0.023	0.650	-0.023	0.058	0.638	0.052	0.053	1.497	-0.053
	亲子互动频率	-0.089	0.570	-0.157	0.073	0.638	-0.060	-0.011	0.072	-0.020
社会资本	家长教育参与和干预	-0.127	-0.086	-0.096	0.391	0.018	-0.037	-0.044	-0.030	-0.033
	家长鼓励行为	1.058	-0.096	-0.002	0.979	0.052	0.036	0.330	-0.030	-0.001
	家长参加家长会频率	0.054	0.167	-0.289	0.229	0.171	-0.209	0.046	0.142	-0.244
	家长社区活动参与（否）	-0.035	0.100	-0.191	-0.010	0.258	-0.178	-0.074	0.213	-0.404
	家长与班主任不熟悉（认识）	-0.024	-0.364	-0.086	-0.039	-0.420	-0.087	-0.065	-0.961	-0.226
	家长与班主任熟悉（认识）	-0.044	-0.140	0.103	0.002	0.111	0.072	-0.091	-0.291	0.215
文化资本	家庭藏书数量	0.029	-0.042	-0.167	0.022	0.002	-0.083	0.023	-0.034	-0.135
	儿童课外书籍数量	-0.019	-0.110	0.590	0.047	0.084	0.588	-0.018	-0.102	0.546
	家长是否重视学习（否）	0.038	0.171	0.306	0.110	0.117	0.346	0.271	1.227	2.191
	截距							-6.579	-2.354	-2.842

第一个区别函数：λ=2.234　Wilk's Λ=0.274　卡方值=625.217***

第二个区别函数：λ=0.103　Wilk's Λ=0.885　卡方值=58.864***

第三个区别函数：λ=0.025　Wilk's Λ=0.976　卡方值=11.689

注：* p<0.05；** p<0.01；*** p<0.001

的家庭资本类型对于不同的家庭教养方式具有显著的影响（如表8-4）。

表8-4 不同家庭教养方式分类正确率交叉表（单位：个、%）

家庭教养方式	实际分类样本	区别预测结果分类			
		忽视冷漠型	专制权威型	宽松放任型	开明权威型
忽视冷漠型	100	54	45	1	0
	100	54.0	45.0	1.0	0.0
专制权威型	114	39	73	1	1
	100	34.2	64.0	0.9	0.9
宽松放任型	113	1	1	75	36
	100	0.9	0.9	66.4	31.8
开明权威型	165	3	0	58	104
	100	1.8	0.0	35.2	63.0

注：总预测正确率=62.2%

第二节 家庭环境对儿童影响的总结与讨论

一、家庭居住安排（家庭结构）的影响

大量的经验研究表明，家庭结构变迁对儿童发展所产生的负面影响具有诸多一致性的认识。但应当注意，目前大多数研究主要集中于探讨离婚或者离婚导致的原生家庭的解体或重组对子女发展的负面影响。婚姻变动导致父母家庭角色、亲子关系、社会关系等的重新变化，对儿童的影响是多方面的[1]。例如，与完整的双亲家庭相比较，离婚家庭中成长的儿童作为特殊的社会群体，面临着认知发展缓慢、情绪情感消极、行为问题多发、性格缺陷严重、社会适应困难等难题[2]。在当下的中国农村地区，由于父母外出务工所引发的亲子分离现象所形成的家庭结构变动对儿童的影响值得我们关注。但是，以子女是否与父母

---

① 吴就君. 婚姻与家庭 [M]. 台湾：华腾文化股份有限公司，2014：250-300.
② 戴斌荣. 离异家庭子女的心理缺陷与教育 [J]. 天津师大学报（社会科学版），2000（01）：30-34.

共同居住为标准所区分的家庭结构对儿童影响的研究成果依然十分缺乏。在第五章中,本文以子女是否与父母共同居住为标准将家庭结构区分为双亲家完整庭、单亲父亲家庭、单亲母亲家庭、父母缺位家庭四类来考察在调查地儿童群体在学业发展、心理健康和行为问题方面的发展是否呈现出显著差别。研究发现,单亲家庭中的儿童在学业成就、心理健康和行为问题方面的表现均显著低于双亲完整家庭中的儿童。而不同家庭结构之间导致的儿童表现差距在一定程度上是由于家庭社会经济地位和父母的教育参与程度这两个关键因素所造成的。此外,家庭结构在不同群体之间的分布也具有明显的异质性,家庭社会经济地位较低的家庭更容易增加儿童与父母之间分居的可能性。

首先,家庭结构对儿童的学业成就影响方面。三类非双亲完整家庭中的儿童在学业成绩方面显著落后于双亲完整家庭的儿童。而在家庭社会经济地位或者在父母教育参与一致的情况下,非双亲完整家庭中的儿童能够明显缩小或者消除与双亲完整家庭中儿童的学业成绩差距。表明家庭社会经济地位和父母的教育参与机制均可解释非双亲完整家庭与双亲完整家庭之间儿童学业的差距。其次,家庭结构对儿童的心理健康影响方面。主要体现在儿童抑郁感和孤独感两个方面。双亲缺位家庭中儿童的抑郁感和孤独感显著高于双亲完整家庭。但在家庭社会经济地位一致的情况下,这种差距没有得到明显的抑制。而在父母教育参与一致的情况下,双亲缺位家庭的儿童抑郁感和孤独感得到了明显的抑制或者消除。表明父母教育参与的机制能够解释双亲缺位家庭与双亲完整家庭之间儿童抑郁感和孤独感的差异。再次,家庭结构对儿童社会行为影响方面。主要体现在儿童利他行为与儿童交友行为两个方面。双亲缺位家庭中儿童的利他行为和交友行为均明显落后于双亲完整家庭。家庭社会经济地位并不能消除这种差距。而在父母教育参与一致的情况下,双亲缺位家庭中儿童的利他行为与交友行为与双亲完整家庭无异。表明父母的教育参与机制能够解释双亲缺位家庭与双亲完整家庭之间儿童利他行为与交友行为的差异(如图8-1)。

上述结论表明,子女与父母的亲子分离对儿童成长具有负面的影响。不管是在学业成就、心理健康或者是社会行为问题方面均会显著落后于那些与父母共同生活的儿童。不仅如此,随着年龄的增长,这种负面影响可能会持续到儿童成年后家庭社会经济地位的获得①。这也再次说明儿童与父母所组成的核心家庭的"基本三角"关系中,"双系抚育"形塑的家庭结构才是最有利于儿童发

---

① DICKIE G L. Growing Up with a Single Parent: What Hurts, What Helps [J]. Canadian Medical Association journal, 1995, 152 (14): 966-968.

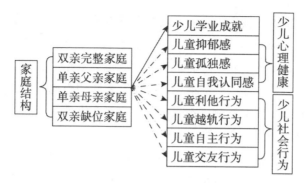

图 8-1　家庭结构对儿童发展的影响与作用机制

注：表中实线箭头表示"家庭社会经济地位"与"父母的教育参与"双重机制；虚线箭头表示"父母的教育参与"机制。

展的居住安排形式。在这一关系结构中，父亲和母亲分别扮演社会性和生理性的抚育角色，二者缺一不可。尽管这种认识早已在大量关于婚姻变动与儿童发展的研究中得到证实。但是，在当下的中国农村地区，由于大量的父母外出务工，以及越来越多的女性参与劳动力市场，女性必须在工作和儿童照顾的双重角色中寻求平衡，传统母亲与儿童之间天然的亲子关系受到了挑战。因此，即便在父母婚姻关系完好的家庭中子女与父母的分开居住对儿童所造成的负面影响仍然没能引起能学界足够的重视。而上述研究结论为我们关注和进一步研究农村地区儿童与父母的居住安排所导致的家庭结构变化所带来的影响提供了新的思路。

二、家庭社会经济环境（家庭资本）的影响

（一）家庭资本影响的整体情况

一定程度上讲，家庭资本衡量了一个家庭所能够用于儿童发展的经济资源和非经济资源的总和。因此，家庭资本具有丰富的内涵。在本文的分析中分别包含了家庭经济资本、家庭社会资本和家庭文化资本。正如上文所指出的，部分研究表明，家庭经济资源是影响儿童发展的最重要的家庭因素之一。尤其在子女的教育中，家庭的经济实力和经济状况是影响子女学业成就的因素。而部分研究则指出，尽管家庭经济因素是影响儿童成长的重要变量，但是非经济的影响更加深刻和持久。尤其是以科尔曼为代表的社会资本理论认为，家庭社会

资本是影响儿童发展的核心因素。家庭社会资本不佳的家庭，父母难以为子女提供具有竞争力的家庭教育环境。但是，也有部分针对农村地区的研究表明，家庭社会资本对儿童的学业发展的影响并没有得到数据的验证。本文的研究结论则支持了科尔曼的家庭社会资本理论，研究表明调查地儿童的家庭社会资本对儿童的发展具有重要的影响。不仅如此，在很多方面，家庭社会资本的影响远远超过了家庭经济资本和家庭文化资本。

首先，家庭资本对儿童学业成就影响方面。在三类家庭资本中，家庭社会资本对于儿童的学业成就具有最大的解释力。在家庭社会资本中，家庭内部社会资本的影响明显高于家庭外部社会资本。其中，父母与子女之间的亲子互动和家长对于子女的鼓励在促进子女的学业成就方面具有积极的影响。其次，家庭资本对儿童心理健康影响方面。在三种家庭资本类型中，家庭社会资本对儿童的抑郁感、孤独感和自我认同感都具有最强的解释力，且主要是通过父母对于子女的鼓励行为来实现的。家庭经济资本对儿童抑郁感和儿童自我认同感影响不显著。而家庭文化资本对儿童的抑郁感的影响较小，但对儿童孤独感和自我认同感则具有显著的解释力。再次，家庭资本对儿童社会行为影响方面。家庭经济资本仅对儿童的利他行为具有显著的影响，其他方面均不具有显著的解释力。家庭社会资本对儿童的利他行为、自主行为和交友行为具有显著的解释力，且主要是通过父母对于子女的鼓励行为和参加家长会的频率来实现的。家庭文化资本对于儿童的自主行为和利他行为影响较弱，对于儿童的越轨行为和交友行为具有显著的影响。

（二）家庭资本影响的路径分析

有研究表明，家庭资本的积累与父母的受教育程度和职业具有密切的关系。一般而言，子女的父母受教育程度越高、职业类型越好的家庭，家庭资本也就越丰富。一方面，为了揭示调查地样本中父母背景与家庭资本之间是否具有密切的关系。另一方面，我们更加关心家庭社会资本是通过何种路径作用于结果变量。为了揭示其中的规律，继续将父母的背景变量作为自变量而将社会资本作为因变量（仅选择对学业成就具有显著影响，回归系数在 0.05 水平上显著的变量），考察社会资本是否作为父母背景的部分中介，从而影响儿童的发展（如表 8-5）。

上述回归结果显示，就家庭经济资本而言，父母受教育年限的回归系数在 0.01 的水平上显著。父母受教育年限越高的家庭越重视儿童的课外的经济投入，父母的受教育年限每增加 1 个单位，父母对于子女的课外读物投入就增加 0.12

表8-5　父母背景对于家庭资本的影响（基于 OLS 与 Logistic 回归）

父母背景	经济资本			内部社会资本			外部社会资本			文化资本		
	课外支出	有无零钱	有无存款	亲子互动	教育参与	教育鼓励	家长会频率	社区活动	老师熟悉	家庭藏书	课外读物	学习重视
父母受教育年限	0.122** (3.072)	0.034 (.029)	0.051+ (.028)	0.042 (1.055)	0.067 (1.499)	0.043 (1.057)	0.016 (.365)	0.039 (.026)	-0.016 (.031)	0.170*** (4.287)	0.113** (2.842)	0.027 (.085)
管理技术（务农）	0.076+ (1.749)	0.044 (.490)	0.467 (.421)	-0.023 (-0.537)	0.029 (.613)	-0.034 (-0.801)	-0.151** (-3.193)	-0.149 (.398)	-0.124 (.466)	-0.080 (-.192)	-048 (-1.128)	-0.148 (1.137)
普通工人（务农）	0.053 (1.110)	-0.344 (.248)	0.242 (.241)	-0.057 (-1.84)	0.069 (1.271)	0.044 (.904)	-0.049 (-0.906)	-0.220 (.212)	-0.331 (.247)	-0.016 (-0.330)	-0.037 (-0.767)	1.017 (.876)
个体劳动（务农）	0.012 (.246)	0.157 (.290)	0.815*** (.249)	0.041 (.853)	0.085 (1.588)	0.042 (.865)	-0.029 (-0.548)	0.037 (.227)	0.614+ (.318)	-0.034 (-0.721)	0.058 (1.216)	-0.012 (.720)
确定系数或伪确定系数	0.022	0.009	0.026	0.009	0.011	0.006	0.024	0.009	0.019	0.034	0.022	0.004

注：+ p<0.10; * p<0.05; ** p<0.01; *** p<0.001，常数项的结果略。职业类型以务农为参照。

个单位。此外，相对于在家务农的父母而言，担任管理或技术人员的父母更愿意在扩展子女课外阅读方面投入更多的资源。就家庭内部社会资本而言，父母的教育和职业背景的回归系数并不显著，表明父母的背景并未对其产生显著的影响。就家庭外部社会资本而言，作为管理人员或者技术人员的父母参与学校举办的家长会的频率要低于在家务农的家长。家庭文化资本方面，父母受教育程度在家庭藏书量和儿童课外书籍拥有量的回归系数分别在 0.001 和 0.01 的水平上显著。意味着父母的受教育年限越高，其家庭藏书量越丰富，儿童课外书籍拥有量也会更多。

　　前文的研究显示，对于调查地儿童的学业成就、心理健康和社会行为，父母的教育和职业背景变量一方面具有直接的影响效果，另一方面，正是通过作用于家庭资本的变量而产生间接影响效果。家庭资本对于儿童学业成就的影响与父母的社会经济地位具有密切的关联。家庭经济资本受到父母受教育年限与父母职业类型的双向影响，家庭内部社会资本则并未受到父母教育和职业背景的显著影响，外部社会资本主要受到父母职业类型的单向影响，家庭文化资本主要受到父母受教育程度的单向影响。综合上述分析，绘制了家庭资本对于儿童发展的影响路径图（如图 8-2）。

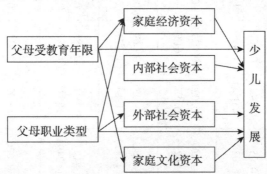

图 8-2　家庭背景、社会资本与儿童发展影响机制

　　尽管家庭资本与父母的受教育程度和父母职业类型具有一定的关联性，但回归结果显示这种关联性并不强，仅呈现出弱相关关系。事实上，由于对调查家庭真实的经济状况难以把握，从而容易忽略家庭社会经济地位带来的影响。另外一方面，由于农村地区大多数家长受教育年限不高（平均受教育年限仅为7.6 年），接受过高中、大学及以上学历的人数并不多，从而一定程度上弱化了父母教育背景的影响。此外，在父母的职业类型中，担任管理或中高级专业技术人员的比重为 5.6%，对家庭外部资本反而产生了部分消极的影响。而普通工

人、个体劳动者和务农者的比重分别为39.25、26.8%和28.4%，在后三种职业类型中作为个体劳动者的家庭经济条件相对较好，对家庭经济资本的影响显示出了部分区别性。而对于其他类型的资本则没有产生明显的影响效果。表明在调查地，并未证实由父母职业决定的阶层地位的变化不会引起家庭内部社会资本的变化，从而对儿童的发展产生不同的影响。例如，田丰、静永超（2018）利用中国家庭教育追踪调查基线数据所进行的家庭阶层地位、社会资本与青少年学业之间关系的研究发现，家庭内部社会资本对于青少年学业成就的影响会随着家庭阶层地位的变化而变化①。但是，家庭阶层的地位差别所带来的不同效应是否在城乡间呈现出不同的差异，并未在已有的研究中得到印证。尽管如此，上述发现依然为解释这种差异提供了一种可能的解释路径，即在农村地区由父母职业相区隔的家庭阶层地位并不会对家庭内部社会资本产生明显的影响，从而进一步作用于儿童的各个方面。同时，农村地区的家庭阶层地位也不会对儿童的发展产生明显的影响。

综上所述，调查所在农村地区父母的背景并未如此深刻地通过影响家庭资本间接影响子女的发展。以儿童学业为例，已有的研究中表明在城市地区，社会经济地位对儿童学业成就的影响明显大于农村地区的儿童。在农村地区，儿童的学业成绩表现如何更多地取决于自身的努力程度和自觉行为。本研究为了进一步验证在调查地学龄儿童自身努力程度对于学业成就的影响，加入了儿童"自我执行力""独立自主能力"变量来检验。验证结果表表明，随着变量的加入显著提升了回归方程的解释力度，儿童的自身的努力和自信心对于学业具有重要的影响。但是本研究在呈现出的父母背景如何通过家庭资本影响儿童学业的机制中，父母背景的间接影响并不明显。

上述结论还表明，研究样本中父母与子女间的家庭资本代际传递并没有延续经典的解释路径。传统的社会资本理论认为，教育作为一个重要而隐秘的渠道，在实现家庭资本在父代和子代中的代际传递中扮演着极为重要的角色。但是，由于家庭资本在不同的社会阶层中的分配是非均衡的，所以不同阶层家庭的儿童在学业的获得乃至毕业后进入职场也会表现出不同的阶层差异②。然而，农村家庭父母受教育背景和职业背景通过教育方式传递家庭资本的效应并不明显，例如对于儿童学业具有最显著解释力的家庭内部社会资本，并未受到父母

① 田丰，静永超. 家庭阶层地位、社会资本与青少年学业表现 [J]. 复旦学报（社会科学版），2018，60（6）：190-200.

② 布尔迪厄，帕斯龙. 再生产：一种教育系统理论的要点 [M]. 北京：商务印书馆，2002：90-100.

背景的影响。说明在农村地区，学生往往通过家长不断的鼓励和自身的努力程度提升自身的学业。这与城市地区的父母背景通过家庭资本对儿童学业成就产生影响的机制和路径是完全不一样的，这一结论在既有的研究中较少论及。

三、家庭教养环境（家庭教养方式）的影响

家庭教养方式是通过潜移默化的影响将父母的抚育观念、价值、态度等教养行为传递给儿童。长期以来，研究者对家庭教养方式进行了深入的研究，并试图寻求何种教养方式更加有利于儿童的发展。部分经典的理论研究已经具有较为一致的认识，即权威型的家庭教养方式可能是更有利于儿童成长和发展的方式。但是，也有部分研究者认为，宽松、民主、自由的教养方式更有利于儿童的成长和发展。也有研究者综合了这两种观点的核心思想，认为权威型和宽松民主型相结合的家庭教养方式才是儿童成长最有利的教养环境。此外，家庭教养方式与所处的文化背景具有密切的关系。受传统儒家文化的影响，中国当代社会依然保留了"父权制"的遗存，"父权制"强调子女的顺从，对父母尤其是对父亲的尊敬且不违背其意见[1]。因此，家庭教养方式更多地表现出威权的特征，以严厉的管教方式为主。但是自改革开放以来，中国的经济社会面临快速的转型与变迁，家庭结构与家庭教养方式也面临着新的变化，家长的抚育观念和目标也发生了变化。尤其在城市地区，家庭教养方式已逐渐从"以父母为主"的专制权威的教养模式向"以孩子为中心"的开明权威的教养模式转变[2]。以孩子为中心的教养方式也容易衍生出对孩子过度的干预和控制的问题，使其背离传统的抚育观念与价值。而相比于城市地区，农村地区的家庭教养方式则保留了更多的传统的儒家教养方式的理念与传统。与此同时，受外部环境的影响，农村地区的家庭教养方式也表现出逐渐趋同于城镇的趋势。

本文在农村地区的调查与研究发现，家庭教养方式对儿童的成长与发展具有重要的影响，不同风格的教养方式对儿童学业成就、心理健康和社会行为具有不同的影响（如图8-3）。首先，对儿童学业成就的影响方面。在父母对于子女的"行为要求"和"情感回应"两个维度中，"情感回应"的影响最为明显，即父母对于儿童的鼓励和回应是促进儿童学业的关键因素。在不同家庭教养方

---

① 朱美静，刘精明. 教养方式对儿童学业能力的影响［J］. 社会发展研究，2019，6（2）：43-62.

② 刘静. 上海家庭教育的现状及发展思考［J］. 当代青年研究，2012（9）：18-23.

式中，开明权威型和宽松放任型家庭教养方式下的儿童学业表现最好。其次，对儿童心理健康的影响方面。高行为要求和高情感回应有助于缓解儿童的抑郁感和孤独感，显著提升儿童的自我认同感。在不同的家庭教养方式中，宽松放任型和开明权威型的家庭教养方式能够显著地抑制儿童的抑郁感和孤独感，显著地提升儿童自我认同感。再次，对儿童社会行为的影响方面。父母对于子女的"行为要求"和"情感回应"在儿童的越轨行为和自主行为方面具有重要的影响作用。在不同的家庭教养方式中，与忽视冷漠型家庭教养方式相比，其他三类家庭教养方式能够显著抑制儿童的越轨行为，显著地增强儿童的自主行为。而宽松放任型和开明权威型家庭教养方式对儿童的利他行为和交友行为具有显著的正面效应。此外，不同的家庭教养方式对于不同性别的儿童具有不同的影响。

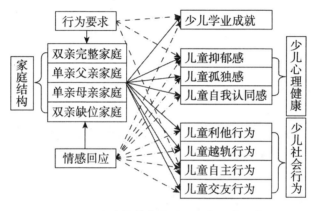

图 8-3　家庭教养方式对儿童发展的影响

注：表中实线箭头表示家庭教养方式对儿童发展的影响；虚线箭头表示"行为要求"与"情感回应"维度对儿童发展的影响。

由此可见，家庭教养方式对儿童发展具有重要的影响。在过往的诸多研究中，研究者普遍更加关注家庭经济资源、社会资源和文化资源方面的资本投入，以及父母的监督管理、教育参与等实践行为对子女发展的影响。即过多地关注"资源投入"的影响，而忽略了"情感投入"的价值。本研究利用农村的调查数据厘清了一个基本的事实，即相较于忽视冷漠型和专制权威型家庭教养方式，开明权威型和宽松放任型家庭教养方式更加有利于儿童的成长。尽管父母对于子女较高的"行为要求"对儿童的发展产生了正面的影响，但是父母对子女的高"情感回应"才是影响儿童发展的关键因素。当然，子女的发展离不开父母的资源投入和情感投入，父母的资源对于儿童的学业能够产生积极的正面效应，但是对于子女的心理健康和社会行为方面的影响并非如此明显。有研究甚至认为，父母在子女教育的经济投入可能对子女的认知能力的发展带来负面影响①。相反，情感的投入对于子女的学业、心理健康和社会行为三个方面均具有显著的影响。因此，本研究结论与早前的部分研究成果具有一致的观点，在儿童的成长过程中父母应该对于过多的"资源投入"保持谨慎的态度，避免盲目的投入。相反，家长应该注重保持与子女间的亲子互动，积极扮演引导者的角色，通过不断的情感回应保持与子女的沟通和交流，在生活和学习中不断鼓励子女追求自己的理想和目标。父母对子女要在保持合理的"行为要求"的基础上，为子女的成长营造一个宽松、自由、开放、和谐的教养环境，鼓励儿童培养独立自主、自力更生的生活价值观念。

第三节　本章总结

本章讨论了不同类型的家庭环境之间的关系。首先，从家庭结构与家庭资本的关系看，不同家庭结构下家庭经济资本、社会资本和文化资本具有明显的差异。其次，从家庭结构与家庭教养方式的关系看，单亲父亲家庭的教养方式以宽松放任型为主。而其余三种居住类型中，主要以开明权威型的家庭教养方式为主。且双亲完整的家庭中，父母大多倾向于开明权威型的教养方式。再次，从家庭资本与家庭教养方式来看，家庭资本的三组自变量对家庭教养方式的区别正确率为 62.2%，即不同的家庭资本类型对于不同的家庭教养方式具有显著的影响。在此基础上，总结和讨论了家庭环境对儿童的综合性影响。研究表明，子女与父母的亲子分离对儿童成长具有负面的影响。此外，父母的教育和职业背景变量一方面具有直接的影响效果；另一方面，正是通过作用于家庭资本的变量而产生间接影响效果。父母对于子女较高的"行为要求"对儿童的发展产生了正面的影响，但是父母对子女的高"情感回应"才是影响儿童发展的关键因素。因此，家长应该注重保持与子女间的亲子互动，积极扮演引导者的角色，通过不断的情感回应保持与子女的沟通和交流，在生活和学习中不断鼓励子女追求自己的理想和目标。

---

① 卢春天，李一飞，陈玲. 情感投入还是经济支持：对家庭教育投资的实证分析 [J]. 社会发展研究，2019，6（1）：50-67.

第九章　家庭环境与儿童发展的政策性建构

第一节　家庭分工抚育模式转向

一、传统家庭儿童抚育模式走向多元化

儿童的照顾政策所涉及儿童的照顾责任的归属，实质上反映出家庭在劳动与儿童照顾之间的性别分工。在不同的历史时期、不同的国家或地区、不同的社会文化背景下，形塑了不同的儿童照顾的性别分工模式和家庭生计承担模式。在国家如何通过公共政策有效介入到儿童的照顾中。对于家庭与工作相平衡的公共政策，往往需要满足三个基本的条件，一是拥有足够的时间，二是拥有充分的收入，三是能够提供照顾服务①。在不同的就业时间、福利给付和福利提供下，会产生不同的家庭生计承担者模式。一是普适性的家庭生计承担者模式（以北欧国家为代表），这一模式中父母亲同为家庭生计的承担者。二是修正的家庭生计承担者模式（以法国为代表），这一模式中父亲为家庭生计承担者，母亲则在婚育阶段选择退出劳动力市场。三是地中海模式或东亚模式（以意大利、西班牙、中国台湾地区为代表），这一模式中父亲为家庭生计承担者，母亲则为家庭照顾者②。因此，这实质上反映了不同的社会中儿童福利体制的特性以及在劳动分工中对于性别平等的不同观念。

在传统的中国农村地区，自给自足的小农经济占有支配地位，传统封建伦

---

① GORNICK J C, MEYERS M K. Creating gender egalitarian societies：An agenda for reform ［J］. Politics & Society，2008，36（3）：313-349.

② ANXO D, FAGAN C, CEBRIAN I, et al. Patterns of labour market integration in Europe——a life course perspective on time policies ［J］. Socio-Economic Review，2006，5（2）：233-260.

理观念长期盛行。"男耕女织""男主外、女主内"是主要的性别分工模式。男性主要负有承担赚钱养家糊口的责任（从事生产性工作），女性则是承担照顾儿童和家庭事务的基本责任（从事人口再生产工作）。事实上，这一模式正是上文所提到的东亚模式，也被称为男性家庭生计承担者模式（the male breadwinner model）。这一模式下家庭和工作之间，较少存在角色的冲突和转换。但是，随着新中国的成立，女性的政治地位、社会地位和经济地位不断提高，女性在社会发展中扮演越来越重要的角色，正所谓"妇女能顶半边天"，女性分工中的家庭角色有所弱化。改革开放后，随着社会经济的快速发展，农村地区的经济与产业结构、社会结构、家庭观念等方面历经了深刻的变迁。在这一过程中，女性的受教育程度显著提高，家庭观念和认知也逐渐转变。在经济较为发达的农村地区，大量的女性也进入劳动力市场，女性在职场上实现个人价值的同时，在经济上也越来越独立。大量女性从家庭进入职场，重新寻求家庭与工作之间的平衡，双薪家庭成为较为普遍的社会现象。因此，工作与家庭之间的冲突越发明显，农村地区传统的家庭分工模式逐渐走向瓦解①。

在这一家庭生计承担者模式下，儿童的主要抚育者是儿童的母亲。因此，在西方社会情景中，基于该理念的社会政策，在顶层设计上是以家庭作为主要的生产单位与社会福利给付的对象。女性通过男性在就业市场中的收入或者福利给付为经济基础，承担儿童照顾的主要责任和义务②。但是，与中国的情形相似，这一模式在 20 世纪后半叶受到了经济发展与社会变迁带来的强烈挑战，并表现出越来越难以为继的趋势，逐渐走向了普适性的家庭生计承担者模式③。

二、新家庭儿童抚育模式的启示

（一）儿童抚育中的公共性

传统的男性家庭生计承担者模式下的儿童被视为"私人物品"，儿童的抚育也被视为私人事务。儿童抚育过程中出现困难时，母亲可能需要随时退出劳动力市场，而政府或相关组织只有在家庭失灵或者父母缺位的情况下才会以某种

---

① 张亮. 中国儿童照顾政策研究 [D]. 上海：复旦大学，2014.

② 黄志隆. 台湾家庭政策的形成：家计承担与儿童照顾的整合 [J]. 人文及社会科学集刊，2012（101/9）：331-366.

③ LEWIS J. The decline of the male breadwinner model：Implications for work and care [J]. Social Politics：International Studies in Gender，State & Society，2001，8（2）：152-169.

方式介入①。对于儿童的人力资本投资是因为这会为父母带来收益，即产生正的外部性。这就使得儿童具有明显的排他性和竞争性的私人物品属性，在经济学框架中也被称为耐用消费品。有研究者甚至认为，在传统的家庭制度中，是以利他主义作为家庭制度运行的基础②。而且，以利他主义为基础的家庭制度之所以在西方发达国家的历史中盛行，一方面是因为儿童在幼年时期就已经是家庭主要的劳动力资源。而作为儿童照顾者的女性也缺乏在劳动力市场中寻求就业机会的能力。因此，西方传统的儿童照顾政策也是建立在以利他主义为基础的制度体系，而这一体系背后的伦理和道德逻辑是，父母很难违反对于儿童照顾的道德承诺与社会规范。

然而，随着市场经济的发展，抚育儿童的成本越来越高，给家庭和父母带来了巨大的经济压力。另一方面，女性在经济上实现独立的机会也逐渐增加，进一步强化了女性脱离家庭束缚、走向社会的意愿。更为重要的是，支撑传统家庭生计模式的文化观念和价值体系面临着分化的风险。在残酷的生存压力和养育儿童的成本面前，家庭成员难以延续利他主义的传统，并持续地承担无条件承诺儿童照顾的义务，这也显著地降低父母生育儿童的意愿，使得西方社会出现了严重的"人口少子化""低生育陷阱"的社会现象。正是在这样的背景下，公共物品（public goods）理念的讨论逐渐兴起。非市场对人力资本发展的贡献也受到了越来越多研究者的关注③。

顾名思义，公共物品理念下的家庭政策的核心和精髓在于强调家庭在抚育儿童过程中的公共性。这种公共性体现在，对儿童的人力资本投资一方面可以为家庭和父母带来收益，同时也因为儿童将成为未来的劳动力而使整个社会受益。儿童所体现出的非排他性和非竞争性的特征非常明显。不仅如此，该理念下的劳动分工模式既强调增加女性在劳动分工中的选择空间，同时也强调女性在养育儿童中的风险与成本的共同分担，这也体现了儿童抚育的公共性特征④。更加值得注意的是，对儿童的资源的代际转移，并不完全受到个人利益的驱使，也受到整个社会制度与规范的影响。甚至可能因为养老方面造成有限资源的冲

---

① 马春华. 重构国家和青年家庭之间的契约：儿童养育责任的集体分担［J］. 青年研究，2015（4）：66-75.

② FOLBRE N. Children as public goods［J］. The American Economic Review，1994，84（2）：86-90.

③ SCHULTZ T W . Economics of the Family：Marriage，Children，and Human Capital［J］. Demography，1975，12（4）：679-679.

④ 郑清霞，洪惠芬. 养育责任的集体分担——公共财与外部性的分析［J］. 台大社会工作学刊，2005（10）：57.

突和稀释，而忽略儿童抚育在整个社会中的重要性。因此，应该强化对儿童的公共性投资，让家庭成员有更多的时间和精力陪伴儿童，这更有利于儿童的全面发展①。

综上看来，不同于传统的家庭生计承担者模式，公共物品的理念实质上建立在同时兼顾了利他主义与理性主义选择的基本假定之上。希望通过政府的力量介入到儿童的抚养和成长中，分担部分家庭的抚育成本，进而促进父母对于生育和抚养子女的意愿，缓和家庭价值和功能日渐式微带来的儿童抚育危机。因此，公共物品理念将儿童的抚育问题视为经济问题，试图通过公共经济政策加以解决，聚焦于减轻儿童抚育的财务负担。这就淡化了家庭在分配两性劳务和儿童照顾方面的问题。尽管如此，在这一理念下的儿童抚育的家庭责任分担，依然深受传统的劳务分工模式的影响。研究者认为，这一理念在形塑新的家庭生计承担者模式上，较为接近照顾者平行模式（care giver parity model）。该模式主张让家庭成员通过家务劳动或者合并部分工作时间的方式，维持自己与家庭的生计。与此同时，通过缩小劳动力市场就业和家务劳动之间的收入差距，儿童的照顾者与就业者得以被平等对待，从而达到两性平等的目标②。在现实的政策运行中，这些家庭政策既包含了对儿童的政策性补助措施，也包含了各种通过税收减免的方式补偿父母在儿童抚育中的付出措施。

（二）儿童抚育中社会回报的长期性

尽管公共物品的政策理念已经跳出了传统的儿童抚育的家庭分工的逻辑体系。但是，该理念过于强调儿童抚育过程中的经济性，依然深受传统经济思想的羁绊。20世纪90年代以来，许多欧洲国家的失业率显著上升，陷入了福利平等和就业效率之间相矛盾的困境。在自由主义思潮的影响下，以安东尼·吉登斯（Anthony Giddens）、戈斯塔·埃斯平—安德森（Costa Esping-Andersen）为代表的知识分子开启了关于包含家庭政策在内的社会政策如何改革的讨论。在讨论如何重建福利国家的过程中，吉登斯首先提出了"社会投资国家"（social investment state）的概念。随后，埃斯平—安德森及其团队在《我们为什么需要一个新的福利国家》的著作中围绕儿童、老人等弱势群体与家庭结构、妇女就业之间的复杂关系展开论述。指出现有的男性家庭生计承担者模式已经不能满

① FOLBRE N. Valuing children [M]. Harvard ：Harvard University Press，2008：15-47.
② FRASER N. After the family wage：Gender equity and the welfare state [J]. Political theory，1994，22（4）：591-618.

足后工业时代的社会需要。包括儿童在内的弱势群体是主要的风险承受者。其中，最为严重的就是工作和收入导致的社会分化。教育水平的不足和收入有限的家庭中的儿童面临着贫困代际传递的高风险，父辈社会经济地位的不平等也将严重影响对于儿童的资源投入①。

因此，未来福利国家的发展是否成功，很大程度上取决于是否能够成功解决家庭中的妇女在进入劳动力市场和抚育儿童与照顾家庭二者间的矛盾。从公共政策的角度而言，就是如何在家庭生活和个人职业之间划定清晰的界限②。在现代社会，男性和女性共同投入到劳动力市场中获取经济收入维持家庭生计的运转已经是难以否认的事实，但是"双薪家庭"中的父母如何共同肩负起儿童抚育责任的讨论还远未如前者深入人心。因此，安东·海默瑞克（Anton Hemerijck）在前者的基础上，进一步阐释了社会投资与经济发展之间的关联性，强调了对儿童的人力资本投资并非简单或者短期的社会支出，而是具有长期回报的社会投资③。

如果说公共物品理念侧重于从经济的角度解释儿童的抚育问题，那么"社会投资"理念，则是从经济与社会政策相结合的方式解释儿童的抚育问题。该理念下的家庭政策强调如何通过去家庭化的策略，达到最大化地创造就业机会，从而使得就业与福利之间能够达到平衡状态④。在社会变迁的过程中，女性受教育的不平等导致了在劳动力市场中的不平等，受教育程度不高的女性群体处于劣势地位。这不仅使得男女两性的不平等继续扩大，也会造成下一代的人力资本的禀赋差异。因此，通过增加儿童投资、代际间的契约重构、男性生命历程女性化的解决方案可以解决这一问题⑤。

综上所述，这一理念下的家庭生计模式不仅强调家庭中个人的责任，也强调国家和社会的责任；不仅强调儿童投资在短期内减轻家庭经济负担的重要性，更强调了儿童投资的长期回报。可以看出，社会投资具有三个特性，一是强调

① ESPING-ANDERSEN G, GALLIE D, HEMERIJCK A, et al. Why we need a new welfare state [M]. Oxford: Oxford University Press, 2002: 50-112.
② 郭灵凤. 欧盟社会保障政策的社会投资转向：理念发展与政策评估 [J]. 欧洲研究, 2014, 32 (6): 119-128.
③ HEMERIJCK A. Changing welfare states [M]. Oxford: Oxford University Press, 2013: 35-68.
④ ESPING-ANDERSEN G. The three worlds of welfare capitalism [M]. Princeton: Princeton University Press, 1990: 23-37.
⑤ MCDONALD P. Gsta Esping-Andersen: The Incomplete Revolution: Adapting to Women's New Roles [J]. European Journal of Population, 2011, 27 (2): 265-267.

社会与经济的整合，即通过社会投资产生经济的效益。二是强调机会平等原则下的投资。社会投资的目的在于通过人力资本的投资，强化个人的参与能力。三是重视劳动的参与，以达到社会整合与经济竞争的目标。这一理念下的儿童照顾政策，实现了传统的家庭生计分担模式和公共物品理念所不能达成的两个目标。一是强调通过儿童的照顾服务的提供，以及男性对儿童照顾工作的积极参与，以释放传统的女性儿童照顾者，强调了父亲和母亲在儿童照料责任中的同等重要性。二是通过儿童的照顾政策的实施，提高儿童未来的人力资本。

第二节　以"家庭为中心"的农村儿童抚育环境

一、以"家庭为中心"的单一化育儿环境

事实上，儿童"照顾危机"的历史由来已久。在改革开放以前，我国的儿童照顾政策具有一个明显的特征就是聚焦于城镇地区单位职工的儿童。对于广大的农村地区，儿童照顾政策长期缺失。城镇地区主要是通过两大政策实现儿童的照顾，一是职工单位设立托幼机构，二是设立生育保险制度。尽管这一时期的儿童照顾政策的效应较低，且不同的单位之间差异很大①。但城镇地区的职工子女确确实实地享受到了家庭之外的因素带来的好处，国家和家庭共同分担了儿童的照顾责任。相比之下，农村地区几乎没有获得任何财政上的投入，儿童的主要照顾责任全部集中在家庭或亲属身上。在儿童的照顾中城镇和农村地区所形成的财政和资源的投入的差异，则形成了"隐性的剥夺"②。值得注意的是，这一时期的儿童照顾政策实质上也带有明显的"去家庭化"的价值取向。但是由于政策效果有限，仍难以从根本上改变母亲作为儿童的主要照顾者的角色定位。

改革开放以后，党和国家的工作重心转移到"以经济建设为中心"的目标上，社会政策的重要性大打折扣，经济政策则居于重要地位。尽管部分托幼机构逐渐恢复运行，但是随之而来的就是1982年的国家机构改革，托幼服务受到

---

① 岳经纶，范昕. 中国儿童照顾政策体系：回顾、反思与重构［J］. 中国社会科学，2018（9）：92-111.

② 张亮. 中国儿童照顾政策研究［D］. 上海：复旦大学，2014.

很大的冲击。与此同时，随着改革的不断深入，托幼机构的职能也悄然发生变化，更加突出了学前教育的功能，而弱化了儿童的照顾功能。20 世纪 90 年代以后，政府鼓励多元化的办学机构，将学前教育作为基础教育的重要组成部分。大量的托幼机构消失，而民办幼儿园则如雨后春笋般兴起。生育保险制度也从原先的企业保险逐渐过渡到社会保险。改革开放后，国家实施了严格的计划生育政策。伴随着计划生育政策，产生了一系列针对独生子女的配套政策。这些政策主要是出于奖励少生优生的初衷，对独生子女家庭进行不同形式的补贴。但是，从儿童抚育的角度来说，这些儿童政策对家庭的支持力度并不大。

　　总的来看，这一时期的儿童政策主要聚焦于城镇地区的儿童，儿童养育的功能和责任都集中在家庭，儿童的主要照顾者是女性。尽管儿童政策具有明显的"家庭化"的价值取向，但是客观上弱化了职工单位对于家庭的照顾功能，反而强化了家庭在儿童抚育中的中心作用，母亲对儿童的抚育角色更加凸显。

二、以"家庭为中心"的多元化育儿环境

　　21 世纪以后，社会的公平、公正问题引起了社会广泛的关注和讨论。作为弱势群体的儿童群体自然也纳入公共政策的议题，由此开始了儿童政策的转向。这一时期的儿童政策主要聚焦于弱势儿童群体的发展。在政策实践上，主要以提供儿童津贴和服务为主要举措。覆盖范围以孤儿、受艾滋病影响的儿童、贫困儿童、留守儿童等群体为主。尽管能够享受政策福利的儿童群体依然有限，但是普惠性的趋势已经逐渐显现。

　　当然，另外一个不容忽略的事实是，在农村地区，由于大量的年轻劳动力外出务工，而这些外出务工者主要以男性和未婚女性为主。许多已婚女性则留在家中照顾儿童和老人，不仅出现了"留守儿童""流动儿童"的现象，也出现了"农村空巢化""农村女性化"等特殊现象。因此，与城镇地区相比，农村地区出现的家庭结构完整性缺失的现象更为严重，许多儿童生活在父母一方外出或者双方均外出的不完整家庭中①。不仅如此，家庭的社会经济地位对于儿童教育资源的获得具有重要的影响，家庭条件处于弱势的家庭在儿童发展中处于更加不利的位置。儿童照顾资源长期向城镇地区倾斜，加上农村地区的经济长期落后于城镇地区，结果造成农村地区的儿童在获取教育资源方面远低于城镇地区的儿童。相比之下，城镇地区的儿童似乎更早地"赢在起跑线上"。因

---

① 秦敏，朱晓. 父母外出对农村留守儿童的影响研究 [J]. 人口学刊，2019，41 (3)：38-51.

此，这种局面加剧了城乡间儿童发展的不平等性①。尽管这一时期的儿童政策已经将广大农村地区的特殊儿童群体纳入照顾政策之中。但是政策"补救性"的特征明显，很难为全体儿童筑起一道安全的社会网络。

儿童照顾政策在儿童的发展中发挥了重要的积极效应。儿童照顾的责任与属性发生了变化，政府或者社会组织作为儿童照顾的重要力量已经开始浮出水面，部分"家庭事务"逐渐掺杂了"公共事务"的性质。但是在国家不断为企业减负的过程中，政府还未准备好接过作为公共责任属性的那部分照顾责任，家庭和个人在儿童抚育中的作用实质上被强化了。但是，另一个衍生的问题是，尽管儿童照顾政策对于家庭产生了积极的效果，但是传统上"男主外、女主内"的家庭劳务分工模式依然没有改变。一方面，大量的女性进入劳动力市场，另一方面女性依然要承担儿童照顾的主要责任。双重角色的互动给女性带来了身体和心理上的巨大压力，如何实现家庭与工作之间的平衡成为她们继续面对的社会问题。因此，一定程度上讲，女性的生存和发展压力不但没有减轻，反而更加严重。

第三节　政策实践与具体建议

一、加强儿童福利制度的顶层设计，保障儿童发展权益

首先，要着手从立法层面制定专门针对儿童群体的基本法规，让儿童的基本需求和权利得到应有的保障。尽管中国目前已有《未成年人保护法》，致力于保障未成年人的身心健康、合法权益，以及促进未成年人在品德、智力、体质方面的全面发展，明确了家庭和父母在保障儿童发展方面的责任和义务。但另一方面，这仅是对未成年人基本权利的法律规定，是原则性的法规。而原则性的法规并未涵盖儿童全面的福利需求，现实层面更加需要执行性的法规。在众多的西方发达国家，早已设立了专门的《儿童福利法》，对政府、家庭、社会组织等对保护和关爱儿童权利和义务做出了具体而明确的规定，甚至分层级地体现不同儿童的差异化需求。

---

① 唐俊超. 输在起跑线——再议中国社会的教育不平等（1978—2008）[J]. 社会学研究，2015，30（3）：123-145.

其次，要搭建保障儿童健康发展的行政管理体系。发达国家的成熟经验表明，政府需要设立专门负责儿童发展的部门或机构，才能保障儿童发展政策的顺利制定和执行。例如，美国联邦政府早在1909年就已设立了美国儿童局，日本设立有儿童和家庭局，挪威设立了儿童与平等事业部，印度也设立有妇女与儿童发展司。当然，我们国家已经在这方面做出了一些探索，例如2016年在民政部设立未成年人保护处。我们可以吸取各种经验并结合我国的国情，探索以某个部位牵头其他部门共同参与的多方联动和协调机制，推动家庭、学校、社会、司法在儿童照顾中的有序衔接。

最后，其他相关运行和配套机制。要建立保障儿童福利资金顺利运行的机制。争取将用于儿童福利的资金纳入政府公共预算中，保障资金的长期性、持续性投入。并规范资金的投入方式和去向，做到专款专用。此外，要建立儿童福利社会工作的专业化队伍。要考虑将儿童学科纳入国家的职业教育体系之中，可以考虑在社会学或者社会工作学科目录下设立社会儿童福利相关学科，为儿童福利发展培养和储备充足的专人人才队伍，打造与我国儿童数量相匹配的专业队伍。要建立儿童发展的社会监测制度。在全社会形成政府部门、社会机构、家庭、学校的四方监测，监督各级组织在儿童发展中的政策执行效果的评估与反馈。

二、从"社会救助"转向"社会投资"，为儿童发展保驾护航

20世纪90年代以来的西方社会中基于社会投资理念的讨论及其背后面临的人口与家庭变迁的社会背景值得我们关注和深思。因为，我国当下所面临的儿童"照顾危机"的一个重要背景是，改革开放后随着户籍制度的管理逐渐松动，大量农村剩余劳动力前往城镇地区务工，出现了规模空前的人口流动现象。人口的大量流动导致了"留守儿童""流动儿童"成为一个普遍现象。留守儿童长期缺乏父母的关爱和有效的监督管理，更容易在学业、健康方面处于劣势，且更容易出现较多的外在的行为问题。而流动儿童在跟随父母居无定所的流动中，得不到良好的教育和公共服务，更得不到亲属和同辈朋友的关爱和帮助。与此同时，现代社会的父母越来越重视儿童的个体发展，父母对于儿童的抚养越来越精细化，对子女发展的投入也越来越高。因此，父母抚育儿童的经济成本逐渐上升也成为不争的事实。出于观念的转变、社会的示范效应，许多父母不得不在正常的抚养支出之外，为子女发展付出更多的投入。如果加上老人的赡养义务，许多家庭将面临严重的经济压力，会使原有的"家庭—职业"之间

的平衡被打破。

一定程度上讲，中国农村目前所面临的困境与西方社会既有本质的区别也有相似的地方。就儿童抚育来看，抚育儿童的成本越来越高，家庭和父母的经济压力越来越重的问题是相似的。在中国公共政策中家庭与儿童政策的长期缺失是一个不可回避的短板。但从另一个角度来看，正是由于缺少政策的历史沿革或者路径依赖的羁绊，才为我们塑造一个全新的家庭与儿童政策提供了难得的机遇。在正在从劳动密集型经济向知识密集型转向的当下，中国要实现从人口大国向人力资源大国的转向，儿童的人力资本投资至关重要。应该借鉴社会投资的先进理念，在公共政策层面融入儿童长期性社会投资的思想，将目前儿童政策中以救助性为主转向社会投资性为主，将"投资儿童"作为长期的发展战略。

在具体的儿童政策操作层面，则可以探索建立一个独立的"以家庭为中心，国家、社会、家庭共担"的混合照顾体系，从而明确家庭与国家在儿童照顾中的责任分担界限，体现儿童照顾的社会性。一是在该制度下探索建立以儿童为主体的财政与税收制度，例如儿童津贴、儿童储蓄账户。二是探索建立完善的儿童抚育假期制度。确保儿童照顾者在退出劳动力市场后生活得到应有的保障，例如在原有的假期制度上增设亲职假，专门的父亲假和临时性的照顾假。三是整合服务体系，构建托幼服务体系。传统的托幼服务主要是针对年龄较低的儿童，可探索小学阶段的儿童托管制度，以学校为依托建立兼顾"照顾"与"教育"的双重功能的托管服务体系。

三、深化户籍制度改革，减少父母外出导致的亲子分离

农村劳动力剩余与城镇劳动力需求旺盛之间的矛盾仍将长期存在，大量农村剩余劳动力流向城镇地区的趋势仍将持续。但是，人口流动长期经历快速的增长后开始步入调整期。一方面，自2010年以后，流动人口的增速开始下降。2015年后，流动人口的规模和增速同时下降。另一方面，流动儿童规模和增速也经历了相似的转变。在2010年以前持续增长，随后开始下降。2015年后，流动儿童相较于2010年下降了155万。与此相对应，大量外出务工人员返乡，留守儿童也呈现出减少的趋势。这就为缓解农村地区留守儿童的照顾群体提供了

诸多契机①。

首先，通过出台相关政策，从源头上减少父母外出造成的亲子分离。2016年2月国务院发布了《国务院关于加强农村留守儿童关爱保护工作的意见》，意见明确提出，对于外出务工的农民要尽可能带上未成年子女与其共同生活或者父母需要留下一方在家照顾儿童。对于不满十六周岁的儿童，不能够单独留守家中，必须委托给有监护能力的亲属照料。因此，近年来人口的流动中，包含子女在内的家属随迁的现象越来越普遍，告别原先的"单人独马"并进入到"携妻带子"的状态，"流动人口家庭化"的模式正是在这一背景下产生的②。许多地区已经开始在此基础上进行了诸多的补充措施，要求在外地的父母需要将务工的地点、联系方式和委托的监护人的信息上报到村干部和子女就读的学校。村干部和学校长期监督父母或者监护人对于留守儿童的教育和监管的职责是否履行到位。很多学校则采取建档立卡的方式，对留守儿童实施全程的动态监管。利用定期、不定期与家长或者监护人电话沟通的方式，全程掌握儿童的思想和生活状况。部分地区甚至要求留守儿童在校寄宿，方便老师对于学生的监督和管理，并配备专门的心理辅导教师，随时跟踪学生的心理活动状况，保障儿童的健康成长。

其次，深化户籍制度改革，合理引导农民工市民化，为农民家庭提供帮扶。近两年来，许多城市开始全面取消或放开了在城市地区落户的各种限制，建立了条件入户和积分入户双轨并行的入户政策体系。并以居住证为载体，以合法稳定就业、合法稳定居住等为主要条件，引导农民工市民化。或者以连续居住年限和参加社会保险等为条件，逐步让进城的农民享有与户籍人口同等的职业教育、就业扶持、住房保障、养老服务、社会福利、社会救助等权利。这就从根本上解决了流动儿童或者举家迁入城镇地区的农民子女的教育、医疗等问题。解决了由于父母外出导致的亲子分离对儿童带来的一系列负面影响。总之，就是尽一切可能为农民工家庭提供支持和帮助。

最后，合理引导和支持农民工返乡就业和创业。一是充分利用或落实国家和地方政府关于支持农民工返乡就业和创业的相关政策和举措，降低农民返乡就业和创业的门槛，为他们提供各种便利条件。二是西部地区要充分利用产业比较优势，承接部分劳动密集型的产业转移，并积极探索本地特色产业，发挥

① 高向东. 新中国成立以来人口迁移流动特征及趋势［N］. 中国人口报，2019-07-31（003）.

② 杨菊华，陈传波. 流动人口家庭化的现状与特点：流动过程特征分析［J］. 人口与发展，2013，19（3）：2-13.

好传统劳务密集型行业对吸纳农村劳动力的优势。例如，通过培训后，引导农民向建筑行业、矿产、水电资源开发等行业转移就业。三是拓宽农村地区的就业渠道，鼓励自主创业兴业。对于有条件实施创业的农民实行专项的税收、金融、土地优惠政策。放宽农民在城镇地区创办企业的注册、开办、纳税、贷款等方面的条件，通过在城镇的创业带动就业，进一步拓宽农民就业渠道。四是通过就业技能培训提升农民的就业水平。在有条件的地区建设若干由政府主导、社会力量参与的农民职业技能培训中心，对广大农民开展免费的技能培训。五是注重教育在促进农民转移人口就业方面的基础性作用。要在转移就业人口较多的城镇地区布局更多有利于吸引农民转移的教育资源，建设更多的全日制寄宿制学校、中等职业学校，引导农民子女到城镇地区就学。

四、完善单亲家庭社会救助制度，提升风险抵御能力

单亲家庭的形成原因是复杂多样的，既有婚姻的不稳定性导致的，也有父母外出与子女分离而形成的。家庭结构变迁会影响儿童的发展，最重要的原因就在于不同结构形式中的家庭在家庭资源、社会资本和父母教养的方式等要素存在普遍的差异，而这些要素与儿童的发展具有密切的关系。因此，家庭结构对于儿童发展的影响主要是通过社会经济地位与父母教育参与的剥夺机制来实现的。而且在本文中已经发现两种剥夺机制确实在发挥着作用。在单亲家庭尤其是单亲母亲家庭中，家庭资源的缺乏表现得更加明显，这是单亲家庭中儿童发展落后的主要原因[①]。单亲家庭不仅表现在收入方面的落后，即出现较高的家庭贫困率，而且在社会资本、家庭教养方面的缺失也导致了儿童的发展落后于双亲家庭。应当注意，单亲母亲家庭尽管在家庭收入方面面临着劣势，但是单亲父亲家庭在子女的教育参与上更加缺失。母亲始终在儿童的抚育中发挥着更为重要的角色。上述结论在本研究中已经得到证实。除此之外，大量的研究还表明单亲母亲面临着更加严重的心理障碍和精神压力，在应对生活中的突发事变的能力也普遍低于双亲完整家庭[②]。

目前针对单亲母亲家庭的社会救助还存在多方面的问题。一个重要的原因在于致贫的原因多种多样，很难对不同类型的人群做出有效的区分和统一的标

---

① 吴愈晓，王鹏，杜思佳. 变迁中的中国家庭结构与青少年发展 [J]. 中国社会科学，2018（2）：98-120.

② 潘允康，董维玲. 贫困单亲母亲的社会救助——以天津市为例 [J]. 中华女子学院山东分院学报，2009（1）：24-27.

准。而由于城乡之间结构性的差异难以消除，分别实行两套救助标准，甚至在不同的地区之间还有很大的差别。其次，具体到救助的要素和救助力度上，也难以满足不同的救助需求。救助的要素不应该仅仅局限于金钱和实物，还应该注重人文关怀和心理救助。最重要的是，由于法律法规不健全导致没有将社会救助纳入立法层面，制定相关的社会救助法，从而使社会救助不具有法律上的权威性，更趋向于人道主义的救助。因此，也没有相应的法律来监督社会救助工作的执行情况，导致救助力度大打折扣①。

因此，对于单亲家庭的社会救助，首先是要对需要救助的单亲家庭做出明确界定。对城镇地区、农村地区实行不同的标准，要考虑单亲家庭所在地区的社会经济发展水平和日常生活的成本。其次，在具体的救治模式上，至少应该从三方面进行考量。一是兜底，即保障最低的生活标准。二是考虑不同单亲家庭的困难和需求，实施分类、分级管理，对不同类型的家庭实施专项的救助方案。三是在有条件的地区适当提高标准，进行差别化和人性化的救助，让单亲家庭根据自身需求选择救助的项目和内容。这些人性化的项目包含法律援助、就业援助、心理援助等。再次，要尽快完善立法工作，将社会救助法纳入法律体系，并明确规定单亲家庭的救助方案，及其与之配套的法律法规。在具体的实施过程中，要多部门协同联动。尤其是要完善救助家庭的收入标准，对执行过程中的效率和公平性做到有效的监督和管理，并制定退出机制。最后，单亲家庭的救助是一项复杂的工程，需要对整套救助方案的制定、执行、反馈进行有效的追踪和评估，对整个流程的实施效率和成效进行有效的监管和改进。因此，要保证充足的资源投入、齐全的人员配备和高效的效果评估。

五、重视家庭家教家风建设，促进家庭和睦与亲人相亲相爱

党的十八大以来，习近平总书记在不同场合多次谈到了家庭建设问题。2015年2月17日在春节团拜会上，习近平总书记指出"家庭是社会的基本细胞，是人生的第一所学校。不论时代发生多大变化，不论生活格局发生多大变化，我们都要重视家庭建设，注重家庭、注重家教、注重家风"②。在2016年12月12日，习近平总书记在会见第一届全国文明家庭代表时提到"无论时代如何变化，无论经济社会如何发展，对一个社会来说，家庭的生活依托都不可替

① 任静远. 我国单亲贫困家庭社会救助问题研究［D］. 长春：吉林财经大学，2016.
② 习近平. 习近平在2015年春节团拜会上的讲话［EB/OL］. 人民网，2015-02-18.

247

代，家庭的社会功能都不可替代，家庭的文明作用都不可替代。"①并详细阐述了家庭、家教、家风的重要性。首先，家庭作为社会的基本单位，其前途和命运与国家的发展息息相关，正所谓"家是最小的国，国是千万家"。只有国家强盛、民族复兴，家庭和家庭中的人民才会幸福美满。其次，家庭是儿童出生后接触的第一个环境，父母是儿童人生中的第一任老师，由此可见，在早期的成长中家庭教育对于儿童的影响是决定性的。"有什么样的家教，就有什么样的人。"在家庭教养中，儿童思想品德的教育最为重要，父母要从小培养儿童的道德观念，将积极健康的道德观念传递给子女，帮助儿童身心健康成长。不仅如此，父母还要身体力行、言传身教。最后，家风对于儿童的影响是潜移默化的，家风好的家庭其成员之间的关系往往也和谐美满，得到良好家风熏陶的儿童往往拥有更加健康的生活方式和高尚的道德情操。因此，千万个家庭的家风也是社会风气的重要组成部分，决定了社会风气的好坏。

因此，在家庭家教家风建设过程中，要将家庭、家教与家风有机统一起来。在儿童的成长与发展中，要打破传统封建宗法观念下的家本位思想，树立新时代的新家庭观念，将家庭置于国家发展和民族复兴的历史时空中，实现爱家与爱国的内在统一。因而，在儿童的家庭教育中，要将儿童的个人理想与信念融入实现中华民族伟大复兴的中国梦中。教育儿童正确认识个人、家庭与国家的关系，树立正确的家国观念。其次，重视家教在儿童身心发展中的熏陶作用。儿童主要的生活环境是家庭，父母的一言一行都会成为儿童效仿的对象。家教在引导儿童树立高尚的道德品质方面的作用不可替代。父母的世界观、人生观和价值观通过家教的形式逐渐传递至儿童，奠定了儿童早期的世界观、人生观和价值观。因此，应该倡导科学和正确的家教方法。过于严格和过于宽松的家教方式都不利于儿童的发展。要在合理满足儿童需求的基础上，对其行为方式进行适当的约束和正确的引导。最后，重新认识家风在家庭建设中的重要性。在儿童的家庭教育中形成尊老爱幼的家庭美德，在儿童成长的过程中既让他们感受到父母的温暖，又能心怀感恩和敬爱之心，并通过个人将这种风气带入到社会中，影响社会的风气。儿童的教育获得是儿童发展的重要维度，因此新时代的家风要倡导热爱学习、刻苦努力、积极上进的风气，鼓励儿童通过学习科学文化知识改变自己的命运，实现报效国家、奉献社会、服务人民的远大理想。

---

① 习近平．习近平在会见第一届全国文明家庭代表时的讲话（2015年2月17日）［EB/OL］．人民网，2016-12-18.

六、建立以家庭为中心，多方联动协同的育人机制

建立以家庭为中心，政府、学校、社会多方参与的协同育人机制。因为，儿童的培养不仅是家庭和父母的事情，学校的参与、政府部门的介入和社会力量的支持同样不可或缺。要在全社会设立正确的教养和育人的观念，营造良好的社会环境。其中，家庭和学校之间的良好互动在儿童培养中具有重要的作用。

第一，在家庭和学校层面。可以探索建立家长委员会、家长学校等特殊的组织，充分发挥家庭教育在儿童抚养中的特殊作用。此外，要积极动员社会团体、群众组织在儿童健康成长中的辅助作用。要加强和普及家庭和学校在儿童心理健康教育方面的协调和互动。学校要在儿童心理教育的制度建设、课程建设、师资建设、心理咨询室建设方面持续跟进。家庭则从源头上注意儿童的心理变化动态，与学校、班主任之间保持定期或不定期的沟通和联络，建立起多方协调参与的心理健康教育服务体系。

第二，在各级政府层面。首先，优先保障农村地区的义务教育经费的投入。政府层面要坚持把义务教育作为财政支出的重点领域给予优先照顾，保障农村地区义务教育财政的持续与稳定的投入。不断完善农村地区义务教育经费的投入机制，将义务教育全面纳入公共财政的保障范围，建立城乡统一，且适当向农村倾斜的义务教育保障机制。其次，优化城乡基础教育的布局。准确监测学龄儿童的人口规模、变化趋势与地域分布，科学布局农村地区的学校，确保儿童能够就近入学。在人口较少、居住分散的偏远农村地区，则要合理规划建设寄宿制学校。再次，积极推进城乡之间教育资源的均衡配置与发展。大力改善农村贫困地区的义务教育的基础设施和办学条件，在农村地区实施学校的标准化建设，缩小城乡之间的硬件差距。提升农村地区的基础教育阶段的教学质量。加强队伍的培养和引进，有效缓解总量不足和结构性短缺问题，并对不同的区域教师实施差别化补助制度，提高农村地区乡村教师补助标准。按照"常规培养+专项计划"的思路，通过培训和交流的方式提升教师的教研、教学能力和水平。最后，对于家庭经济困难的学生群体，要实行建档立卡，提高救助的精准度。通过公平接受有质量的义务教育，阻断贫困家庭对儿童的代际传递。特别是利用好现有的各类贫困儿童的资助政策，严控落实"控辍保学"任务，巩固基础教育阶段的成果。

第四节 本章总结

本章梳理了传统家庭分工抚育模式正在面临转向，即传统的男性家庭生计承担者模式走向瓦解，而基于公共物品理念、社会投资理念的新家庭抚育模式兴起。因此，提出构建以"家庭为中心"的儿童抚育环境。具体来说，一是加强儿童福利制度的顶层设计，保障儿童发展权益。从立法层面制定专门针对儿童群体的基本法规，让儿童的基本需求和权利得到应有的保障。搭建保障儿童健康发展的行政管理体系，以及其他相关运行和配套机制。二是从"社会救助"转向"社会投资"，为儿童发展保驾护航。探索建立一个独立的"以家庭为中心，国家、社会、家庭共担"的混合照顾体系。从而明确家庭与国家在儿童照顾中的责任分担界限，体现儿童照顾的社会性。三是深化户籍制度改革，减少父母外出导致的亲子分离。通过出台相关政策，从源头上减少父母外出造成的亲子分离。深化户籍制度改革，合理引导农民工市民化，为农民家庭提供帮扶。合理引导和支持农民工返乡就业和创业。四是完善单亲家庭社会救助制度，提高风险抵御能力。对需要救助的单亲家庭做出明确的界定，考虑不同单亲家庭的困难和需求，实施分类、分级管理，对不同类型的家庭实施专项的救助方案。在有条件的地区适当提高标准，进行差别化和人性化的救助，让单亲家庭根据自身需求选择救助的项目和内容。五是重视家庭家教家风建设，促进家庭和睦与亲人相亲相爱。将家庭、家教与家风有机统一起来。在儿童的成长与发展中，要打破传统封建宗法观念下的家本位思想，树立新时代的新家庭观念，将家庭置于国家的发展和民族的复兴的历史时空中，实现爱家与爱国的内在统一。六是建立以家庭为中心，多方联动协同的育人机制。在家庭和学校层面，可以探索建立家长委员会、家长学校等特殊的组织，充分发挥家庭教育在儿童抚养中的特殊作用。各级政府层面，则要从政策层面保障教育经费投入，优化城乡基础教育的布局，积极推进城乡之间教育资源的均衡配置与发展。对于家庭经济困难的学生群体，要实行建档立卡，提高救助的精准度。